Cân yn y Cof

I ddechrau, roedd Ted, tad annwyl Simon, yn cael pyliau o ddicter treisgar ac o fod yn anghofus. Yna daeth y diagnosis: clefyd Alzheimer.

Roedd Ted yn diflannu o flaen llygaid ei deulu, ond roedd Simon eisiau dal gafael arno. Er bod cerddoriaeth yn gallu ei dynnu'n ôl dros dro – daeth y fideo o'r ddau yn cyd-ganu hoff gân Ted yn ffefryn ledled y byd – doedd Ted ddim yn gallu adrodd ei hanes bellach.

Felly gyda chymorth ffrindiau a pherthnasau, penderfynodd Simon gofnodi ei stori ar ei ran: hanes rhyfeddol dyn ifanc gwrol a thriw, yr hynaf o 14 o blant, yn tyfu i fyny yn yr Ardal Ddu yng nghanolbarth Lloegr ar ddiwedd yr Ail Ryfel Byd. Plentyndod o rannu gwely pen wrth draed â'i frodyr, dogni, chwarae yn y coed, clytio a thrwsio, ac angerdd oes am gerddoriaeth.

Stori ddirdynnol ac ingol yw *Cân yn y Cof* sy'n hel atgofion teuluol diflanedig yn Swydd Gaerhirfryn, dathliad o fywyd Ted a hanes teimladwy gofalu am dad hynod annwyl.

SIMON McDERMOTT

Cân yn y Cof

Hanes cerddoriaeth yn dod â 'nhad adref eto

www.rily.co.uk

Cyhoeddwyd gan Rily Publications Ltd 2024
Blwch Post 257, Caerffili CF83 9FL
Hawlfraint yr addasiad
© Rily Publications Ltd 2024

www.rily.co.uk

Cyhoeddwyd gyntaf yn y DU o dan
y teitl *The Songaminute Man*
gan HQ,
argraffnod i HarperCollins*Publishers* Ltd 2018
Testun © Simon McDermott 2018

ISBN: 978-1-80416-411-2

Cedwir pob hawl. Ni chaniateir i unrhyw ran o'r cyhoeddiad hwn gael ei atgynhyrchu, ei storio mewn system adalw neu ei drosglwyddo ar unrhyw ffurf neu drwy unrhyw fodd heb ganiatâd ysgrifenedig ymlaen llaw gan y cyhoeddwr, na chael ei ddosbarthu fel arall mewn unrhyw fath o rwymiad neu glawr ar wahân i'r hyn y caiff ei gyhoeddi ynddo a heb i amod tebyg gael ei osod ar y prynwr dilynol.

Mae'r cyhoeddwr yn cydnabod cymorth ariannol Cyngor Llyfrau Cymru.

Argraffwyd a rhwymwyd yn y Deyrnas Unedig gan Ashford

www.rily.co.uk

I'nhad

Simon McDermott yw mab Ted McDermott, 80 oed (neu Teddy Mac), a gafodd ddiagnosis o glefyd Alzheimer yn 2013. Ar ôl i'r cyflwr effeithio'n fawr ar berthynas Ted â'i deulu, ar ei gof ac ar ei hwyliau, tarodd Simon ar ffordd unigryw o adfer yr hen gysylltiad: carioci yn y car. Gwnaeth Simon fideo o berfformiad byrlymus y ddau o 'Quando, Quando, Quando', a'i roi ar Facebook, heb feddwl fawr ddim am y peth. Ond aeth y fideo yn feirol ym mhedwar ban byd, gyda dros 60 miliwn o bobl yn ei wylio, a chodwyd dros £150,000 at yr Alzheimer's Society.

Gwobrau *Pride of Britain*, Tachwedd 2016

Roedd y goleuadau yn fy nallu.

Dyna lle roeddwn i'n eistedd ymysg rhai o wynebau enwocaf Prydain – Simon Cowell, Stephen Hawking a'r Tywysog Charles. Daeth dau ddyn camera draw at y bwrdd, un yn sefyll yn syth o 'mlaen i. Roeddwn i'n gallu gweld golau coch. Roeddwn i'n gwybod eu bod nhw'n recordio ac roedd fy nghalon yn curo fel gordd. Ar y llwyfan, roedd James Corden yn llenwi'r sgrin, ei lais yn taranu ar draws yr ystafell:

'Dwi isio talu teyrnged heno i seren *carpool karaoke* o'r iawn ryw. Mae'n 80 oed, mae ganddo lais fel Frank Sinatra ac yn hytrach na Sunset Boulevard, mae'n well ganddo grwydro strydoedd diffaith Blackburn, Swydd Gaerhirfryn. Foneddigion a boneddigesau, mae'n bleser gen i gyflwyno Mr Ted McDermott a'i fab Simon.'

Newidiodd y sgrin i ddangos fideo ohona i'n gyrru efo 'nhad yn y car wrth iddo floeddio canu 'Volare'. Roeddwn i'n teimlo balchder a thor calon ar yr un pryd. Dyna lle roedd fy nhad annwyl, y tad roeddwn i'n ei garu. Roedd yn hapus ac yn llawen, heb fawr o arwydd o'r dryswch a'r ymddygiad ymosodol oedd wedi taflu cysgod dros ein bywydau am y pedair blynedd diwethaf. Torrodd y cyfweliad i lun o Mam a Dad pan oedden nhw'n iau ac yna i Mam, yn eistedd yno efo dagrau yn ei llygaid:

'Mae o yn gallu'ch ypsetio chi. Gweld y person roeddech chi'n ei adnabod yn diflannu'n ara' deg,' meddai.

Ond sut cyrhaeddon ni yma?

Cafodd fy nhad, Ted, ddiagnosis o ddementia yn 2013, pan oedd yn 77 oed. Bellach, dydi o ddim yn adnabod ei deulu nac yn gwybod ble mae o. Mae gwylio'r clefyd llechwraidd hwn yn ei feddiannu wedi bod yn brofiad dinistriol, ond trwy bopeth, cerddoriaeth yw'r un peth sydd wedi'n cadw ni efo'n gilydd. Mae Dad yn dal i fod wrth ei fodd yn chwarae ei recordiau'n uchel ac yn canu o gwmpas y tŷ, ac mae'n cofio geiriau pob cân, er bod popeth arall o'i gwmpas yn anghyfarwydd.

Mae byw efo dementia yn golygu bod pob diwrnod yn wahanol. Mae yna adegau pan mae Dad yn hapus ac yn ofalgar, ac adegau pan mae'n gallu mynd yn anhygoel o flin a gofidus ond heb wybod pam. Fin nos, mae'n aml yn treulio oriau yn crwydro o gwmpas y tŷ, yn gweiddi enw Mam, neu'n chwilio am bobl sydd ddim yno.

Ar ôl un pwl arbennig o wael, es i â Dad am dro yn y car drwy ddyffryn yr afon Ribble yn Sir Gaerhirfryn, a chwarae ei hen draciau cefndir i drio'i dawelu. Mewn dim o dro, roedd yn morio canu a phob nodyn yn ei le. Roedd Dad – am eiliad – yn ôl fel roedd o, a'r holl ddryswch a'r ymddygiad ymosodol wedi diflannu.

Byddai mynd am dro yn y car yn gysur mawr yn ystod yr adegau anodd iawn. Dechreuais eu recordio, ddim ond i fi a Mam eu gweld, ond yna daeth y syniad o'u lanlwytho i Facebook, efo dolen i dudalen codi arian. Roeddwn i wedi creu hon i godi arian at yr Alzheimer's Society oedd wedi bod mor gefnogol i ni. Cyn pen ychydig wythnosau, roedd pobl o bob cwr o'r byd wedi gwylio'r fideos, a'r fideos wedi'u gwylio filiynau o weithiau. Daeth y rhoddion yn un llif, a chyn i fi droi, roedden ni wedi codi dros £150,000 i'r elusen i helpu teuluoedd eraill fel ein teulu ni.

Ac rŵan, roeddwn i ar fin mynd ar y llwyfan i dderbyn Gwobr *Pride of Britain* am hybu ymwybyddiaeth o ddementia. Roedd yn un o achlysuron mwyaf swreal fy mywyd wrth i Syr Cliff Richards a'r Fonesig Joan Collins gyflwyno'r wobr i fi. 'Alla i ddim credu bod eich tad yn gwerthu mwy o recordiau na fi,' meddai Cliff.

Cerddoriaeth oedd angerdd mawr Dad erioed. Mae wedi bod yn canu ers pan oedd yn fachgen ifanc, wedi ei fagu mewn tŷ swnllyd efo 13 brawd a chwaer, a'i allu cerddorol bob amser yn cael ei annog. Er nad oedd gan Nain a Taid ryw lawer o arian, fyddai'r teulu byth yn mynd yn brin o ddim byd. Roedd fy nhaid yn ddyn gweithgar iawn, efo swydd mewn gefail a llwyth o ffrindiau yn y dafarn leol, a fy nain yn fam gref a chariadus oedd yn adnabod pawb ar y stad lle roedd hi'n byw. Roedd plentyndod Dad yn nodweddiadol o'r cyfnod – treuliodd ei flynyddoedd cynnar yn cicio pêl neu'n chwarae yn y goedwig yng nghefn y stad. Unwaith iddo adael yr ysgol, un o'i swyddi niferus oedd diddanu yng nghot goch gyfarwydd Butlin's, gan deithio'r wlad yn canu mewn clybiau. Cafodd y llysenw y *Songaminute Man* oherwydd yr holl ganeuon gwahanol y gallai eu perfformio o'r frest.

Roedd Dad newydd droi'n 65 oed pan ddechreuon ni sylwi bod ei gof yn pylu. Mam sylwodd gyntaf – byddai Dad yn anghofio beth roedd yn ei wneud, yn anghofio enwau a wynebau. Wedyn mi ddaeth yr ymddygiad ymosodol, y rhwystredigaeth a ninnau'n sylweddoli bod y person roedden ni'n ei adnabod yn diflannu'n ara' bach.

Roeddwn i wastad wedi gobeithio y byddai Dad yn ysgrifennu ei hanes ei hun ryw ddiwrnod – yn anad dim oherwydd ei fod yn storïwr o fri pan oeddwn i'n blentyn. Mewn partïon teuluol, byddech chi'n aml yn ei weld efo criw o fy nghefndryd a fy nghyfnitherod wrth ei draed, wedi eu swyno'n llwyr gan ei straeon. Byddai'r straeon wedi cael eu gorliwio'n arw, yn ddramatig a dros ben llestri, ond i blant ifanc roedden nhw'n hudolus. Un Nadolig, flynyddoedd yn ôl, prynais lyfr nodiadau gwag iddo i gadw cofnod o bethau, ond daeth dementia a chipio'i orffennol oddi arno cyn iddo gael cyfle.

Fy ngwaith i bellach, fel mab iddo, yw cofnodi cymaint ag y galla i am Dad cyn iddo fynd ar goll i ni am byth. Mae'r llyfr hwn yn cofnodi ei fywyd yn tyfu i fyny fel yr hynaf o 14 o blant, ei gyfnod ar y llwyfan, y pethau sy'n agos at ei galon, ac yna'n ddiweddarach effeithiau dinistriol dementia arno ef a'i deulu. Hyn oll yn ogystal â sut y daeth ei deulu ynghyd i sicrhau'r gydnabyddiaeth i'w ganu roedd bob amser wedi'i haeddu. Mae pethau'n reit gymysglyd i Dad – dydi o ddim yn gallu dweud ei stori heb fynd yn ddryslyd erbyn hyn, felly pobl eraill yn adrodd ei stori o sydd yma. Siaradais i â'r bobl hynny oedd yn ei adnabod orau: y brodyr a'r chwiorydd sy'n dal i fod efo ni, ei ffrindiau, ei gariad cyntaf a Mam, ei wraig ers dros 40 mlynedd. Lle roedd hynny'n bosib, mae'r cyfweliadau wedi cael eu defnyddio'n llawn, ynghyd â straeon o lygad y ffynnon gan Dad dros y blynyddoedd. Dwi wedi gwneud fy ngorau i'w hail-greu nhw cystal ag y medra i, er 'mod i'n gwybod bod rhai straeon wedi mynd am byth yn niwloedd amser.

Dwi'n gweld colli fy nhad yn ofnadwy. Er ei fod o gwmpas y lle a minnau'n ei weld o drwy'r amser, mae o yn ei fyd bach ei hun bellach, ac mae'n boenus gwylio Mam yn gofalu am y dyn mae hi'n ei garu. Y gwir amdani ydy, pan oedd o'n iach, doeddwn i erioed wedi ei adnabod yn iawn. I fi, dim ond Dad oedd o – y boi yn y tŷ fyddai'n dweud y drefn wrtha i, yn cael pyliau o hwyliau drwg, yn mynd allan i ganu, wrth ei fodd efo sylw, yn colli'i limpin, yn malio gormod ac yn gwneud pethau honco bost fyddai'n codi cywilydd arna' i. Mae'r llyfr hwn nid yn unig yn olrhain stori bywyd fy nhad ond mae'n adrodd stori fy mywyd i hefyd. Dwi wedi cael y rhodd o ddarganfod fy nhad fel unigolyn, pam mae o'n ymddwyn fel y mae, ei ffaeleddau, ei wendidau a'i gryfderau cudd, ac mae hynny yn ei dro wedi dangos i fi pwy ydw i.

Pan oeddwn i'n blentyn ifanc, roeddwn i'n meddwl mai Dad oedd y dyn gorau yn y byd. Collais i'r teimlad hwnnw am sbel. Ond dwi rŵan yn gallu datgan pa mor anhygoel o falch ydw i fod Ted McDermott yn dad i fi – y dyn caredig, y dyn oriog, y dyn sensitif, y dyn hunanbwysig, y dyn cymhleth, y *Songaminute Man* anhygoel.

Dyma'i stori.

Pennod 1

Tref fechan rhwng Birmingham a Wolverhampton yw Wednesbury. Mae'n rhan o'r 'Ardal Ddu' – a gafodd ei henwi, yn ôl Ted, gan y Frenhines Victoria yn y bedwaredd ganrif ar bymtheg. Yn ôl yr hanes, roedd Victoria ar drên yn teithio o gwmpas y wlad pan edrychodd drwy'r ffenest a gweld yr awyr yn drwch o fwg o'r miloedd o ffatrïoedd. Mae'n debyg i'r frenhines sôn ei bod hi'n ardal ddu, a bod yr enw wedi glynu.

Ganwyd Ted McDermott yn Wednesbury ar 14 Awst 1936, yn fab i Hilda a Maurice McDermott. Ted oedd y cyntaf o 14 o blant, plentyn cegog a siaradus oedd yn barod i sgwrsio ag unrhyw un. Gallech chi alw ei blentyndod yn un di-nod mewn sawl ffordd, yn un llawn cariad, efo ymdeimlad cryf o deulu a phenderfyniad i wneud y gorau o'r hyn oedd ganddyn nhw, er gwaethaf cysgod rhyfel a chaledi.

Yn ôl yn yr 1930au, roedd Wednesbury yn fwrlwm o iardiau nwyddau, rheilffyrdd a ffatrïoedd. Fin nos, roedd gwres eirias y gwaith metel yn goleuo'r awyr am filltiroedd o gwmpas y dref. Yn ystod y Chwyldro Diwydiannol, daeth cannoedd o ymfudwyr o Iwerddon i Wednesbury i wneud y gwaith cloddio – ffyrdd newydd, rheilffyrdd newydd, popeth newydd.

Roedd y teulu McDermott yn eu plith – y rhan fwyaf yn dod o Sligo ar arfordir gorllewinol Iwerddon. Yn ôl y chwedl, roedd Dermot yn un o frenhinoedd Iwerddon cyn i'r Saeson gipio'r wlad. Flynyddoedd yn ddiweddarach, byddai Ted yn eistedd ac yn ailadrodd y stori yn ei ffordd ddihafal ei hun, gan ddweud wrth ei fab mai bardd Brenin Iwerddon oedd Dermot. 'Rwyt ti'n dod o deulu o feirdd!', dyna oedd ei eiriau.

Y byd diwydiannol hwn oedd y cefndir i fagwraeth rhieni Ted. Cafodd mam Ted, Hilda Carter, ei geni efo llond pen o wallt coch a phersonoliaeth gynnes. Bu tad Ted, Maurice McDermott, yn gweithio mewn gefail am y rhan fwyaf o'i oes. Stwcyn bach tawel oedd Maurice, yn nodweddiadol o'r Ardal Ddu, ond heb acen gref ei ffrindiau a'i gyd-weithwyr. Gweithiai'n galed yn ystod y dydd, a byddai'n canu mewn tafarndai lleol ar y penwythnosau unrhyw bryd y gallai, yn aml yn gwisgo siwt, fel y rhan fwyaf o'r dynion eraill ar y stad. Roedd yn amlwg o ble wnaeth Ted etifeddu ei gariad at ganu.

Fel y rhan fwyaf o gyplau ifanc yr oes, gwnaeth Hilda a Maurice gyfarfod yn lleol a phriodi yn fuan. Ganwyd Ted, eu plentyn cyntaf, yn fuan wedyn, i'w ddilyn yn od o reolaidd gan enedigaethau Maurice, Ernie, Fred a Colin. Roedd y teulu ifanc yn tyfu'n gyflym, ac yn 1942 symudodd ar draws y dref i 18 Kent Road, tŷ newydd sbon yn Friar Park – stad o dai cyngor i'r dwyrain o Wednesbury. Dyma'r tro cyntaf i genhedlaeth o'r teulu McDermott symud i ffwrdd o Brick Kiln Street, lle cafodd Maurice ei fagu.

Doedd dim byd moethus am dŷ newydd Maurice a Hilda – tŷ digon bach o frics coch, efo gardd fechan iawn yn y tu blaen a chegin gefn yn arwain i ardd gefn ddi-nod. Roedd yn llwm y tu mewn ond buan iawn y gwnaeth y pâr ifanc y lle yn aelwyd glyd, gan ddibynnu ar ddodrefn ail-law gan aelodau'r teulu a llygad Hilda am fargen. Gallai weld darn o ddefnydd gwerth chweil o bell, taro bargen am ei bris fel ei fod o fewn ei chyllideb wythnosol, ac yna llwyddo i greu dau bâr o lenni. Doedd neb yn deall sut roedd hi'n gallu gwneud i gyn lleied fynd mor bell, ond da o beth oedd hynny o ystyried sawl ceg byddai angen ei bwydo yn y pen draw.

Daeth sgiliau arian Hilda'n fwy defnyddiol fyth yn ystod y rhyfel – er bod gan y teulu hawl i fwy o docynnau dogn na'r rhelyw oherwydd nifer y plant oedd ar yr aelwyd, byddai Hilda'n taro bargen â theuluoedd llai, ond cyfoethocach, a fyddai'n talu mwy am y bwyd roedd hi'n ei gael yn rhatach. Byddai Mrs Cook, cymydog a phobydd brwd, yn cymryd talebau menyn

Hilda ac roedd hi'n fwy na pharod i roi gwerth dwywaith gymaint o fargarîn amdanyn nhw. Hyd yn oed heb y bwyd a gafodd ei gyfnewid, roedd Hilda'n gwybod sut i fwydo teulu o 16, a byddai sosbennaid fawr o rywbeth neu'i gilydd ar y tân bob amser. Roedd hi ar delerau da efo pob un o'r dynion llaeth, y pobyddion a'r groseriaid lleol, yn taro bargen efo pawb ac yn arbenigo ar gyfnewid tocynnau dogn.

Ychydig iawn fu'r newid yn y tŷ dros y blynyddoedd: roedd tair llofft i fyny'r grisiau – un llofft fawr, llofft lai yn y cefn ac un llofft fach iawn ar yr ochr. Roedd y lle chwech yn y cefn, ar ochr wal allan y gegin. Efallai fod y lle'n gyfyng, ond dyma oedd eu cartref ac roedd Hilda'n ei gadw mor lân ag y gallai. Roedd hi'n graff ac yn barod i fentro, ac yn defnyddio'i holl ddoniau i redeg tŷ a chadw teulu mawr a phopeth yn mynd fel cloc.

Yr un oedd y drefn bob dydd, gan ddechrau drwy ofalu bod Maurice yn cael brecwast sylweddol i'w baratoi ar gyfer diwrnod o waith fel gof gwasgu yn yr efail – swydd y bu'n ei gwneud am y rhan fwyaf o'i oes. Unwaith roedd wedi mynd i'r gwaith, byddai Hilda'n troi ei sylw at y cartref a'r teulu. Golchi'r plant a'u bwydo, yna paratoi sosbennaid o fwyd ar gyfer cinio a swper, codi'r lludw o'r lle tân ac ailosod y tân efo priciau wedi eu hel o'r ardd a glo wedi ei gario mewn berfa o ben draw'r stryd. Yna hel llwch diddiwedd efo brwsh a phadell, gwneud y gwelyau, trwsio a gwau. Roedd Hilda'n gwneud y gwaith efo hen ffedog wedi ei chlymu o gwmpas ei gwasg a lliain dros ei gwallt.

Byddai diwrnod golchi yn golygu berwi dŵr ar y stof nwy cyn ei gario i'r iard, lle roedd hi'n golchi cynfasau, dillad a chlytiau, a'u gwasgu drwy'r mangl. Yn dibynnu ar y tywydd, byddai'r golch yn cael ei hongian i sychu, naill ai yn yr iard neu o flaen y lle tân, er eu bod nhw'n cael eu hel o'r golwg petai unrhyw ymwelydd yn galw heibio.

Dyma gefndir magwraeth Ted.

Roedd disgwyl i bawb gyfrannu a doedd bywyd ddim yn gyfforddus o'i gymharu â safonau heddiw, yn enwedig pan ddaeth y plant eraill – Mary, Jane, John, Chris, Marilyn, Joyce, Malcolm, Gerry a Karen. Roedd Hilda a Maurice yn cysgu yn y llofft sengl fach yn y cefn. Roedd y merched yn yr ail lofft lai, efo'r bechgyn yn cysgu draed wrth ben yn y llofft fawr. Roedd Ted, yr hynaf, yn cael gwely sengl, gyda gweddill y bechgyn yn cysgu yn y ddau wely dwbl. Roedd gan bob llofft ffenest fach wedi ei gorchuddio â llenni Hilda, a'r dodrefn yn brin er mwyn cael y gorau o'r lle. Roedd blancedi ychwanegol ar gyfer nosweithiau oer iawn y gaeaf – nid bod eu hangen nhw wrth i bawb wasgu at ei gilydd yn yr ystafelloedd bach.

Yn ôl safonau modern, roedd anhrefn yn y tŷ – nid yn yr ystyr o flerwch neu ddiffyg gofal, ond yn syml oherwydd nifer y plant ifanc oedd yn rhedeg o gwmpas. Roedd y drws ffrynt wastad ar agor, efo cymdogion a ffrindiau Hilda naill ai'n taro heibio i ddweud helô neu i glywed y clecs lleol diweddaraf.

Gallai amser gwely fod yn draed moch yn aml, wrth i Hilda ddelio efo'r merched ac yna gweiddi'n ddiamynedd ar y bechgyn i fynd i'w llofft. Unwaith roedd pawb yn ei wely, byddai'n cau'r drws a'r bechgyn yn dawel nes iddi gyrraedd gwaelod y grisiau. Y munud roedden nhw'n clywed drws yr ystafell ffrynt yn cau a gwybod ei bod hi'n ddiogel, byddai 'na ruthro am siwmper ychwanegol i gadw'n gynnes neu got sbâr i'w defnyddio fel gobennydd.

Dywedwyd yn aml bod Ted wedi etifeddu natur ofalgar ei dad ac roedd tyfu i fyny mewn teulu mor glòs yn golygu iddo ddatblygu ymdeimlad cryf o gyfrifoldeb tuag at y teulu er pan oedd yn ifanc iawn. Rhai o atgofion cynharaf Ted oedd gwylio'i dad yn paratoi i fynd i'r gwaith bob bore, ac efallai fod pwysigrwydd gofalu am anghenion y teulu wedi creu argraff arno pan oedd yn ddim o beth.

Doedd dim gwyliau a gyda'r esgid fach yn gwasgu, doedd fawr o arian yn weddill ar gyfer unrhyw bethau da, heblaw ar ddydd Sul pan fyddai Maurice yn dod â bag o felysion i'r plant. Er mai mater o fyw o'r llaw i'r genau oedd blynyddoedd cynnar Ted, treuliodd oriau lawer hefyd yn cael hwyl a sbri yn yr awyr agored. Boed law neu hindda, gallai o a'i ffrindiau ddod o hyd i antur ar garreg eu drws. Y tu ôl i'r tŷ, y tu hwnt i'r ardd gefn, roedd Bluebell Wood. Roedd dau bwll yno, ac roedd y goedlan yn ferw o fywyd gwyllt. O gerdded drwy'r coed, byddech chi'n cyrraedd yr hen welyau carthffosiaeth, lle byddai carthion wedi eu trin yn cael eu gadael. Yn ystod gwres misoedd yr haf, byddai nwy methan yn cynhesu'r ddaear gan beri i stêm ddianc. Roedd ganddo arogl penodol, arogl llethol iawn a fyddai'n dawch am amser hir, yn aml yn glynu wrth wallt a dillad unrhyw un a fyddai'n cerdded yn agos ato. Ychydig ymhellach wedyn roedd yna gaeau pêl-droed a'r 'Jyngl' – darn o dir llawn chwyn a choed bedw arian. Byddai Ted, ei frodyr a'i chwiorydd a'i ffrindiau o'r stad yn aml yno yn ystod yr haf, yn adeiladu cuddfannau, gwneud drygioni a dianc. Hwn fyddai'r lle cyntaf y byddai Hilda'n chwilio ynddo wrth alw'r plant i gael te, gan eu hannog i ddod adref efo addewidion i gael mynd yn ôl pan fyddai hi'n olau dydd drannoeth – bydden nhw wedi cysgu yno drwy'r nos petaen nhw'n cael.

Yn y dyddiau hynny cyn y teledu, roedd natur yn swyno'r Ted ifanc. Roedd Hilda'n annog hynny, yn enwedig petai'n mynd â rhai o'i frodyr a'i chwiorydd iau allan yn gwmni, iddi hi gael mymryn o lonydd. Roedd Hilda'n falch fod Ted yn gallu synhwyro bod ganddi fwy na digon ar ei phlât i fwydo a magu cymaint o blant ac, o ganlyniad, buan iawn y datblygodd y reddf ryfeddol o wybod pryd i ddiflannu. Fel hogyn ifanc, byddai Hilda'n aml yn rhoi tafell sbâr o fara i Ted, a dweud wrtho am fynd i eistedd yn yr ardd a chwibanu i ddenu'r adar. Wrth iddo eistedd yno ar y wal gerrig isel yn gwasgaru'r bara o'i gwmpas, byddai'r adar yn siŵr o hedfan i lawr o'r coed i bigo ar y briwsion. Os nad oedd hi'n ddiwrnod ysgol, byddai Ted yn treulio oriau yn aros i fwydo'r adar.

Er bod bywyd yn bur hamddenol, roedd digon o gymeriadau lleol i greu drama – y prif gecryn oedd y ffermwr lleol, Mr Rumble, perchennog fferm Grumbles. Roedd caeau ŷd o gwmpas y fferm, ac ysguboriau bach yn llawn ieir ac ambell fochyn. Roedd y plant lleol i gyd yn ofni Rumble – neu Grumble ar lafar – a bydden nhw'n herio'i gilydd i fynd i gyffiniau'r fferm. Roedd sawl un yn dweud nad oedd Mr Rumble yn hoffi plant, yn enwedig y rhai fyddai'n meiddio troedio'i dir. Byddai'n erlid unrhyw dresbaswyr, waeth beth oedd eu hoedran nhw, gan eu melltithio a'u rhegi i'r entrychion.

Y tu ôl i'r fferm roedd iard y rheilffordd lle byddai cannoedd o drenau stêm yn parcio yno dros nos. Byddai glo a gâi ei gloddio yn y pyllau glo lleol yn cael eu danfon o gwmpas y wlad o'r iard. Hefyd roedd metelau a nwyddau a oedd wedi'u gwneud yn y ffatrïoedd cyfagos yn cael eu cadw mewn storfeydd, yn disgwyl cael eu cludo oddi yno. Yno hefyd byddai'r holl drenau stêm mawr yn cael eu trwsio cyn mynd yn ôl i'w gwaith. Roedd y rheilffordd oedd yn mynd drwy'r dref yn cysylltu Wednesbury â gweddill y wlad – o Crewe ymhellach i'r gogledd i Lundain tua'r de. Gallech arogli'r olew cyn rhoi troed ar dir yr iard hyd yn oed – roedd yn yr awyr o naill ben y flwyddyn i'r llall, ond roedd yr arogl hyd yn oed yn gryfach yng ngwres yr haf. Roedd yr holl waith o atgyweirio'r cerbydau yn digwydd yn ystod y nos, efo synau peiriannau a sŵn profi'r injans i'w clywed ymhell ar ôl i'r trigolion cyfagos noswylio. Dyna oedd y sŵn cysurlon oedd yn arwydd o amser gwely i Ted a'i frodyr a'i chwiorydd.

Roedd Maurice yn agos at ei blant i gyd, ond roedd hefyd yn gweithio dyddiau hir, gan dderbyn unrhyw waith roedd yn cael ei gynnig er mwyn gallu dod â chymaint o arian â phosib adref. Hilda oedd yn rhedeg yr aelwyd. Bob dydd Gwener, byddai Maurice yn dod ag amlen fach frown adref yn cynnwys ei gyflog, a Hilda yn tynnu'r hyn roedd ei angen arni i gadw tŷ, a rhoi'r gweddill yn ôl iddo fel arian gwario yr wythnos honno. Doedd Maurice ddim yn yfed llawer, ond byddai'n aml yn mynd i'r tafarndai lleol i ymlacio, gan godi ar ei draed a chanu pryd bynnag y gallai.

Roedd llawer o'r gwaith â llaw yn cael ei wneud yn y ddwy ffatri enfawr oedd yn ganolbwynt y diwydiant gweithgynhyrchu ger Friar Park – ffatri Elwell a'r Deritend. Roedd ffatri Elwell yn gwneud offer garddio a'r Deritend Stamping Company oedd yr efail lle roedd Maurice yn gweithio, a sefydlwyd yn 1900. Roedd sefydlu'r ffatri yn golygu swyddi lawer i ddynion fel Maurice, oedd yn byw yn lleol, ond roedd hefyd nifer o bobl roedd angen cyflog a gwaith sefydlog arnyn nhw yn teithio o bob cwr o Wednesbury i weithio yno. Roedd yn waith caled ond roedd y cwmni'n enwog am ei weithlu ymroddgar, ei oriau hir a'i ysbryd tîm cadarn. Drwy gydol y dydd, bob tro y byddai'r morthwylion yn disgyn, byddai'r glec i'w chlywed ar draws Friar Park.

Bob Nadolig, cynhaliwyd parti i'r holl blant a phan oedd Ted yn bum mlwydd oed, aeth Hilda ag ef i'r clwb i ymuno yn y dathliadau. Dyma'r tro cyntaf iddo fod i barti mor fawr ac roedd Hilda wedi gwnïo siwt drwsiadus iddo yn arbennig ar gyfer yr achlysur. Pan gyrhaeddon nhw, roedd yr ystafell yn llawn plant ifanc yn rhedeg o gwmpas; roedd addurniadau Nadolig yn rhoi mymryn o liw i ystafell oedd fel arfer yn ddigon llwm, ac roedd byrddau yno'n drymlwythog gan frechdanau, cacennau a threifflau. Dyna oedd syniad Ted o nefoedd, a daeth o hyd i griw bach o blant i chwarae efo nhw cyn pen dim.

'Bydd Maurice ni yn ei nôl o am bump,' meddai Hilda wrth rai o'r merched o'r ffatri oedd wedi cael eu benthyg i drefnu'r parti.

'Bihafia dy hun, Ted,' gwaeddodd wrth adael yr ystafell.

Dyna beth oedd prynhawn. Un y byddai Ted yn ei gofio weddill ei oes. Gemau parti traddodiadol fel pasio'r parsel, chwarae newid cadeiriau a phinio'r gynffon ar y mul, ymweliad gan Siôn Corn, a digon o felysion a threiffl i suddo llong. Am bump o'r gloch, ychydig ar ôl iddo orffen ei waith, daeth Maurice i nôl Ted o'r parti. Roedd yr hogyn bach wedi blino'n lân, felly cafodd ei gario gan Maurice yr holl ffordd adref.

Y munud y daeth drwy ddrws ffrynt Kent Road, deffrodd Ted. 'Roedd yn wych, Mam!' ebychodd y munud yr agorodd ei lygaid, ac aeth ymlaen i sôn yn llawn cyffro am y prynhawn, heb anghofio'r un manylyn. Yn fuan ar ôl amser te, roedd Ted yn cysgu'n drwm eto, felly dyma Hilda'n ei gario i fyny'r grisiau, tynnu ei ddillad a lapio dillad y gwely amdano. Roedd yn cysgu'r munud y cyffyrddodd ei ben y gobennydd a chariodd Hilda ei siwt i lawr i'r gegin, yn barod i'w golchi. Dilynodd ei threfn arferol a mynd trwy ei bocedi.

'Be ddiawl 'di hwn?' gwaeddodd. Roedd ei dwylo'n llawn o jeli, hufen a chwstard, a'r siwt wedi ei difetha. Roedd hi'n benwan.

'Wyt ti wedi gweld hwn?' gwaeddodd ar Maurice, fel petai yntau ar fai. Ysgydwodd Maurice ei ben. Doedd ganddo ddim syniad pam byddai Ted wedi gwneud rhywbeth mor wirion, ac roedd yn flin bod dilledyn cystal wedi mynd yn wastraff.

Fore trannoeth, pan ddaeth Ted i lawr y grisiau ling-di-long, roedd Hilda'n aros amdano yn y gegin. Yn ôl pob golwg, doedd o ddim callach ei fod wedi gwneud dim byd o'i le. 'Rwyt ti wedi difetha'r siwt, wyt wir... wrth roi'r holl fwyd yn y pocedi. Wnest ti ddim cael digon i'w fwyta yn y parti?'

Roedd Ted yn edrych yn bryderus iawn, ond yn sydyn, dyma Hilda'n sylweddoli beth roedd o wedi ei wneud. 'Dim ond dod â bwyd yn ôl i'r lleill roeddwn i, Mam, i bawb gael rhannu achos eu bod nhw wedi methu mynd i'r parti.' Toddodd calon Hilda. Gwasgodd o'n dynn yn ei breichiau, gan egluro na ddylai roi jeli a chwstard yn ei bocedi eto, waeth pa mor gryf oedd yr ysfa i ddod â bwyd adre i'w rannu efo'r lleill.

Roedd aelwyd teulu McDermott yn un ddarbodus ac roedd Ted, fel Hilda, yn ddyfeisgar a byddai'n dod o hyd i ffyrdd anarferol o helpu. Weithiau, byddai o a'i ffrindiau yn sleifio drwy'r ffens yng nghefn y tŷ, a heibio i'r Grumble dychrynllyd, fel y gallai o a'r bechgyn eraill o'i stryd fynd i'r iard rheilffordd a chasglu glo oedd wedi ei adael yn y cilffyrdd ar gyfer y trenau stêm. Byddai hyn yn digwydd bob gaeaf ac wrth i'r bechgyn fynd yn hŷn, roedd mwy a mwy o gynllwynio ynghlwm wrth y dasg. 'Gallech chi eu clywed nhw i gyd yng nghanol y nos,' meddai John, brawd iau Ted. 'Roedden ni'r rhai iau yn glyd yn y gwely ond roedden ni'n gallu clywed Ted, Dad, Maurice ac un neu ddau o'u ffrindiau yn mynd drwy'r ffens ym mhen draw'r ardd gefn.' Roedd mynd heibio'r ffens i'r iard yn dipyn o gamp, ond unwaith roedden nhw i mewn, roedd pawb am y gorau. 'Dyna be oedd yn ein cynhesu ni drwy'r gaeafau,' meddai John.

Roedden nhw'n graff hefyd: un diwrnod, cafodd yr hogiau ddeall bod plismon lawr y ffordd yn stopio pobl leol ar amheuaeth o ddwyn glo. Felly dyma nhw'n penderfynu llenwi ambell sach a'u cuddio yn y coed tan fore trannoeth, pan fyddai un ohonyn nhw'n mynd i'w nôl. Roedd pawb yn gwybod, petai'r plismon yn eich dal, y byddai'n dweud y drefn ac yn mynd â'r glo oddi arnyn nhw – ac wedyn yn ei gadw iddo fo'i hun.

'Roedd coeden fawr ar ben draw'r ardd hefyd ar un adeg, ac un gaeaf, gwnaeth rhai o'r bois o'r stryd helpu i'w llifio hi,' meddai John. 'Rhannodd y stryd gyfan y coed tân am fisoedd.'

Wrth iddyn nhw dyfu'n hŷn, treuliai Ted a'i griw bob eiliad sbâr yng nghwmni ei gilydd. Yn syth ar ôl cyrraedd adref, byddai'n mynd allan i chwarae efo'r plant eraill ar y stryd. Roedd y bechgyn bob amser mewn rhyw ddrygioni neu'i gilydd ac unwaith roedden nhw'n ddigon hen, roedd yr heriau a'r castiau dipyn yn fwy heriol. Byddai'r criw – Joey B, Joey G, Kenny, Walter a Georgie – yn mynd ar unwaith i'r coed yng nghefn yr ardd i adeiladu cuddfannau neu ddringo eu hoff goeden. Hen goeden drwchus oedd hi, yn dechrau pydru ac un prynhawn, penderfynwyd bod y goeden yn dod i lawr. 'Sgen ti dy fwyell, Kenny?' gwaeddodd Ted ar ei ffrind ysgol cydnerth oedd yn camu tuag ato rhwng y coed derw. Gwenu fel giât wnaeth Kenny, gan siglo'r fwyell yn ddidaro, er ei bod hi bron yn fwy na fo. Bwyell ei dad oedd hi, a byddai 'na dân gwyllt petai'n gwybod bod ei fab wedi ei benthyg hi. Roedd Joey G efo Kenny, yntau â bwyell dros ei ysgwydd hefyd. Roedd Joey B eisoes wrth fôn y goeden. Fo oedd y dringwr gorau o'u plith: 'Rho hwb i fyny iddo fo, Walter.' Ufuddhaodd Walter ar ei union, a gwyliodd y gweddill wrth i Joey ddringo'r goeden i gadw llygad am rywun yn dod.

Aeth y grŵp ati, gan gymryd tro i anelu bwyell at y boncyff. Roedd yn brawf o nerth glaslanciau, yn llawn cymaint â her ar y cyd. Ddeng munud yn ddiweddarach, roedden nhw'n chwysu chwartiau. Roedd torri coeden yn waith anoddach o lawer nag roedden nhw wedi ei ddychmygu, ond doedd neb eisiau rhoi'r gorau iddi chwaith. Torrodd bloedd ar y distawrwydd – 'Copar yn dod!' – llais Joey, eu gwyliwr yn y goeden. Ar ôl eiliad o syllu'n llygadrwth ar ei gilydd, dyma nhw'n ei heglu hi drwy'r drysni i ddianc.

Gwyliodd Joey B o ben y goeden wrth i'w ffrindiau ddianc. Ble roedden nhw'n mynd? O, damia! Neidiodd. Clywed ei goes yn torri wnaeth o, yn hytrach na'i theimlo. Y peth dryslyd nesaf i fynd drwy'i feddwl – cyn i'r gwewyr daro – oedd mai'r cyfan wnaeth o oedd dweud ei fod yn gweld eu ffrind *Cooper* yn dod. Doedd gan Joey B ddim syniad pa mor hir gymerodd hi i'w ffrindiau sylweddoli nad oedd o'n eu dilyn. Ymhen hir a hwyr, dyma nhw'n sleifio'n ôl a'i weld yn rowlio ar y llawr, yn anadlu drwy'r poen ac yn erfyn am gael mynd i'r ysbyty.

Oni bai bod anaf yn eu rhwystro, byddai'r bechgyn yn cnocio ar ddrysau ei gilydd ac yna'n mynd i lefydd diarffordd, llefydd nad oedden nhw i fod i fynd iddyn nhw fel arfer. Un diwrnod, aeth y criw i du cefn y goedlan, y tu ôl i'r caeau pêl-droed, lle roedd ysbyty ynysu ar gyfer pobl â chlefydau heintus. Byddai lleianod yn gofalu am gleifion â'r diciâu, y frech wen a difftheria; roedd y rhieni i gyd yn Wednesbury wedi gwahardd eu plant rhag mynd yn rhy agos. Roedd hyd yn oed sïon ar led fod ysbrydion yno. Mwy o reswm fyth i chwarae cnocio'r drws a diflannu... neu dyna feddyliai Ted, o leiaf. Ond un diwrnod, doedd o ddim yn ddigon cyflym a chafodd un o'r lleianod gip arno wrth i'r criw gnocio'r drws a rhedeg oddi yno. Brasgamodd i Kent Road a dweud y cyfan wrth Hilda. Gwobr Ted am fod mor feiddgar oedd bonclust gan ei fam a rhybudd chwyrn o'r canlyniadau petai'n gwneud rhywbeth tebyg byth eto.

Doedd bonclust ddim yn beth anarferol: roedd Maurice a Hilda'n gariadus ond yn llym. Roedd pobl weithiau'n tybio nad oedd plant o deuluoedd mawr yn cael eu cosbi am ddim byd, ond doedd hynny ddim yn wir yn achos teulu Ted. Roedd ei rieni yn ofalgar, wrth gwrs, ond os oedd unrhyw un o'r plant yn camfihafio, bydden nhw'n syrthio ar ei war fel tunnell o frics. Pan oedden nhw'n cerdded allan drwy'r drws ffrynt, roedd y plant yn gwybod eu bod nhw'n cynrychioli'r teulu, felly roedd yn rhaid iddyn nhw edrych yn daclus a bihafio. Byddai ambell fam yn dweud, 'Fydd 'na le ma pan ddeith dy Dad adre!' – ond nid dyna oedd anian Hilda. Byddai hi'n dweud y drefn yn y fan a'r lle, ac ar ôl eu disgyblu nhw, roedd popeth drosodd; doedd dim loetran nes i Dad gyrraedd adref i roi chwip din iddyn nhw.

Treuliodd Ted naw mlynedd gyntaf ei fywyd yn byw o dan gysgod rhyfel, y bygythiad i ddechrau ac yna'r brwydro go iawn. Byddai'r bechgyn ifanc yn aml yn clywed awyrennau'n rhuo o bell ac yn edrych i fyny i'r awyr rai munudau'n ddiweddarach a'i gweld yn ddu wrth i'r criwiau bomio hedfan drosodd i'r Almaen. Pan oedd Ted yn fach, gwnaeth Hilda a Maurice bopeth o fewn eu gallu i gadw pethau'n normal i'r plant, ond roedd y gwir plaen yn amhosib i'w guddio. Bygythiad cyson y bomio oedd prif ofid yr oedolion, hyd yn oed os oedd y plant yn mwynhau'r ddrama. Yng nghefn y tŷ, roedd Maurice wedi mynd ati'n ofalus i adeiladu lloches cyrch awyr fach ychydig cyn i'r rhyfel ddechrau. Pan fyddai'r seiren yn seinio, byddai Hilda, Maurice a'r plant hynaf yn cysuro'r plant iau a'u gosod yn dyner mewn droriau wedi eu gorchuddio â blancedi, a gweddill y teulu yn gwasgu i mewn i'r lloches. Yr un oedd y drefn bob tro – Hilda'n sefyll ar garreg y drws yn gweiddi ar y plant wrth eu henwau, nes i bob un ohonyn nhw redeg i lawr y stryd a'i baglu hi am y lloches. Unwaith roedden nhw i gyd yn ddiogel, byddai hi ei hun yn dod i mewn, yn fodlon bod pawb yno.

Ond doedd bywyd ddim bob amser mor gyffrous. Hyd yn oed os oedd y rhyfel yn achosi straen i'r oedolion, roedd cartref y teulu yn un trefnus, lle roedd disgwyl i bawb dynnu ei bwysau. Roedd gan bob un o'r plant swydd am yr wythnos, ac roedd angen gwneud honno cyn iddyn nhw gael mynd allan i chwarae. Boed hynny'n helpu Hilda yn y gegin, glanhau'r carpedi, plygu dillad glân, clirio'r ardd neu wneud neges, roedd pawb yn gwneud ei ran. Mae brawd Ted, Fred yn cofio bod Maurice o gwmpas ar ddydd Sul i helpu efo baich gwaith Hilda. Ei ffordd o dynnu ei sylw ei hun a'r lleill oedd dechrau canu, gan rannu cân ar ôl cân o hen glasuron wrth iddyn nhw sgubo, hel llwch, newid gwelyau a churo matiau. 'Doedden ni ddim yn cael chwarae allan efo'n ffrindiau nes bod y gorchwylion wedi eu gneud,' meddai Fred. 'Byddai'n rhaid i chi naill ai godi'r mat oddi ar y llawr a rhedeg brwsh drosto, neu lanhau'r gegin, neu sgubo'r llawr tu allan.'

Pan ddaeth Diwrnod VE o'r diwedd, daeth poblogaeth gyfan Friar Park allan i'r strydoedd i ddathlu. Safodd Ted a gweddill y criw ar y stryd wrth i oedolion y gymdogaeth ddod â byrddau a chadeiriau allan ar gyfer parti enfawr. Cafodd cacennau eu pobi, coelcerthi eu cynnau a diodydd eu tywallt. Doedd Ted erioed wedi gweld dim byd tebyg. Roedd yr awyrgylch yn drydanol.

Yn ara' bach, dychwelodd trefn arferol bywyd ar ôl 1945, wrth i'r cyrchoedd awyr a'r cyfnodau yn y llochesi ddiflannu o fywydau'r plant dros nos. Pylodd y straeon wrth i bobl roi'r gorau i sôn gymaint am y rhyfel, ac yn y pen draw, dychwelodd yr hen rythm i fywyd Wednesbury.

Pennod 2

Maes o law, pylodd cysgod y rhyfel ac, er mai hogyn ifanc oedd Ted ar y pryd, effeithiodd y teimlad o ansicrwydd a ddaeth yn sgil y rhyfel arno fo, ac ar lawer i un arall. I Ted, roedd popeth yn fyrhoedlog, a daeth yn amlwg yn fuan iawn bod rhaid iddo fwynhau pob dydd. Dechreuodd chwilio am arwyddion o fywyd y tu hwnt i chwarae o gwmpas yn y coed ar ôl ysgol efo'i ffrindiau. Tra oedd Hilda a Maurice yn dal ati efo'r drefn arferol o ddydd i ddydd, roedd diwedd y rhyfel wedi ennyn chwilfrydedd yn Ted. Rywsut, roedd mwy o bethau fel petaen nhw'n bosib. Ond er gwaethaf breuddwydio am rywbeth mwy, cefnogi ei deulu oedd yn cael y flaenoriaeth.

Yn ei arddegau cynnar, byddai Ted yn gwneud cymaint o swyddi bach ag y gallai, er mwyn ennill ambell geiniog ychwanegol i helpu i fwydo teulu oedd yn dal i dyfu. Byddai'n deffro ar doriad gwawr i helpu i ddosbarthu llaeth o geffyl a throl, a phob dydd Llun byddai'n gwthio hen bram ar hyd y stryd, yn casglu siwtiau dynion a mynd â nhw i siop wystlo yn Darlaston. Ar ddydd Gwener, byddai'n eu nôl nhw eto er mwyn i'r dynion i gyd allu mynd allan yn eu siwtiau dros y Sul.

Tua'r adeg hon, dechreuodd Ted ar arfer oes o roi cynnig ar wahanol bethau roedd o'n credu y byddai'n ei wneud yn hapus ac yn rhoi pwrpas iddo, gan lwyddo ambell dro yn well na'i gilydd. Fel y rhan fwyaf o fechgyn eraill ar y stad, roedd ganddo ddiddordeb mawr mewn pêl-droed, ond cerddoriaeth oedd ei angerdd mwyaf.

Dechreuodd y garwriaeth gerddorol yn ei arddegau wrth i Maurice fynd â Ted draw i'r dafarn leol, y Coronation – neu'r Cora ar lafar – un nos Sadwrn. Roedd y Cora yn dafarn enfawr, wedi ei chodi ar ddechrau'r 1930au pan oedd gweddill stad Friar Park yn dal i gael ei hadeiladu. Bryd hynny, yn yr 1950au, roedd yn llawn dop bob nos – roedd ganddi ystafell ysmygu, ystafell i blant ac ystafell ymgynnull enfawr lle byddai bandiau'n chwarae. Roedd yn dafarn ddigon ffwrdd-â-hi, ond byddai'n denu cerddorion lleol, ac roedd wedi meithrin enw da fel y lle i fod. Yno, gwelodd Ted efo'i lygaid ei hun pa mor hudol oedd camu o flaen cynulleidfa a pherfformio. Byddai Maurice yn cyrraedd fel aelod o'r teulu brenhinol, yn treulio ychydig funudau yn sgwrsio â'i ffrindiau, cyn bod y cyntaf i ganu. Ei hoff gân oedd 'Marta' gan Arthur Tracy, ac roedd hi o hyd yn plesio'r dyrfa. Erbyn diwedd ei berfformiad, byddai'r gynulleidfa ar ei thraed yn cymeradwyo. Ar ôl gorffen, byddai Maurice yn mynd yn ei ôl i'r bar, drwy'r curo cefn a'r ysgwyd llaw, cyn gweld rhes o ddiodydd yn aros amdano, ac roedd Ted yn gegrwth.

Yn fuan iawn, roedd Ted yn dilyn yn ôl traed ei dad gan adael yr ysgol yn 15 oed a dechrau gweithio ochr yn ochr â Maurice yng ngefail Deritend. Roedd yn deulu traddodiadol iawn – y dynion yn mynd allan i weithio a Hilda'n paratoi tocyn blasus i ginio, a Marilyn (un o chwiorydd iau Ted) fyddai weithiau'n cludo'r bwyd i'r gweithwyr, oedd ar eu cythlwng erbyn hanner dydd. Roedd pawb yn ei hadnabod hi yn y ffatri ac yn gadael iddi fynd i mewn yn syth – doedd dim Iechyd a Diogelwch bryd hynny. Wrth iddi eu gwylio nhw'n bwyta, roedd hi'n syfrdanu pa mor galed roedden nhw'n gorfod gweithio, efo'r chwys yn diferu oddi arnyn nhw ar ôl y shifft fore. Flynyddoedd yn ddiweddarach, dywedodd: 'Roedd y dynion i gyd yn chwysu cymaint, roedd eu trowsusau nhw'n sefyll ar eu traed eu hunain erbyn diwedd y shifft, oherwydd yr holl halen.'

Roedd moeseg waith y teulu wedi ei gwreiddio yn Ted ac roedd yn gweithio cymaint ag y gallai, gan deimlo o'r diwedd ei fod yn talu'n iawn am ei gadw, heb sôn am ennill tamaid bach ychwanegol i'w wario arno'i hun. Byddai'n aml yn gweithio shifft o chwech y bore tan ddau y prynhawn, cyn dod adref i Kent Road, ond os oedd gwaith ychwanegol ar gael, byddai'n dychwelyd i'r ffatri ac yn gweithio'r shifft hwyr tan ddeg y nos. Ar ddiwedd yr wythnos, byddai'n dod adref efo'i gyflog ac yn rhoi'r arian am yr oriau ychwanegol yn llaw Hilda.

Yr ymateb arferol byddai, 'Ty'd wir, 'ngwashi, ti'n hogyn ifanc, mae angen y pres arnat ti!'

Ond doedd dim troi ar Ted: 'Na, Mam, mae dy angen di yn fwy na'n un i. Ti sy'n gorfod bwydo pawb! Pryna esgidiau newydd i un o'r plant. Mae isio pâr newydd ar Jane,' meddai, gan gerdded allan o'r gegin cyn iddi allu dweud dim byd arall.

Tua'r un adeg, dechreuodd Ted a'i ffrindiau fynd i glwb ieuenctid yr eglwys leol, y Shack oedd ei enw. Roedd mynediad am ddim y rhan fwyaf o nosweithiau, ond ar achlysuron arbennig pan oedd y trefnydd, Mr Turner, wedi archebu band neu ganwr, roedd tâl bach yn cael ei godi wrth y drws. Roedd y nosweithiau hynny fel ymgyrch filwrol i Ted. Byddai'n talu swllt i fynd i mewn, yna'n mynd i'r toiledau i roi ei docyn i Joey B, a fyddai'n gwneud yr un peth i Kenny a Walter, pob un ohonyn nhw ar eu cwrcwd o dan y ffenest, yn estyn llaw i dderbyn y tocyn anghyfreithlon.

Bob nos Sadwrn, byddai pawb yn gwneud ymdrech i edrych ar ei orau, gan mai dyma oedd uchafbwynt cymdeithasol yr wythnos i'r rhan fwyaf ohonyn nhw – fel y mae brawd yng nghyfraith Ted, Tony, yn ei gofio:

'Roedd y bechgyn i gyd yn gwisgo'u siwtiau gorau a Brylcreem yn dal pob blewyn yn ei le. Ond waeth pa mor grand oedd y dyrfa, Ted fyddai fwyaf amlwg bob tro. Byddai'n cerdded i mewn ac yn ennyn sylw ar unwaith yn ei gôt law liw hufen a'i sgarff sidan gwyn. Byddai'r merched i gyd, beth bynnag oedd eu hoedran, mewn perlewyg. Fo oedd y peth agosaf at Dickie Valentine roedden nhw erioed wedi ei weld.' Hyd yn oed bryd hynny, roedd y merched yn bwyta o law Ted, a hynny bron yn ddiarwybod iddo; roedd ganddo rhyw bresenoldeb oedd yn gwneud i bawb oedi a chymryd sylw.

Erbyn hyn, roedd Ted wedi rhoi'r gorau i ddibynnu ar bolisi tacluso a thrwsio Hilda o ran dillad. Wrth iddo dyfu i fyny, roedd Hilda wedi ymfalchïo ei bod yn gwneud y rhan fwyaf o ddillad y plant ei hun. Byddai'n mynd i'r farchnad yn Birmingham, yn prynu dillad ail-law, yn eu golchi, eu datod ac yna'n eu gwnïo i gyd yn ôl at ei gilydd fel eu bod nhw bob tro'n edrych fel dillad newydd sbon. Ond i Ted, daeth hynny i ben pan ddechreuodd ddewis ei ddillad a datblygu ei steil ei hun. Roedd wedi etifeddu agwedd ymarferol Hilda tuag at waith, ac roedd yn gwybod mai modd pwysig i gyflawni nod oedd gweithio. Os oedd eisiau rhywbeth arnoch chi, roedd yn rhaid i chi edrych yn iawn – a dyna oedd hanner y frwydr.

Roedd hynny'n berthnasol er mwyn gwneud yr argraff gywir yn y Shack. Lle bach oedd o, efo cadeiriau a byrddau plastig, dim byd ffansi, ond roedd bob amser yn llawn. Fodd bynnag, roedd ffrindiau Ted yn wahanol. Nid gwrando ar y gerddoriaeth oedd eu prif flaenoriaeth. Roedden nhw yn y Shack am un rheswm, ac un rheswm yn unig – a hynny oedd i dynnu sgwrs â merched. Methiant oedd pen draw hynny'n aml wrth iddyn nhw faglu dros eu geiriau wrth gyflwyno'u hunain a buan iawn y blinodd y merched ar ymdrechion trwsgl y bechgyn, gan gilio i chwerthin a dawnsio gyda'i gilydd. Roedd trefn i bob nos Sadwrn, yn dechrau efo trolïau o de a byns yn mynd o gwmpas. Yna byddai'r goleuadau yn pylu, y belen glityr yn troi a'r dawnsio'n dechrau. Ernie, brawd Ted, fyddai'r un cyntaf i ddawnsio bob tro, ac yn fuan daeth y ddau frawd yn boblogaidd efo'r merched – Ted oherwydd ei olwg ac Ernie oherwydd ei symudiadau.

Ond nid steil Ted oedd yr unig beth oedd yn gwneud iddo fod yn amlwg iawn. Cyn gynted ag y daeth Mr Turner â'r chwaraewr recordiau allan, byddai Ted yn canu. Fel ei dad, doedd mynd ar lwyfan yn poeni dim arno. Mewn dim o dro roedd llais melfedaidd Ted yn adnabyddus, a doedd y gynulleidfa ifanc ddim yn gallu cael digon ohono. Roedden nhw'n gweiddi ac yn clapio i'w annog, ac yn cydganu wrth iddo godi stêm. Roedd bod ar y llwyfan a chanu o flaen tyrfa'n gwneud iddo deimlo'n gwbl rydd, a chyn pen dim, allai o ddim peidio.

Un dydd Sadwrn, ar ôl i Ted a'i ffrindiau ddod yn ffyddloniaid i'r clwb, cyhoeddodd Mr Turner eu bod wedi llogi canwr proffesiynol ar gyfer yr wythnos ganlynol, ac y byddai'n costio chwe cheiniog ychwanegol i bawb fynd i mewn. Roedd enw'r canwr yn destun llawer o drafod, heb sôn am beth fyddai'n digwydd i'r drefn arferol o baned o de, byns a dawnsio. Roedd yn dipyn o beth a'r nos Sadwrn ganlynol, roedd y gynulleidfa'n llawn o bobl ifanc yn eu harddegau, yn eu dillad crandiaf, yn aros i glywed y perfformiwr dirgel. Roedd hefyd nifer anarferol o gyplau yn cyd-ddawnsio mewn corneli. Roedd hi'n amlwg bod y bechgyn craff wedi gofyn i ferched dethol am ddêt y noson honno – yn awyddus i greu argraff efo perfformiwr gwadd a thyrfa fywiog.

Yn y pen draw, daeth y canwr i'r llwyfan, mewn siwt grand fel ceffyl sioe – roedd y lle'n dawel fel y bedd wrth iddo roi'r gerddoriaeth i'w bianydd. Yna dechreuodd ganu. Cymerodd hi dipyn o amser i'r dyrfa ddeall beth oedd yn digwydd – dim grwnian rhamantus, dim caneuon cyfarwydd i godi'r to; opera oedd ar y fwydlen, a dim byd ond opera, ac aeth hynny i lawr fel y wermod. Mae Tony, brawd yng nghyfraith Ted, yn cofio'r achlysur: 'Roedd y stafell yn llawn o bobl ifanc oedd wedi arfer efo Dickie Valentine a Jimmy Young, a dyma lle roedd y boi 'ma yn canu arias. Gallwch chi ddychmygu ymateb y dyrfa.'

Bloeddiodd llais o'r gynulleidfa: 'Be ddiawl 'di hyn?' ac ymhen dim, ymunodd pawb arall ag o, gan ei gwneud hi'n glir nad dyma'r noson roedden nhw wedi ei disgwyl. Ar ôl ei drydedd gân, cyhoeddodd y canwr y byddai'n ôl ar ôl yr egwyl.

'Paid â thrafferthu!' gwaeddodd rhywun o'r dyrfa. 'Does neb isio mwy!'

Erbyn hyn roedd pawb yn yr ystafell yn bwio a rhywbeth yn debyg i derfysg yn dechrau. Roedd Mr Turner yn gwneud ei orau i dawelu pawb, pan weiddodd rhywun, 'Ted! Cana gân i ni!' Cyn bo hir roedd yr holl dyrfa'n cyd-ganu, 'Teddy Mac! Teddy Mac! Teddy Mac!'

Cerddodd y canwr opera oddi ar y llwyfan, wedi gwaredu.

'A dos â dy chwaraewr piano efo ti!' gwaeddodd un o'r bechgyn.

Roedd pawb yn gwawdio.

Rhuthrodd y pianydd a'r canwr opera allan fel corwynt, efo Mr Turner yn rhedeg ar eu hôl yn ymddiheuro. Daeth bloedd enfawr wrth i Ted afael yn y meicroffon a dechrau canu. Treuliodd dros awr ar y llwyfan, yn ei seithfed nef, yn gwylio'r dyrfa'n mynd yn wyllt, yn bloeddio a churo dwylo'n swnllyd. Roedd Ted wedi achub y dydd ond, yn bwysicach fyth, dyna pryd y sylweddolodd mai dyma'n union roedd o eisiau ei wneud â'i fywyd.

Yn amlwg, ar ôl ei awr o enwogrwydd, daeth Ted yn un o hoelion wyth yr adloniant nos Sadwrn ac yn fuan roedd y clwb dan ei sang bob tro y byddai'n canu. Ond fuodd hi fawr o dro cyn i'w frodyr a'i ffrindiau ddeall bod rhywun wedi dal ei lygad, a bod hynny'n rhannol gyfrifol am ei deyrngarwch i'r clwb – ac roedden nhw yn llygad eu lle. Roedd merch o'r enw Iris wedi gwneud cryn argraff arno pan welodd Ted hi ar draws yr ystafell orlawn. Roedd gan Iris fop o wallt brown tywyll, roedd hi'n brydferth ac yn ffasiynol, a blwyddyn neu ddwy yn iau na Ted. Ymhen dim roedd yntau wedi anghofio pob dim am ei ffrindiau. Magodd y plwc i fynd draw ati a chyflwyno'i hun.

Yn 17 oed, doedd dim amheuaeth bod Ted yn gallu hudo merched (roedd Hilda bob amser yn arfer dweud ei fod yn bendant wedi etifeddu dawn dweud Maurice). Estynnodd ei law a gofyn i Iris ddawnsio gydag o. O'r eiliad honno, dechreuodd Ted ganlyn Iris efo cyfuniad diguro o ddiniweidrwydd a phenderfyniad.

Yn ôl Maurice, brawd Ted: 'Setlodd pethau i batrwm rhamantus yn eitha buan – bydden nhw'n cyfarfod yn y clwb, dawnsio a chwerthin ac yna byddai Ted yn cerdded gydag Iris i'w chartref ac yn aros nes iddi fynd i mewn i'r tŷ yn saff. Ar ôl ychydig wythnosau o ddilyn yr un drefn, roedden nhw'n gwpl swyddogol heb i neb sylwi – heblaw Mam, oedd yn sylwi ar bob dim.'

Doedd dim gwadu teimladau'r naill na'r llall – roedd Ted yn sylwgar, addfwyn a gofalgar, gan wneud yn siŵr bod Iris yn gwybod ei fod yn ei hoffi hi. Er nad oedd ganddo lawer o arian, roedd bob amser yn rhoi rhodd fach iddi ar ddiwedd pob dêt, hyd yn oed os mai gwerth swllt o siocled byddai hynny. Ond wnaeth Ted ddim ystyried y tynnu coes didrugaredd o du ei ffrindiau ar ôl iddyn nhw ddarganfod oedran Iris!

Tua'r adeg yma, daeth *The Carroll Levis Discovery Show* i Birmingham ar drywydd talent newydd. Roedd Carroll Levis yn dduw yn y diwydiant adloniant yn ystod yr 1950au – chwilotwr am dalent, impresario a phersonoliaeth radio – roedd yn gwybod beth roedd ei angen ar rywun i fod yn seren, a gallai synhwyro'r priodweddau hynny o bell. Clywodd Ted gan dderyn bach fod ei sioe dalent yn teithio'r wlad yn chwilio am ddoniau newydd ac roedd yn benderfynol o roi cynnig arni, gan gymryd bore o wyliau o'r gwaith i fynd i'r clyweliad. Daliodd y bws o Wednesbury i ganol Birmingham a gwneud ei ffordd i'r clyweliadau ar ei ben ei hun. Er mai dim ond 17 oed oedd o, doedd codi ar ei draed i ganu'n poeni dim arno. O'r holl bethau yn ei fywyd, gwyddai mai dyna'r un peth y gallai ei wneud yn dda. Gwnaeth Ted gryn argraff arnyn nhw drwy ganu 'Sweet sixteen' a mynd drwodd i'r rownd nesaf, sesiwn recordio'r rhaglen radio yn Llundain. Ond yn anffodus, ddigwyddodd hynny ddim. Fel y dywedodd Jane, ei chwaer: 'Does neb yn gwbod y stori gyfan. Mae hi wedi mynd ar goll yn niwloedd amser. Gallai hynny fod wedi newid ei fywyd petai wedi mynd. Dywedodd rhywun unwaith mai'r rheswm oedd bod cystadleuwyr yn gorfod talu yswiriant er mwyn ymddangos ar y sioe – a doedd ein Ted ni ddim yn gallu fforddio gneud hynny – a dyna pam aeth o ddim.'

Am y tro, roedd canu'n broffesiynol yn freuddwyd roedd yn methu fforddio'i dilyn, mewn mwy nag un ffordd.

Roedd cyflog Ted (ynghyd â chyflogau'r brawd hynaf o'i frodyr iau) yn tynnu'r pwysau oddi ar Hilda a Maurice a'r bechgyn iau, ac yn caniatáu iddyn nhw ymlacio a mwynhau eu plentyndod. Roedden nhw i gyd wrth eu bodd â phêl-droed a chwaraeodd pob un ohonyn nhw i'r tîm lleol. Roedden nhw'n ymroi i bêl-droed fel roedd Ted yn ymroi i'w gerddoriaeth;

y broblem fawr oedd mai un pâr o esgidiau pêl-droed oedd gan y brodyr hŷn rhyngddyn nhw, a hynny'n arwain at ffraeo mawr yn aml.

Buan iawn y sylwodd Hilda ar hyn – ond yn hytrach na'u cadw dan glo fel bod pawb yn cael tro, meddyliodd y gallai hyn fod yn wers werthfawr i'r bechgyn: 'Os gwnewch chi ymdrech a chodi'n gynnar, byddwch chi'n siŵr o elwa.' Yr unig beth roedd hi'n ei fynnu oedd bod pob un ohonyn nhw'n sicrhau bod yr esgidiau'n lân ac yn barod i'w defnyddio'r tro nesaf.

Tra oedd y bechgyn iau yn cecru dros esgidiau a phwy oedd yn sgorio amlaf, roedd Maurice wrth ei fodd yn gweithio efo'i fab hynaf ac yn teimlo balchder enfawr wrth ei wylio'n dysgu'i grefft. Ond er gwaetha'r drefn ddedwydd, oedd yn cynnwys Hilda'n paratoi brecwast llawn yn y bore a gosod eu dillad gwaith allan wedi eu smwddio'n daclus, gwyddai'r ddau fod gwasanaeth milwrol gorfodol ar y gorwel pan fyddai Ted yn troi'n 18 oed. Er ei fod yn ddyn bellach, wnaeth hynny ddim rhwystro'r teulu cyfan rhag pryderu amdano'n gadael – mewn sawl ffordd, roedd o'n rhan fawr o'r glud oedd yn dal yr aelwyd at ei gilydd ac yn gymorth mawr i Hilda, oedd yn poeni beth fyddai'n digwydd i'w mab pan fyddai allan o'i golwg.

Yn y cyfamser, roedd carwriaeth ddiniwed a hyfryd Ted ac Iris yn dal i fynd. Byddai Ted yn mynd ag Iris i'r bandstand i wrando ar gerddoriaeth a gafael yn ei llaw ar y bws, gan ddweud wrthi pa mor brydferth roedd hi.

Roedd Ted yn dweud wrthi'n gyson, 'Ti ydi'r aer dwi'n ei anadlu.'

A hithau'n ymateb, 'Paid, Ted, ti'n gneud i fi gochi.'

Dyma atgof Iris wrth edrych yn ôl ar y cyfnod: 'Doedd Ted byth yn un i guddio'i emosiynau, a doedd o ddim yn swil o ddatgan ei deimladau. Ond roeddwn i'n ifanc a byddwn i'n cochi pan fyddai'n dweud pethau wrtha i. Roedd fel petai eisiau i bawb wybod sut roedd o'n teimlo. Byddwn i'n eistedd yno ar y bws, yn gafael yn ei law, a fy wyneb i'n fflamgoch. Roedd o mor dyner, wir rŵan. Byddai bob amser yn dweud, "Ti'n brydferth." Wrth edrych yn ôl a meddwl rŵan, roedd hyn yn beth mor braf...'

Cyn bo hir, roedd Iris draw yn 18 Kent Road bron bob min nos, yn aros i Ted orffen y gwaith. Yn ôl ei frawd, John: 'Roedd pawb yn caru Iris a daeth hi'n rhan o'r teulu yn fuan iawn. Roedd Mam wrth ei bodd o'i chael hi yno – byddai'n helpu o gwmpas y tŷ pryd bynnag y gallai hi, hyd yn oed edrych ar ein holau ni'r plant lleia'. Roedd hi'n seren.'

Roedd hanes bywyd Iris yn bur wahanol i un Ted – roedd ei rhieni wedi marw pan oedd hi'n ifanc (ei thad o diwmor ar yr ymennydd pan oedd hi'n blentyn bach ac yna ei mam o'r diciâu pan oedd Iris yn 11 oed) ac roedd ei nain wedi ei mabwysiadu. Byddai dychmygu hyn yn torri calon Ted, o gofio pa mor agos roedd o i'w rieni a chymaint roedd yn mwynhau bod yn rhan o deulu mawr a chariadus. Mae Iris yn dweud bod cyfarfod â hi wedi sbarduno teimladau emosiynol dwys i Ted: 'Dwi'n meddwl ei fod o'n teimlo'n chwith drosta i achos doedd gen i ddim mam a thad, a 'mod i'n gorfod byw efo Nain.'

Er gwaetha ychydig o wahaniaethau emosiynol, daeth y pâr ifanc o hyd i rywbeth yn ei gilydd a dod yn ffrindiau mynwesol mewn dim o dro. Roedd gan y ddau griw da o ffrindiau, ond doedd Ted erioed yn un i ffoi i yfed efo'i fêts. 'A bod yn onest, roedd o'n fwy na pharod i eistedd efo fi drwy'r nos, yn sôn am beth roedd o wedi ei wneud y diwrnod hwnnw a beth gallen ni ei wneud dros y penwythnos, ac roedd o'n hollol fodlon efo hynny,' meddai Iris.

Roedden nhw'n ffitio'n daclus i fydoedd ei gilydd – roedd ei ffrindiau hi'n meddwl mor lwcus roedd hi i fachu cariad hŷn oedd yn meddwl y byd ohoni, a'i ffrindiau yntau'n meddwl ei bod hi'n bishyn. Daeth Iris yn gariad pêl-droed hyd yn oed, gan sefyll ar ymyl y cae bob dydd Sadwrn i gefnogi Ted. Byddai hi'n cyrraedd efo bag mawr o orenau o'r stondin ffrwythau a llysiau leol, yn barod i'w torri a'u rhannu i'r tîm cyfan hanner amser.

Ond roedd gwasanaeth milwrol gorfodol ar y gorwel, a chyn i neb ohonyn nhw deimlo'n barod, roedden nhw'n ffarwelio â Ted wrth iddo ddechrau ar 16 wythnos o hyfforddiant yng Nghaerlwytgoed, gan adael Hilda'n llawn pryder ac Iris yn cyfri'r dyddiau nes iddo ddychwelyd. Heb wybod beth oedd o'i flaen, doedd dim dewis gan Ted ond bod yn ddewr, rhoi bloedd o ffarwel i Maurice, rhoi cusan i Hilda ac ymlwybro ar hyd Kent Road i ddechrau pennod newydd. Roedd byw drwy ryfel wedi dysgu pob un ohonyn nhw i ddisgwyl yr annisgwyl – wyddai neb beth oedd yn cuddio rownd y gornel.

Pennod 3

'Mae 'chydig o le i'r cês o dan eich gwely. Rhowch o i gadw a byddwch yn barod am archwiliad mewn pum munud.'

Dyna oedd y gorchmynion a gafodd eu cyfarth ar Ted wrth iddo gerdded drwy gatiau Barics Whittington – ei gartref newydd o'i flaen wrth iddo drio mynd yr un mor gyflym â phawb arall. Er bod nifer o reolau mawr a mân, daeth hi'n amlwg yn fuan bod y drefn yma'n gwneud i gyfundrefn Hilda 'nôl yn Wednesbury edrych yn llac. Ddywedodd Ted 'run gair, yn asesu'r sefyllfa'n dawel wrth i'r uwch-ringyll floeddio'i orchmynion o gwmpas yr iard.

Roedd y dyddiau a'r nosweithiau cyntaf hynny yn hir a byddai'n meddwl drwy'r amser am beth oedd yn digwydd gartref wrth i Hilda weini cinio a Maurice chwibanu a helpu i basio'r platiau cyn mynd i'r Cora am 'un bach'. Roedd hi'n dipyn o newid byd i Ted. Gartref, heb os, fo oedd ffefryn Hilda, ond bellach roedd o'n un o griw mawr o lanciau oedd yn trio gwneud argraff am y rhesymau iawn. Roedd hynny'n anodd oherwydd anaml iawn byddai unrhyw sylw i rengoedd is y milwyr yn beth cadarnhaol. Fodd bynnag, yn ara' bach, daeth cymeriad hudol Ted yn fwyfwy amlwg, a magodd enw da am wneud ei orau glas bob amser.

Yn gorfforol, roedd o hefyd yn un o'r rhai mwyaf ffit – roedd yr holl ymarfer pêl-droed efo'i frodyr iau wedi ei baratoi'n dda ar gyfer y rhedeg traws gwlad ac yn aml fo fyddai'r cyntaf i gyrraedd 'nôl, a phrin allan o wynt. Yn raddol, cafodd enw da yn y barics a oedd yn union yr un fath â'r enw oedd ganddo gartref – un dibynadwy, hwyliog a charedig, ac yn ddiddanwr gwych. Daeth ei ddawn yn amlwg un nos Sadwrn ychydig wythnosau ar ôl iddo ymuno â'r Fyddin, pan ofynnwyd iddo ganu o flaen y swyddogion a'u gwragedd yn eu parti Nadolig. Wrth iddo baratoi i wynebu'r gynulleidfa a gwisgo siwt berffaith drwsiadus, roedd yn anodd peidio â meddwl am ychydig flynyddoedd yn ôl i'r noson honno pan aeth i'r Cora, yn llawn balchder efo Maurice. Yno, roedd Ted wedi gwylio'i dad yn agos wrth iddo ganu a denu'r gynulleidfa gyfan i sefyll.

Heno, dyma'i dro yntau. Fel arfer, roedd golwg wrth ei bodd ar y gynulleidfa.

Buan iawn y datblygodd ei fywyd drefn gyfforddus. Roedd bod i ffwrdd o'i deulu ac Iris yn anodd, ond roedd Ted, a'i barodrwydd cyson i dorchi'i lewys, yn mwynhau llymder bywyd yn y Fyddin. Roedd yn seren yn y timau athletau a rhedeg traws gwlad ac oherwydd ei ddawn i sgwrsio ag unrhyw un, gwnaeth dipyn o ffrindiau da yn y barics. Cyfaill arbennig o agos oedd Freddy Hyde, un o yrwyr y swyddogion. Roedd y ddau'n gyrru 'mlaen â'i gilydd yn dda yn syth bìn. Roedden nhw'n rhannu'r un synnwyr digrifwch ac yn mwynhau gweld pa mor bell roedden nhw'n gallu gwthio'r *status quo*, nodwedd a fyddai'n dod yn fwy amlwg wrth i amser fynd rhagddo. Llwyddodd Ted i gael swydd yn y gegin, gan benderfynu'n fuan iawn mai dyna'r lle i fod, yn agos at galon pethau, ac yn agos hefyd at unrhyw sbarion bwyd.

Daeth yn ffefryn efo'r swyddogion a'u gwragedd mewn dim o dro: bob tro roedd achlysur yn digwydd yn yr ystafell fwyta, byddai Ted yn cael gwahoddiad i ganu. Ond byw er mwyn y penwythnosau roedd o – dyma'i gyfle i fynd yn ôl i Kent Road i weld Iris a'r teulu. Cafodd ganiatâd i fynd adre am y tro cyntaf ar ôl iddo fod i ffwrdd am fis, gan fod y swyddogion yn teimlo ei bod hi'n bwysig i'r holl fechgyn ddod i adnabod ei gilydd am ychydig wythnosau a dod i arfer â'u hamgylchedd newydd. Wrth i ddiwrnod ei ymweliad gartref agosáu, teimlai Ted yn nerfus ac yn gyffrous ar yr un pryd. Roedd methu siarad â'i frodyr a'i chwiorydd bob dydd, a dadlau tro pwy oedd hi nesaf i ddefnyddio'r ystafell ymolchi, yn brofiad od. Roedd yn gwybod nad oedd hi'n beth gwrol iawn i'w gyfaddef, ond roedd wedi gweld colli ei deulu'n fwy nag a feddyliodd y byddai'n bosib.

Yr un oedd y teimlad 'nôl yn rhif 18. Ar y dechrau, roedd bod gartref heb Ted yn brofiad rhyfedd i'r plant iau, ac roedden nhw'n gweld ei golli (er, ar ôl ychydig nosweithiau, roedden nhw'n falch o gael gwely ychwanegol i gysgu ynddo!). Heblaw am y trefniadau cysgu, roedd y cyffro'n amlwg y penwythnos cyntaf iddo ddod adref. Roedden nhw'n eistedd wrth y ffenest drwy'r bore yn aros i glywed sŵn ei esgidiau ar y llwybr. Y munud y rhoddodd ei allwedd yn y clo, dyma'r plant iau yn neidio arno a mynnu cael eu cofleidio.

Ar ôl i bawb gyfarch ei gilydd, agorodd Ted ei fag a datgelu llu o ddanteithion: ffrwythau, menyn, caws a thuniau o gig. Doedd y teulu ddim yn gallu credu'u llygaid. Arswydodd Hilda a gweiddi ar Ted: 'Cer â'r stwff yna 'nôl rhag ofn iddyn nhw dy ddal di!', ond y cyfan wnaeth Ted oedd chwerthin a dweud: 'O, Mam, dim ond cael eu taflu bydden nhw.' Roedd Ted yn un rhy graff i golli cyfle, a gallai weld â'i lygaid ei hun faint o wastraff oedd yn y gegin. Ar ddiwedd pob shifft, byddai bwyd yn cael ei waredu (yn gwbl ddireswm i Ted, gan fod y cyfan yn edrych yn hollol fwytadwy). O'i safbwynt o, doedd o ddim yn dechnegol yn ddwyn os mai mynd i'r bin byddai'r cynnyrch; a dweud y gwir, roedd dilyn egwyddor 'afraid pob afrad' pan oedd bwyd yn brin yn beth da. Dyna ddechrau'r ddefod wythnosol o Ted yn dod â chymaint o fwyd adref i'r teulu ag y gallai, rhywbeth oedd â'i wreiddiau yn ei blentyndod, er bod Hilda'n aml yn tynnu coes a'i ganmol am ddefnyddio bag bellach yn hytrach na phocedi ei siwt.

Er ei fod yn byw yn fras yn y barics yn ystod yr wythnos, roedd Ted yn ddeddfol am ei deithiau adref. Ar gyfer ei ail ymweliad, penderfynodd roi syrpréis i'w frawd John a'i ffrindiau, oedd i gyd tua 10 mlwydd oed ac yn trefnu taith wersylla yn y goedwig yng nghefn yr ardd. Doedden nhw ddim yn fodlon cyfaddef bod ofn arnyn nhw – yn bennaf oherwydd prin roedden nhw wedi dadbacio'r babell pan glywon nhw rywbeth tu allan.

'Roedd hi'n dywyll fel bol buwch pan ddaeth y sŵn yma mwya' sydyn. Doedd gan neb syniad beth oedd 'na, ond roedden ni wedi dychryn yn lân. Sŵn rhywbeth yn symud o gwmpas ac yna stopio'n syth o flaen y babell. Wnaeth neb feiddio symud. Beth bynnag, gwnaethon ni gysgu yn y diwedd, ond ar ôl deffro yn y bore a sleifio allan, dyna lle roedd Ted, yn cysgu'n drwm yn ei gôt fawr, yn defnyddio'i sgrepan fel gobennydd. Roedd o wedi dod adref ac roedd Dad wedi dweud wrtho i fynd allan a chadw llygad arnon ni am fod ofn arnon ni, ond roedd o wedi cysgu tu allan drwy'r nos i wneud yn siŵr ein bod ni'n iawn,' meddai John.

Roedd Maurice a Hilda bob amser wedi dysgu Ted a'i frodyr a'i chwiorydd iau bwysigrwydd ymddwyn yn dda yn gyhoeddus. Roedd Ted yn ategu hynny i'r rhai iau bob cyfle. Fel mae John yn ei egluro: 'Roedd o mor glyfar. Ar ôl iddo ddechrau yn y Fyddin, byddai bob amser yn sôn am bwysigrwydd gwisgo'n dda, am bwysigrwydd ymddwyn yn dda pan oeddech chi allan. Dwi'n cofio cael fy ngwahodd i dreial pêl-droed ac yntau'n treulio oes yn dangos i fi sut i smwddio fy nhrowsus cyn mynd i'r stadiwm. Wir-yr, roedd o'n edrych ar ein holau ni byth a hefyd. Doedd o byth yn gneud dim byd o'i le.'

Roedd Ted yn teimlo'n falch o allu dod adref a chynnig pethau da i'r teulu – roedd eisiau rhannu popeth am ei brofiad yn y Fyddin efo nhw, gan gynnwys dod â Freddy adref i'w gyflwyno i'r teulu. Roedd Hilda wrth ei bodd bod ei mab yn dod â ffrind o'r Fyddin i'r tŷ ac aeth i drafferth i dacluso a pharatoi pryd o fwyd da. Roedd pawb yn lân ac yn daclus, a Hilda'n benderfynol eu bod am wneud argraff dda. Fel arfer, roedden nhw i gyd â'u trwynau ar y ffenest yn aros i Ted gyrraedd, pan ebychodd Hilda'n sydyn: 'O, edrychwch wir! Be mae'r car mawr yma'n ei wneud tu allan i tŷ ni?'

Am eiliad, roedd Hilda'n methu deall pwy oedd yr ymwelwyr, a beth byddai'r cymdogion yn ei ddweud am y car crand, ond yna gwelodd wên gyfarwydd Ted wrth iddo agor y ffenest yn ara' deg. Yn sydyn dyma hi'n gweiddi: 'RARGLWYDD! Byddan nhw'n cael eu gyrru i byrth uffern tasen nhw'n cael eu dal!' Doedd Maurice a'r plant ddim yn hollol siŵr beth oedd yn digwydd, gan nad oedd pob un ohonyn nhw wedi gweld Ted yn y sedd flaen. Y peth nesaf, clywyd cnoc ar y drws ffrynt. Ted a Freddy Hyde oedd yna, y ddau mewn siwtiau. Roedden nhw wedi cyrraedd yng nghar sgleiniog y swyddogion, a baneri'n chwifio ar y fonet yn goron ar y cyfan. Doedd y plant iau ddim yn gallu credu eu llygaid ac aeth Hilda'n wallgof wrth i'r bechgyn sefyll tu allan ar garreg y drws, yn chwerthin fel ffyliaid.

Beth bynnag byddai'r sefyllfa, roedd Ted bob amser yn mwynhau siwt dda ac ychydig benwythnosau ar ôl dod adref am y tro cyntaf, cyrhaeddodd mewn siwt frethyn, ynghyd â ffon eistedd roedd wedi ei benthyg gan un o'r swyddogion. Unwaith eto, bu bron i Hilda gael ffit pan welodd hi o, a sgrechiodd: 'Tynna hi wir! Byddi di yn y carchar ar dy ben!'

Ond doedd dim byd i'w weld yn tarfu ar Ted. Fwy neu lai bob penwythnos, pan oedd y swyddogion i ffwrdd, byddai'n dod adref yn gwisgo'u dillad gorau – gwisg wahanol bob wythnos – ac yn mynd allan ynddyn nhw i'r clybiau lleol, yn mwynhau teimlo fel miliwnydd a chael amser da. Ar ôl ychydig fisoedd, cyrhaeddodd yn gwisgo siwt ffurfiol – tei ddu, crys gwyn, a het hyd yn oed. Yn ôl un o'r llanciau oedd yn y Fyddin efo Ted: 'Mae'n swnio'n wael, ond roedd y cyfan yn digwydd efo cydsyniad tawel y swyddogion. Roedden nhw'n cael môr o hwyl yn gadael i ni feddwl doedden nhw ddim yn gwybod beth roedden ni wedi bod yn ei wneud wrth i ni roi'r dillad i gyd yn ôl bob bore Llun.'

Daeth yn ddigwyddiad rheolaidd, yn enwedig os oedd Ted yn mynd ag Iris allan ar nos Sadwrn. Ar ôl i Hilda ddod dros y sioc a phoeni y byddai Ted yn cael carchar am ddwyn, byddai'n mynd yn emosiynol bob tro y gwelai ei mab wedi gwisgo mor daclus. Roedd Maurice yn llai sentimental – tueddai i dynnu ei sylw oddi ar beth bynnag roedd yn ei ddarllen, edrych i fyny a dweud rhywbeth fel: 'Blydi Tedi pen bach. Edrychwch arno fo, yn ymddwyn fel tasa fo bia'r blydi stryd!' Ond yn dawel bach, roedd yn llawn balchder a byddai'n mynd i lawr y clwb, yn dweud wrth ei ffrindiau am gynnydd ei fab ac y byddai'n saff o wneud pethau pwysig a chyffrous.

Daeth Freddy Hyde yn rhan o'r teulu, a gwau ei hud ar Hilda yn arbennig. Byddai'n curo ar y drws ffrynt efo anrheg fach a gwên hudolus, a phlannu cusan ar ei boch. Unwaith, cyrhaeddodd ac estyn ei law, a dweud: 'Dewch o'na, Musus Mac, mewn â chi i'r car ac mi af i â chi am dro i Gaerwrangon.' Ffwrdd â nhw, efo Freddy yn gyrru Hilda i'r siop, ei helpu i bacio'r bagiau ac yna'n ei gyrru hi adref y ffordd hir er mwyn iddi hi gael ei gweld yn teithio'r strydoedd mewn car crand, gan ddychmygu'r llenni'n ysgwyd. Byddai Ted hefyd yn creu argraff ar Iris efo'r car pan fydden nhw'n mynd allan. Nos Sadwrn oedd eu hamser nhw efo'i gilydd a bydden nhw'n dal i alw heibio'r Cora, lle roedd wedi dechrau cael ei gyfarch fel dipyn o arwr, yn enwedig os oedd yn ildio i berswâd y dyrfa a gafael yn y meicroffon am ambell gân. Roedden nhw'n ddyddiau euraid, ac ymdeimlad o falchder y teulu pan lwyddodd i gwblhau ei gyfnod o wasanaeth yn goron ar y cyfan.

Roedd Hilda mor falch bod Ted wedi pasio'i hyfforddiant ac yn gwasanaethu ei wlad, felly roedd llawer o gyffro pan wnaethon nhw ddarganfod y byddai'r parêd yn mynd trwy ganol Wednesbury. Roedd pob un o'r plant iau yn llawn cyffro, yn enwedig gan y byddai'r ysgol ar gau i nodi'r digwyddiad. Pan gyrhaeddodd y diwrnod mawr, caewyd y stryd fawr yn llwyr ac ymgasglodd pobl ar hyd y palmant ar y ddwy ochr – roedd bron fel diwedd y rhyfel eto, efo pawb yn dod at ei gilydd ar achlysur o ddathlu ac undod. Gwisgodd Hilda ei dillad gorau gan wneud yn siŵr bod yr holl blant mor daclus â phosib. Rhybuddiwyd y plant i gyd i fihafio fel bod eu brawd yn falch ohonyn nhw. Roedd John, brawd Ted, yno ar y diwrnod: 'Roeddwn i tua 7 oed ar y pryd ac aethon ni i gyd i lawr i weld Ted, gan gynnwys Iris. Roedd Mam wedi gneud yn siŵr ein bod ni yn y lle gorau un. Yn sydyn iawn, dyma ni'n clywed y band pres. Roedd o'n mynd yn uwch ac yn uwch wrth iddyn nhw ddod ar hyd y stryd fawr. Roeddwn i'n crynu mewn cyffro.'

Wrth i'r milwyr ddynesu, roedd Hilda'n dal i weiddi ar bawb i gadw llygad am Ted. Yn sydyn reit, roedd o yno o'u blaenau a'r teulu i gyd yn gweiddi 'Ted! Ted! Ted!' ac yn ei gymeradwyo. Wrth iddo basio, rhoddodd winc a gwên iddyn nhw cyn diflannu – roedd y cyfan drosodd mewn chwinciad. Trodd John i siarad â'i fam a'i gweld hi'n sychu deigryn neu ddau.

'Pam wyt ti'n crio, Mam?' gofynnodd.

'Dydw i ddim yn crio, dwi'n hapus,' meddai.

Roedd Ted yn teimlo ar ben ei ddigon hefyd. Roedd clywed Hilda, Iris a'i frodyr a'i chwiorydd iau i gyd yn gweiddi ei enw wedi rhoi'r un wefr iddo â chamu ar y llwyfan.

Wedi hynny, roedd digwyddiad mawr yn ystafell fwyta'r swyddogion efo bwyd a diod a gwahoddiad i aelodau'r teulu. Cyflwynodd Ted Iris i weddill ei ffrindiau ac roedd pawb yn sgwrsio. Ar ôl ychydig, dechreuodd un o'r swyddogion siarad â Hilda ac yn y pen draw, dyma fo'n ei thywys hi i ystafell arall. Cafodd ei chyfarch gan swyddog roedd hi heb gyfarfod ag o o'r blaen.

'Mrs McDermott, sut rydych chi?'

'Da iawn, diolch yn fawr,' meddai Hilda, gan wenu.

'Roeddwn i isio dweud cymaint o glod i chi yw Ted, dyn tîm o'r iawn ryw ac am ganwr, llais a hanner!'

Safodd y ddau yno'n mân siarad, ond roedd Hilda'n gallu synhwyro bod hyn yn arwain i rywle. Ym mêr ei hesgyrn, roedd hi'n gwybod i ble, ac roedd hynny'n ei harswydo.

Gofynnodd iddo'n blwmp ac yn blaen: 'Ydych chi'n mynd i'w yrru fo dramor?'

'Efallai'n bod ni, Mrs McDermott,' atebodd.

Oedodd Hilda am eiliad, yn ymwybodol o bwy roedd hi'n siarad ag o, a dweud: 'Dwi'n gobeithio na wnewch chi hynny. Mae ganddo fo 13 o frodyr a chwiorydd a dwi'n dibynnu arno fo.'

'Mi wna i weld beth alla i ei wneud,' meddai.

A dyna'r rheswm pam na chafodd Ted ei anfon dramor pan oedd yn y Fyddin. Yn hytrach, daeth yn fatmon – milwr wedi ei benodi i swyddog â chomisiwn – ac roedd ei ddyletswyddau'n cynnwys glanhau, gweini bwyd a didoli ei ddillad yn ogystal â mynd ar neges. I bob pwrpas, llwyddodd i gael rôl bwysig ond rôl oedd yn osgoi'r holl beryglon.

Roedd yn brofiad lwcus iawn o fywyd yn y Fyddin, yn bell iawn o'r caledi a ddioddefodd llawer o filwyr eraill. Ond roedd ei rôl yn atgyfnerthu obsesiwn Ted â bod yn daclus a thrwsiadus – roedd ei esgidiau bob tro'n sgleinio fymryn yn fwy nag esgidiau pawb arall, a doedd o byth yn barod am y diwrnod o'i flaen heb dei a siwt wedi ei phresio'n gywir.

Lwc pur oedd bod Ted wedi llwyddo i gynnwys y peth agosaf at ei galon – cerddoriaeth – yn ei fywyd gwaith. Wrth i'r misoedd fynd yn eu blaen, tyfodd ei hyder a'i fri, ynghyd â balchder Iris yn noniau ei chariad. Roedd pethau'n mynd yn dda rhyngddyn nhw. Roedden nhw'n 'eitem' swyddogol ac o ganlyniad yn treulio nosweithiau allan efo Hilda a Maurice. Pan oedd Ted i ffwrdd o'r gwaith ar benwythnos, byddai'r pedwar ohonyn nhw'n ymlwybro i'r Cora.

Ar ôl saith o'r gloch bob nos Sadwrn, byddai'n rhaid i bobl giwio i fynd drwy'r drysau. Gan amlaf, roedd grŵp sgiffl yn chwarae – grŵp o gerddorion lleol (i bob pwrpas, unrhyw un oedd yn gallu chwarae offeryn cartref) oedd yn cynnwys Desi Mansel ar y drymiau, Ernie, brawd bach Ted, ar y bas (cist de efo darnau o gortyn o wahanol hyd wedi eu clymu arni), ac unrhyw un a allai chwarae'r piano. Roedd dyn o'r enw Teddy Price yn canu hefyd. Dyn efo llygaid croes, clustiau mawr a dannedd cam, ac wrth ddechrau canu, byddai'n gweiddi ar y merched yn y gynulleidfa: 'Edrychwch ar y llygaid, ferched, edrychwch ar y llygaid.' Canwr arall yno oedd Kenny Kendrick, oedd yn byw drws nesaf ond dau i Ted a'i deulu. Roedd yn ffansio'i hun fel dipyn o Al Jolson, a bob amser yn cario pâr o fenig gwyn yn ei boced rhag ofn bod angen iddo ganu. Mae'r nosweithiau hyn yn fyw yng nghof Iris, oedd wrth ei bodd yn bod yn rhan o deulu mor fawr a chariadus: 'Roedden ni gyd yn arfer gwisgo'n smart, fi, Ted, ei fam a'i dad, a mynd am y Cora. Roedd Ted bob amser yn drwsiadus. Y nosweithiau hynny ydi rhai o atgofion gorau fy ieuenctid. Roedd hi'n llawn dop yna. Maurice oedd yr un cyntaf i godi a chanu bob tro – roedd ganddo lais bendigedig – byddai bob amser yn canu, 'You're nobody 'til somebody loves you'. Dechreuodd Ted ganu'r gân honno hefyd. Yn ddiweddarach yn ein perthynas, roedd o'n arfer dweud wrtha i, "Os nad ydw i'n gallu dy weld di, edrycha ar y cloc am 11 o'r gloch a bydda i'n canu, 'You're nobody 'til somebody loves you'." A byddai'n rhaid i fi chwarae'r record yna wedyn.'

Iris sylweddolodd gyntaf fod mwy nag awgrym o orbryder yn effeithio ar Ted, er bod golwg mor hyderus arno cyn camu ar y llwyfan. Byddai'r straen yn taro wrth iddo baratoi ar gyfer ei berfformiad a byddai'n dechrau rhwbio'i drwyn. Daeth yn arwydd amlwg fod y nerfau a'r cyffro yn bygwth ei lethu. Roedd Iris yn deall nad swildod oedd wrth wraidd hyn (wedi'r cyfan, roedd Ted yn berffaith fodlon i gamu ar lwyfan o flaen dieithriaid llwyr) – roedd yn debycach i egni roedd yn methu'i reoli. Unwaith iddi ddechrau sylwi ar y gorbryder hwn cyn perfformiadau Ted, ac wrth iddi ddod i'w adnabod yn well, daeth yn amlwg ei bod hi'n hawdd iawn i Ted fynd yn ddigalon a phrudd heb berfformiad ar y gweill i edrych ymlaen ato.

Gweithiodd Ted yn galed i gadw'r teimladau hyn yn gudd, yn enwedig gan nad oedd dynion i fod i drafod pethau fel hyn yn yr 1950au. Roedd hefyd yn gwybod na allai'r teimladau hynny ddod i'r amlwg unwaith y byddai'n gadael y Fyddin ac yn dechrau gweithio. Ym mêr ei hesgyrn, roedd Iris yn gwybod bod angen cariad, anwyldeb a sicrwydd arno i gadw'r ddysgl yn wastad ac roedd hi'n poeni amdano. Er hynny, roedd eu perthynas yn un danllyd a'i hwyliau oriog yn aml yn dreth ar ei hamynedd.

Yn y pen draw, ar ôl tair blynedd efo'i gilydd ac er gwaetha'r ffraeo, penderfynodd Ted ei fod am i Iris fod yn wraig iddo. Efallai ei fod yn credu y byddai hynny'n helpu i dawelu eu perthynas stormus. Aeth ati i drefnu pethau'n fanwl, gan ganolbwyntio ar ramant yr achlysur, ac er mwyn ychwanegu at yr ymdeimlad o achlysur a drama, penderfynodd ofyn iddi ei briodi adeg Nadolig 1956. Roedd Hilda wrth ei bodd bod ei mab hynaf yn setlo i lawr – roedd hi'n hoffi cael Iris o gwmpas, ac i bob pwrpas, roedd hi'n rhan o'r teulu beth bynnag. Ond doedd cael modrwy ar ei bys ddim o reidrwydd yn ddiwedd ar eu problemau na phryderon Iris: 'Roedd y fodrwy yn yr ardd yn amlach nag oedd hi ar fy llaw,' meddai dan chwerthin. 'Byddai'n mynd yn genfigennus iawn. Bythefnos ar ôl iddo roi'r fodrwy i fi, dwi'n credu, dywedodd ei fod isio hi'n ôl! Roedd ei ffrindiau'n arfer dod ata i a dweud, "O, rwyt ti'n edrych yn neis, Iris," oherwydd eu bod nhw'n gwbod y byddai hynny'n mynd dan ei groen. Byddwn i'n dweud wrtho am beidio â bod mor wirion ond byddai'n pwdu wedyn, fel taswn i wedi bod yn fflyrtio efo nhw!'

Ond mi wnaeth Iris a Ted ddyweddïo, ac aros felly am flynyddoedd – yn sicr yn fwy na'r rhan fwyaf o gyplau oedd wedi penderfynu treulio gweddill eu bywydau efo'i gilydd. Ond gwnaethon nhw wahanu yn y pen draw, ar ddechrau'r 1960au, pan oedd Ted yn 24 oed. Yr holl flynyddoedd yn ddiweddarach, dydi Iris, hyd yn oed, ddim yn siŵr pam daeth eu perthynas i ben.

'Pam daeth popeth i ben? O, wn i ddim. Cawson ni'r hen ffrae arferol – roedd o'n or-warchodol ac o hyd yn poeni 'mod i am fynd i ffwrdd efo dyn arall. Ond roedd y ffrae hon yn llawer mwy tanllyd a hirhoedlog na'r lleill, a wnaethon ni byth ddod yn ôl at ein gilydd,' meddai. 'Mi wnes i ddechrau canlyn fy ngŵr yn fuan wedyn. Wrth i Ted ddiflannu, daeth fy ngŵr i'r fei – car neis, swydd dda – roedd y cyfan ganddo, a ddeuddeg mis yn ddiweddarach, roedden ni wedi priodi. Mi wnes i dyfu i fyny heb ddim byd ac roeddwn i isio bywyd gwahanol.'

Roedd fersiwn Ted o'r chwalfa yn wahanol iawn ac, fel y dywed Iris, wedi ei drwytho yn ei ofn y byddai Iris yn ei adael am ddyn arall. Yn ôl Ted, roedd y ddau ohonyn nhw'n gwneud dwy swydd ar y pryd – roedd Ted wedi gadael y Fyddin erbyn hynny ac wedi mynd yn ôl i weithio shifftiau dwbl yn Deritend o chwech y bore tan ddeg y nos, ac roedd Iris yn gweithio yn Elwell's yn ystod y dydd ac yn sinema'r Hippodrome fin nos.

Un diwrnod, daeth Ted adref o'r gwaith yn gynnar a gofynnodd Hilda iddo oedd yn iawn. Dywedodd Ted wrthi doedd o ddim yn teimlo'n iawn a'i fod wedi gorffen y gwaith yn gynnar. Coginiodd Hilda damaid i'w fwyta, aeth Ted i'r bath ac yna penderfynodd fynd i Wednesbury i weld Iris. Gyrrodd draw ar ei sgwter pinc – DKR Dove – ac aros y tu allan i'w gwaith i roi syrpréis iddi. Ond yn ôl Ted, beth ddigwyddodd go iawn oedd iddo weld Iris yn dod allan o'r sinema a mynd ar gefn beic modur un o'i ffrindiau o'r Fyddin. Dyma nhw'n ffraeo, a thaflwyd y fodrwy ddyweddïo dros wal rhyw ardd ar waelod Rydding Lane. Soniodd Ted ddim gair wrth neb, ac aeth yn syth i'r gwely ar ôl cyrraedd adref.

Drannoeth, cododd Hilda i wneud brecwast a dechrau'r tasgau dyddiol. Aeth yn syth am lofft y bechgyn ac agor y llenni, a dyna lle roedd Ted yn dal i fod yn ei wely. Doedd ganddi ddim syniad pam oedd o heb fynd i'r gwaith ac roedd ar fin dechrau ei holi, er gwaetha'r ffaith ei fod yn esgus cysgu, pan glywodd sŵn mawr y tu allan, wrth i giât yr ardd gau'n glep a rhywun yn dechrau dyrnu'r drws ffrynt. Craffodd Hilda drwy'r llenni a gwelodd mai nain Iris oedd yn gwneud yr holl sŵn. Aeth i lawr i agor y drws yn bwyllog a dechrau siarad, ond chafodd hi ddim cyfle i ddweud gair cyn i'r wraig fwrw iddi:

'Dwi isio gweld Tedi chi. Dwi isio gwbod be mae o wedi ei ddeud wrth Iris ni. Mae hi'n crio'i chalon hi ac yn gwrthod mynd i'r gwaith.'

Doedd gan Hilda ddim syniad beth oedd yn digwydd, a gwaeddodd o waelod y grisiau ar Ted i ddod lawr i egluro. Daeth Ted i lawr y grisiau yn gwisgo dim ond trowsus, rhoddodd ei draed noeth yn ei esgidiau, gwisgodd ei siaced yn bwyllog a cherddodd heibio i'r ddwy wraig ar garreg y drws. 'Dwi ddim isio sôn am y peth. Dwi'n mynd,' meddai.

Dyna'r tro olaf i Hilda a'r teulu weld Ted am dros dair wythnos. Roedd pawb yn llawn trallod ac yn poeni – hyd yn oed Iris. Dywedodd wrth Hilda ei bod hi heb ei weld, ond wnaeth hi ddim datgelu holl hanes y ffrae a'i phryderon cyn iddyn nhw wahanu. Yna, un amser cinio dydd Sul, daeth nain Ted draw a dweud wrth Hilda ei fod yn fyw ac yn iach, yn ei thŷ hi.

Mae'n rhaid bod y stryd i gyd wedi clywed anadl rhyddhad Hilda. 'Rho amser iddo fo,' meddai.

Drannoeth, aeth Hilda draw i Walsall i drio perswadio Ted i ddod adref, ond cyn gynted ag y gwelodd hi'n dod ar hyd y llwybr, cerddodd allan drwy'r ardd gefn, yn teimlo gormod o gywilydd i'w fam ei weld.

Yn y pen draw, ar ôl sawl ymdrech aflwyddiannus, llwyddodd Hilda i'w berswadio i ddod adref. Rhybuddiodd bawb yn Kent Road i beidio â dweud gair am Iris wrth Ted, a'r noson y daeth adref, efo gweddill y teulu yn eistedd yn yr ystafell fyw, agorodd Ted y drws ffrynt ac aeth yn syth i fyny'r grisiau i'r gwely heb dorri gair â neb. Arhosodd yn ei lofft am ddyddiau. Roedd gweld Ted yn y fath gyflwr yn isafbwynt i'r teulu cyfan. Dywedodd ei chwaer, Jane: 'Mi ddaeth o drosti ar ôl ychydig – a dyna pryd y dechreuodd o wir fwynhau ei fywyd.'

Ond doedd neb yn gwybod tan flynyddoedd yn ddiweddarach cymaint roedd diwedd y berthynas wedi effeithio ar Ted.

Pennod 4

Ar yr wyneb o leiaf, aeth pethau'n ôl i drefn yn fuan i Ted. Roedd ei wasanaeth milwrol wedi dod i ben ar ôl deunaw mis bywiog, ac roedd pawb yn falch o'i weld yn bwrw ymlaen â'i fywyd. Ond wnaethon nhw ddim sylwi ar yr anfodlonrwydd oedd yn celu o dan ymddygiad ffwrdd-â-hi Ted: roedd sail gadarn i amheuon Iris bod Ted yn tueddu i deimlo'n bryderus. O safbwynt Ted, roedd pawb arall i'w gweld yn cael trefn ar eu bywydau – swyddi, partneriaid a phlant, cynllun bywyd clir, ond roedd fframwaith ei fywyd o wedi chwalu. Doedd disgyblaeth y Fyddin ddim yno bellach, doedd ganddo ddim tŷ na char na dim byd mewn gwirionedd; yr unig eiddo oedd ganddo oedd ei recordiau. Nid gwneud arian a nwyddau materol oedd yn sbarduno Ted. Ei fwynhad mewn bywyd, yn syml ddigon, oedd gwneud pobl yn hapus – o ddiddanu a gofalu am bawb, rhywbeth anarferol iawn ar adeg pan oedd pethau'n anodd a'r byd yn un 'pawb drosto'i hun' i raddau helaeth.

Roedd diwedd yr 1950au a dechrau'r 60au yn gyfnod cymharol lewyrchus ledled y wlad, ond roedd cael dau ben llinyn ynghyd yn waith anodd iawn i lawer o deuluoedd cyffredin. Roedd Ted yn dal yn gweld Maurice a Hilda'n gorfod edrych yn llygad pob ceiniog a daliodd ati i sicrhau bod unrhyw arian ychwanegol oedd ganddo yn mynd tuag at gynnal y cartref. Roedd gadael y Fyddin wedi bod yn ergyd iddo, ac roedd dychwelyd i'r ffatri, gweld yr hen wynebau i gyd yn dal i fod yno, yn gweithio'n ddygn i ddal dau ben llinyn ynghyd, yn teimlo fel cymryd cam yn ôl. Roedd ei frodyr a'i chwiorydd yn tyfu i fyny ac yn gadael cartref y teulu fesul un. Llithrodd bywyd yn ôl i batrwm cyfarwydd: yr unig beth ar goll oedd Iris yn gariad iddo.

Wedi dweud hynny, roedd hi'n amhosib i Ted gau'r drws yn llwyr ar y berthynas honno, yn bennaf am fod Iris yn dal i alw heibio'r tŷ i weld Hilda. Roedd y ddwy wraig wedi ffurfio cwlwm cryf a doedd y naill na'r llall ddim yn barod i droi cefn ar ei gilydd yn llwyr, er gwaethaf diwedd perthynas Iris a Ted. Ceisiodd Ted wneud ei orau glas i dderbyn hynny'n dawel, ac roedd yn rhyddhad iddo fod yr ymweliadau hyn yn digwydd gan amlaf cyn iddo orffen ei waith. Fodd bynnag, weithiau byddai Iris yn methu amseru'i hymadawiad yn berffaith. Daeth y cyfan i benllanw tua blwyddyn ar ôl i'r pâr wahanu, pan gyrhaeddodd Ted adref o'r gwaith ac Iris yn dal i fod yno. Aeth i mewn i'r gegin i ferwi'r tegell, yn ôl ei arfer, a rhoi paned boeth o de yn nwylo pawb, heblaw Iris.

'Ble mae fy un i?' gofynnodd.

'Yn y tegell. Gei di wneud dy baned dy hun,' meddai.

Roedd y briw yn dal i fod yn dyner o ran Ted, felly pwysodd ar batrwm dyddiol newydd i ddod â threfn i'w fywyd. Doedd ganddo affliw o ddim diddordeb mewn chwilio am gariad newydd. Yn hytrach, dechreuodd dreulio amser efo'i frodyr – i lawr yn y clwb ac allan yma ac acw. Mae ei frawd, John, yn cofio'r adeg: 'Ar ôl iddo ddod allan o'r Fyddin, byddai Ted yn treulio oriau yn sgleinio'i esgidiau – i'r fath raddau, roeddech chi'n gallu gweld eich wyneb ynddyn nhw. Os oeddwn i'n mynd i rywle efo'r ysgol, byddai'n dangos i fi sut i glymu fy nhei. Byddai'n dweud, "Ty'd yma, wir. Dwyt ti ddim yn mynd allan yn edrych fel'na. Mi wna i ddangos i ti sut i glymu tei," a byddai'n eistedd ac yn dangos sut oedd gwneud.'

Ond nos Wener oedd y perfformiad go iawn – roedd yn rhaid i bopeth fod yn hollol berffaith a'i wisg fel pìn mewn papur. Byddai hyd yn oed yn smwddio'i hances a'i gosod yn berffaith syth ym mhoced flaen ei siaced.

Cyn iddo fynd allan, byddai Ted yn gwneud yn siŵr bod Hilda wedi bwrw golwg arno fo:

'Be ti'n feddwl, Mam?'

A hithau'n ateb, 'Mae'n edrych yn iawn, Ted,'

Wedyn byddai'n mynd yn ôl i fyny'r grisiau i orffen cael ei hun yn barod. Ychydig funudau'n ddiweddarach, byddai'n ôl yn y gegin efo'r hances wedi ei phlygu mewn ffordd wahanol – y tro hwn efo tri phwynt iddi.

'Wyt ti'n meddwl bod hwn yn edrych yn well?' gofynnodd.

'Wel, ydy, mae'n iawn,' byddai Hilda'n ei ddweud, heb dalu fawr o sylw.

Byddai'r perfformiad hwn fel arfer yn digwydd drosodd a throsodd nes i Maurice godi'i ben o'i bapur newydd a bloeddio: 'Er mwyn Duw, dim ond blydi hances ydi hi!' Ond er ei waethaf, roedd yn falch iawn o weld ei fab yn edrych mor drwsiadus. Byddai'n gwylio'n ddedwydd wrth i Ted gerdded allan drwy'r drws ffrynt ac i fyny'r llwybr, yn aml gan droi at ei wraig a dweud: 'Edrycha arno fo, Hild. Yn cerdded lawr y stryd fel tasa fo'n blydi miliwnydd! Does ganddo fo 'run geiniog yn ei boced ond mae o'n canu a chwibanu fel tasa ganddo fo ddim gofal yn y byd.'

Daeth edrych a gwisgo'n drwsiadus yn un o'r nodweddion a fyddai'n diffinio Ted. Os nad oedd y dillad iawn ganddo, roedd ei ymdrechion am edrych yn berffaith yn aml yn golygu benthyg gan ei frodyr er mwyn creu'r ensemble delfrydol. Ei frawd Colin oedd y targed arferol: 'Dwi'n cofio un tro, roeddwn i newydd gael fy nhalu ac wedi prynu crys newydd yn Burton's un dydd Sadwrn. Byddwn i'n dod adref, a chael te wedyn byddai Ted yn gofyn, "Col, alli di fenthyg chweugain i fi?" Roeddwn i'n cytuno, ond yn dweud wrtho fo bod rhaid iddo fo fod yn fwy gofalus efo'i arian. Beth bynnag, es i a Micky Felton i fyny i'r Adelphi cyn taro heibio'r Star and Garter am ddiod. Pwy oedd yn eistedd wrth y blydi bar? Ted ni, yn smocio sigarét fach efo hanner peint o Guinness... ac yn gwisgo fy nghrys newydd i. Ddywedais i ddim byd, dim ond gofyn oedd awydd diod arno. Drannoeth, gofynnais i Mam, "Oedd Ted yn gwisgo 'nghrys newydd i neithiwr?" "Nac oedd," meddai hithau – roedd hi'n cadw'i ochr o bob tro. Gwyn y gwêl oedd hi gyda Mam bob tro!'

A dweud y gwir, roedd Hilda'n fwy na bodlon i helpu Ted i 'fenthyg' dillad ei frawd – os oedd eisiau gwisgo un o siwtiau Colin, drannoeth byddai'n rhoi brwsh drosti a'i hongian ar y lein ddillad i eirio.

Er ei fod yn ymwelydd rheolaidd â'r Cora a sawl un o dafarnau eraill Wednesbury, pur anaml y byddai'n yfed. 'Gallech chi brynu hanner o siandi iddo fo a chwta hanner modfedd fyddai wedi diflannu o'r gwydr erbyn diwedd y nos,' meddai John. 'Ar y nosweithiau roedd o'n canu, byddai'n cael gwydraid o de – roedd pawb yn arfer meddwl ei fod o'n yfed wisgi. Dyna oedd yn ei gadw mor ffit.'

Er gwaetha'r tynnu coes am gariad Ted at bethau gorau bywyd, roedd teyrngarwch i'r teulu yn bopeth i'r teulu McDermott, efo'r bachgen hynaf ar flaen y gad yn sicrhau doedden nhw ddim yn cael eu hamharchu. Roedd ganddo dipyn o enw da yn lleol – swydd dda yn y ffatri, gyrfa lwyddiannus yn y Fyddin a llais gwych a galw mawr i'w glywed yn canu mewn clybiau lleol. Ychydig flynyddoedd ar ôl dod yn ôl o'r Fyddin, parhaodd â'r traddodiad hwn wrth amddiffyn ei nith, Lorraine. Roedd hi'n ferch i'w frawd, Fred, a'i wraig, Edna. Ers pan oedd hi'n ifanc, roedd llygad diog gan Lorraine, oedd yn golygu ei bod hi'n gorfod gwisgo clwt llygad dros ei sbectol i gywiro'r nam. Un diwrnod aeth i chwarae yn nhŷ ffrind – cartref y teulu Spooner, oedd wedi byw ar yr un stryd â theulu Ted ers pan oedd o'n blentyn. Roedd y plant i gyd wedi tyfu i fyny efo'i gilydd, yn chwarae allan ac yn mynd i bob math o drybini, a'r rhieni yn mynd i'r Cora efo'i gilydd ar nos Wener.

Doedd dim o'r hanes hwnnw o bwys i Ted y munud gwelodd o Lorraine yn rhedeg i mewn drwy'r drws ffrynt yn ei dagrau – a gwaeddodd o'r ystafell ffrynt: 'Be ddiawl sy 'di digwydd?' Doedd Lorraine ddim am ddweud dim byd i ddechrau, ond llwyddon nhw i ddwyn perswâd arni maes o law – roedd un o'r teulu Spooner wedi dweud y byddai'n dod â lwc wael i'r tŷ petai Lorraine yn edrych yn syth arni efo'i llygad gwael. Wnaeth Ted ddim aros i glywed gweddill y sgwrs – brasgamodd i'w tŷ, curo ar y drws efo grym corwynt ac, wrth i'r tad agor y drws i weld beth oedd yr holl sŵn, cafodd ei lorio gan ddwrn Ted. Wrth iddo adael Spooner ar ei gefn yn y portsh gwaeddodd dros ei ysgwydd: 'Peidiwch chi â sôn am ein hogan fach ni fel'na byth eto.'

Ychydig wythnosau'n ddiweddarach, roedd Ted a Spooner yn y Cora unwaith eto yn cael peint ac yn gwrando ar gerddoriaeth, neb yn dal dig ond roedd y pwynt wedi ei wneud, a rhybudd cyhoeddus i unrhyw un arall a fyddai'n amharchu ei deulu.

Doedd gan Ted ddim ofn awdurdod chwaith, ac os mai'r bobl oedd ag awdurdod oedd yn gyfrifol am siomi neb o'r teulu, yr un driniaeth fyddai'n eu hwynebu nhw. Un diwrnod, pan oedd ei frawd bach, Malcolm, tua 12 neu 13 oed, daeth adref o'r ysgol yn beichio crio efo bwyd ar hyd ei wyneb, gan ddweud bod yr athro wedi gwthio ei ben i'w ginio oherwydd ei fod wedi gwrthod gorffen ei lysiau. Roedd Ted o'i gof ac am yr ysgol â fo, i ddod o hyd i'r athro bondigrybwyll a gweld beth oedd ganddo i'w ddweud. Wrth iddo droi'r gornel, gwelodd ddau blismon yn aros ac wrth iddo agosáu, dyma nhw'n codi eu dwylo i'w arafu: 'Ara' deg, gyfaill, ble wyt ti'n mynd? 'Dan ni'n gwbod pam wyt ti yma, ond mae angen i ti bwyllo, iawn?' Cyn gynted ag y sylweddolodd yr athro fod y bachgen oedd yn gwisgo'i ginio yn aelod o'r teulu McDermott, dywedodd wrth y prifathro a galwyd yr heddlu rhag ofn y byddai unrhyw drafferth. Roedd pawb yn gwybod am dueddTed i amddiffyn ei deulu.

Anaml y byddai'r plant yn mynd adref ac yn cyfaddef eu bod nhw wedi camfihafio a chael y gansen; roedden nhw'n gwybod mai canlyniad hynny fyddai clusten arall am greu trafferth yn yr ysgol. Ond roedd rhywbeth fel hyn yn wahanol, yn enwedig efo teulu a fynnai barch bob amser. Doedd yr athro ddim yn gallu ymddiheuro'n ddigon cyflym i Ted, ond atebodd hwnnw: 'Ddim i fi rwyt ti'n gorfod ymddiheuro, mae angen i ti ymddiheuro i 'mrawd i.' Unwaith i'r mater gael ei ddatrys, aeth yr ail blismon, ffrind i Ted, ag o i'r naill ochr a dweud: 'Taswn i yn dy le di, mêt, byddwn i'n aros amdano fo a'i deud hi wrtho fo. Tasa fo'n frawd neu'n blentyn i fi, byddwn i'n aros amdano fo a gneud yn siŵr fyddai fo ddim yn gneud dim byd tebyg eto.' Ond roedd Ted yn teimlo ei fod wedi delio â'r sefyllfa – fel y mae ei chwaer Chris yn ategu: 'Doedd Ted ddim yn dreisgar, doedd o ddim fel 'na o gwbl, ond byddai bob amser yn sefyll dros yr hyn oedd yn iawn. Os oedd unrhyw un yn deud unrhyw beth, wel dyna ni. Doedd o ddim yn gadael i neb bigo arnon ni.'

***

Yn ei ugeiniau cynnar, roedd Ted yn adnabyddus o amgylch tafarndai Friar Park am godi ar ei draed a chanu pryd bynnag y gallai. Ond er ei fod yn gweithio yn yr efail yn ystod y dydd, trwy gyfarfod ar hap efo Tommy, hen ffrind o'r Fyddin, aeth ei fywyd i gyfeiriad gwahanol.

Roedden nhw'n hel atgofion dros ddiod un noson, yn rhoi'r byd yn ei le, pan gafodd Ted gyfle roedd yn methu ei wrthod. Roedd tad Tommy yn gweithio yng Nghlwb Pêl-droed Walsall ac wedi sôn wrtho bod angen cyhoeddwr ar gyfer eu gemau cartref. Bachodd Ted ar y cyfle – nid yn unig y byddai'n cael arian ychwanegol yn ei boced, byddai hefyd yn cael mynediad am ddim i'r gêm yn ogystal â gallu defnyddio ei ddoniau lleisiol.

Ar ôl sesiwn hyfforddi sydyn ar sut i ddefnyddio system Tannoy, ymhen dim roedd ganddo gig rheolaidd yn y clwb bob diwrnod gêm. Yn ogystal â'r cyhoeddiadau arferol, byddai'n diddanu'r dyrfa drwy chwarae recordiau a darllen canlyniadau'r raffl. Roedd yn ei elfen. Yn ara' bach, gwnaeth enw iddo'i hun efo'r rheolwyr yn y clwb, yn bennaf oherwydd doedd dim ofn arno ddweud ei feddwl, gan rannu syniadau am bethau, yn ei dyb o, a allai helpu i gyfrannu at lwyddiant y clwb.

'Rhaid i chi ddenu mwy o ferched,' meddai wrth un o'r cyfarwyddwyr. 'Os ydyn nhw'n dod, bydd y dynion yn dilyn.'

Roedd hyn yn syniad da. Yn fuan, roedd y clwb yn cynnig bwffe 'uchel-ael' efo diodydd ar ôl pob gêm. Cerddoriaeth oedd y cyfeiliant perffaith – a rhoddodd hynny gyfle i Ted berfformio ochr yn ochr â pherfformwyr o fri. Roedd yn dipyn mwy o lwyfan na'r clybiau lleol, roedd y tyrfaoedd yn fwy a'r nerfau'n fwy amlwg, ond roedd rhuthr yr adrenalin yr un fath.

Yn sgil llwyddiant y digwyddiadau, cafodd Ted gynnig swydd lawn amser yn y clwb, yn gyfrifol am waith hyrwyddo, a hynny yn ei alluogi i adael yr efail.

Roedd hefyd yn gwireddu breuddwyd i frawd Ted, John. Roedd ganddo obsesiwn â phêl-droed, ac roedd swydd Ted yn rhoi cyfle i John fynd draw i'r clwb pryd bynnag y gallai. Roedd Ted wedi bod yno rai misoedd pan ddaeth adref un noson a gweiddi ar John, 'Gwisga dy sgidiau pêl-droed! Mae Walsall chwaraewr yn brin ac mae angen i ti ddod draw i chwarae i'r ail dîm.' Allai John ddim cyrraedd yn ddigon buan, a chafodd gêm a hanner – gwnaeth gymaint o argraff, roedden nhw'n torri eu boliau am ei arwyddo yn y fan a'r lle. Ond byddai gwneud hynny wedi golygu gadael swydd reolaidd ac yntau ar fin priodi, ac roedd yn rhaid iddo dalu'r biliau, nid 'gwneud bywoliaeth yn rhedeg o gwmpas cae a gobeithio y byddai hynny'n llenwi'r mesurydd trydan'. Yn amlwg, roedd hynny yn y cyfnod cyn bod chwaraewyr yn ennill ffortiwn, a dilynodd John linach hir o ddynion y teulu McDermott oedd wedi gorfod rhoi eu breuddwydion o'r neilltu er mwyn rhoi to uwchben eu hanwyliaid.

Oherwydd bod bechgyn y teulu McDermott yn tynnu eu pwysau, doedden nhw byth allan o waith er gwaethaf yr amgylchiadau cythryblus, ac roedd Hilda'n teimlo'n falch o fod wedi eu magu. Wrth iddyn nhw heneiddio, newidiodd y flaenoriaeth o'u cael o'u gwely i fynd i'r ysgol. Bellach, cyflenwi dillad glân a llenwi eu boliau efo brecwast da oedd yn bwysig, yn barod am ddiwrnod caled o waith. Bob yn un, daeth hynny'n gyfrifoldeb i wraig arall, wrth i'r meibion briodi a symud allan yn eu tro.

Gwnaeth Ernie, Maurice a Fred eu gorau i wneud bywoliaeth i ffwrdd o'r ffatri. Roedd y tri ohonyn nhw'n gweithio mewn lladd-dy enfawr, lle roedd dros fil o foch yr wythnos yn cael eu lladd. Etifeddodd Ernie allu Ted i sylwi ar ffordd o ddod â rhyw damaid ychwanegol adref, a llwyddodd bob amser i fachu ychydig dafelli o gig, gan sicrhau bod ei fam a gweddill y teulu yn cael digon o fwyd. Fel pob teulu oedd yn gwneud eu gorau i gael dau ben llinyn ynghyd ar y pryd, roedd bechgyn y teulu McDermott wrth eu bodd yn gweld pa mor ddigywilydd roedden nhw'n gallu bod o ran bachu tamaid o fwyd. Roedd dawn dweud ganddyn nhw i gyd, ond roedden nhw'n gweithio mor galed, doedd neb yn poeni'n ormodol os oedden nhw'n cymryd ambell beth yn slei bach. Yr un oedd y stori ar bob aelwyd, ac os oedd y bechgyn yn barod i weithio, roedd y penaethiaid yn hapus i anwybyddu ambell beth. Mae sawl stori am Ernie yn dod adref o'r gwaith efo rhes o selsig wedi eu lapio o amgylch ei ganol, wedi eu cuddio o'r golwg dan ei grys. Yn y pen draw, cafodd Maurice ei frawd swydd fel gyrrwr i'r cwmni – a olygai hyd yn oed fwy o gig ar gyfer Kent Road. 'Wnaeth neb lwgu yn tŷ ni,' arferai ddweud.

Roedd fforman y lladd-dy, Mr Hollinsworth, yn ffan o'r llanciau McDermott, yn aml yn dweud wrth Fred wrth iddo adael ar ddydd Gwener: 'Dos â rhain i dy dad i de', a rhoi ambell sleisen o gig iddo ar gyfer y penwythnos. Roedd gan Ernie a Maurice swyddi rhan-amser eraill hefyd – roedd yn nodwedd deuluol, ac roedd pawb yn manteisio ar bob cyfle i wneud eu rhan i dynnu'r pwysau oddi ar Maurice a Hilda.

Er y byddai cael swydd am oes wedi cynnig rhywfaint o sicrwydd, nid dyna'r byd roedd Ted yn byw ynddo ar ddiwedd yr 1960au. Roedd yn rhaid i chi fod yn hyblyg ac yn barod i droi eich llaw at bron unrhyw beth oherwydd bod pethau'n newid drwy'r amser. Felly pan aeth gwaith yn brin yn y clwb pêl-droed, roedd yn rhaid i Ted bwyso a mesur rhwng gweithio rhywle yn y dref a chael ei dalu am lai o shifftiau er mwyn iddo allu canu, neu symud ymlaen a derbyn gwaith mwy rheolaidd efo gwell cyflog. Yr angen am gyflog rheolaidd gariodd y dydd, a diwedd y gân oedd i Ted, Fred, Morris ac Ernie gael swyddi efo Wimpey, cwmni oedd yn adeiladu cartrefi newydd o amgylch canolbarth Lloegr mewn llefydd fel The Woods Estate, Bulls Hill a Hollyhead Road.

Cafodd Ted swydd fel gwyliwr ar un o'r safleoedd hyn ac ymhen dim, roedd wedi meithrin enw fel jocar hoffus, gan wthio ei ben i mewn i'r peiriant cymysgu sment a chanu alaw, a gofyn i'w gyd-weithwyr sut roedd hi'n swnio. Roedd bob amser yn canu ac, yn union fel ei gyfnod yn y

Fyddin, yn breuddwydio am fan gwyn fan draw. Byddai'n ofalus bob amser i wneud ei waith a bod yn barchus tuag at ei gyd-weithwyr a'i gyflogwyr, ond roedd yn cael trafferth canolbwyntio ar unrhyw beth heblaw cerddoriaeth, felly roedd y swydd yn dipyn o fendith. Dim ond ychydig i lawr y ffordd o'i dŷ roedd y safle adeiladu, felly byddai'n edrych o'i gwmpas yn gyflym i wneud yn siŵr bod popeth yn iawn ac yna'n sleifio'n ôl adref i ddysgu ei ganeuon a gwylio'r teledu (dim ond newydd allu fforddio prynu un roedden nhw, felly roedd y dynfa i wylio heb bylu eto).

Gweithiodd hyn yn wych i Ted tan y diwrnod pan oedd yn eistedd efo'i draed i fyny yn gwylio'r teledu ac yn bwyta ei ginio. Dechreuodd un o'r plant lleol ddyrnu ar y drws a sgrechian: 'Tân! Tân!' I ddechrau, roedd Ted yn meddwl mai tynnu coes roedd o, a bod un o'i frodyr wedi anfon y plentyn i'w herian, ond yna clywodd sŵn sawl injan dân yn rasio i fyny'r ffordd. Doedd Ted ddim wedi rhedeg mor gyflym yn ei fywyd wrth iddo rasio i'r safle a gweld bod y lle ar dân. Roedd yn drychineb, a'r lleill yn methu aros i ddweud wrth ei dad beth oedd wedi digwydd pan oedd Ted i fod ar ddyletswydd – roedd yn un o'r adegau prin hynny pan wylltiodd Maurice yn gacwn efo Ted, a doedd dim gobaith iddo siarad ei ffordd allan ohono y tro yma. Doedd rhieni Ted ddim yn hapus, ac roedd hynny'n wir am ei gyflogwyr hefyd. Aeth y cyfan yn angof yn y pen draw, ond roedd yn bendant wedi dysgu gwers werthfawr.

Daeth Ted yn enwog am ei ddoniau gwneud arian a tharo bargen – yn enwedig pan aeth drwy gyfnod o osod betiau ar ran rhai o'r dynion ar y safle adeiladu. Roedd ganddo fo a'i ffrind Georgie fwy o ryddid i fynd a dod o'r safle na'r gweithwyr eraill, ac yn gallu sleifio oddi yno i osod betiau i'r holl weithwyr, efo gamblo bron yn grefydd iddyn nhw. Un diwrnod, gofynnodd un dyn iddyn nhw osod bet ddwbl. Roedd Ted yn bendant nad dyna'r ceffyl gorau ac na fyddai'n ennill beth bynnag, felly penderfynodd gadw'r arian a pheidio â gosod y bet.

Roedd Ray Barns yn gweithio ar y safle efo Ted ac yn gwybod ei fod heb osod y bet, felly roedd yn cadw llygad ar y ras ar ei ran. Mewn dim, roedd o'n rhuthro i'r ystafell fach lle roedd Ted yn cael paned yn ystod ei egwyl, a gweiddi: 'Ted, Ted! Mae'r ceffyl 'mond wedi blydi ennill, 100 i 8!' Dyma nhw i gyd yn rhuthro yn ôl i'r siop fetio, yn gweddïo na fyddai'r ail geffyl yn ennill. Roedd yn ddiwedd clòs a bu'n rhaid tynnu llun i benderfynu ar yr enillydd. Roedd Ted a Georgie wedi cynhyrfu'n lân, yn poeni eu bod nhw ar fin colli cyflog mis yr un. Yn ffodus iddyn nhw, colli oedd hanes y ceffyl; ond dyna'r ddihangfa agosaf iddo'i chael.

Wedyn, roedd gyrfa amrywiol Ted yn cynnwys gweithio i'r cyngor yn y gerddi, yn aml yn gyrru adref i ginio mewn lori ddadlwytho 'ar fenthyg' (er nad oedd ganddo drwydded yrru), ac yna gweithio i'r bwrdd dŵr. Doedd o chwaith ddim yn swil rhag gofyn am help ei frodyr a chwiorydd iau i wneud ceiniog neu ddwy. Byddai'n gofyn iddyn nhw gadw llygad am unrhyw ddŵr yn gollwng yn y stryd, gan y byddai'n cael arian ychwanegol am sylwi a rhoi gwybod am drafferthion o'r fath.

Roedd y penwythnosau yn dal i fod yn gyfle i Ted ymlacio, ac erbyn hyn, ac yntau'n hŷn efo mwy o arian sbâr yn ei boced, byddai'n teithio yn bellach na'r Cora. Dechreuodd daro heibio i orsaf bysiau Taffy Griffiths ar Crankhall Lane yn Wednesbury. Byddai'n gofyn i'r gyrwyr bysiau i ble roedden nhw'n mynd ac os oedd o ffansi trip – i Blackpool neu Gaerwrangon fel arfer – byddai'n dod o hyd i sedd sbâr ac i ffwrdd â fo. Doedd ganddo ddim cynllun cadarn, ond roedd yn fodlon mynd i ble bynnag. Roedd Ted wrth ei fodd yn tynnu sgwrs â dieithriaid a chwilio am antur newydd. Byddai'n gwneud ffrindiau efo rhywun ar y bws ac yn y pen draw yn canu mewn bar neu glwb yn rhywle, efo'r dyrfa yn aml yn trefnu casgliad iddo, cyn mynd yn ôl ar y bws cyntaf drannoeth. Ymhen dim, roedd y rhan fwyaf o'r gyrwyr yn ei adnabod ac yn gadael iddo gysgu yng nghefn y bws – weithiau, roedden nhw hyd yn oed yn aros i wneud yn siŵr ei fod yn cael lifft adref. Roedd Blackpool yn gyrchfan wyliau reolaidd i lawer o'r llanciau ar y stad, ond yn ddewis llai poblogaidd am noson allan. Doedd Ted yn poeni dim am deithio yn bellach i ehangu ei brofiad canu, weithiau hyd yn oed yn cystadlu ac yn ennill sioeau talent.

Doedd Hilda byth yn gwybod a oedd yn dod adref ai peidio, ond dysgodd beidio â phoeni os oedd ei wely yn wag fore trannoeth.

'Doedd o byth yn edrych ar ochr ddu bywyd,' meddai Tony, brawd yng nghyfraith Ted. 'Waeth beth roeddech chi'n ei drafod, byddai bob amser yn edrych ar yr ochr olau. Gallai fod yn cario holl drafferthion y byd ar ei ysgwyddau ond roedd bob amser yn gwenu. Doedd o byth yn poeni am ddim byd.'

Er nad oedd canu byth yn mynd i fod yn fywoliaeth iddo, dysgodd Ted yn fuan iawn y gallai ennill rhywfaint o arian ychwanegol, a byddai'n aml yn dweud wrth ei frawd, Maurice: 'Os wyt ti'n gallu codi ar dy draed a chanu neu chwarae offeryn, does dim angen pres yn dy boced arnat ti achos bydd 'na gasgliad ar ôl i ti berfformio.' Roedd hyn yn arbennig o wir yn y Cora, lle roedd y dyrfa'n wych am ddangos eu gwerthfawrogiad o gantorion da: roedd yn siarad cyfrolau bod arian yn cael ei gasglu i Ted pryd bynnag y byddai'n codi i ganu.

Pennod 5

Arhosodd Ted yn agos at ei frodyr i gyd – hyd yn oed wrth i amser fynd rhagddo ac iddyn nhw briodi bob yn un, a dechrau eu bywydau eu hunain y tu allan i'r cartref teuluol. Roedd o ac Ernie yn arbennig o agos, ond mae cymaint o'u troeon trwstan a'u straeon wedi mynd ar ddifancoll – diolch i ddinistr clefyd Alzheimer yn achos Ted a marwolaeth gynnar Ernie o ganser yn 2012.

Mae'n debyg bod Ernie yn deall meddwl Ted yn well na neb arall ac roedd eu cwlwm clòs yn golygu ei fod yn gallu gweld y tu hwnt i gymeriad siriol ei frawd a'i allu i weld y gorau mewn unrhyw sefyllfa o hyd. Byddai ffrindiau Ernie yn dweud bod Ted yn gallu gafael mewn unrhyw sgwrs a'i sirioli, ond roedd llawer mwy iddo na hynny, ac roedd ei frawd yn gwybod hynny'n well na neb. Roedd y rhwystredigaeth o fethu â gwneud bywoliaeth lawn amser o'i ganu yn digalonni Ted wrth iddo fynd yn hŷn, ac wrth i gyfleoedd lithro'n bellach oddi wrtho. Roedd yn bendant o flaen ei amser ac roedd rhyw anrhydedd yn ei awydd i ddal ati i drio gwireddu'r freuddwyd, ond roedd cyfrifoldebau bywyd yn real, ac roedd Ted yn gwybod na allai ddianc rhag hynny; doedd neb yn gallu.

Ond er cymaint roedd bywyd yn mynnu torri ar ei draws, roedd ymrwymiad Ted at gerddoriaeth mor gryf ag erioed. Pan fyddai record newydd yn cael ei rhyddhau, byddai'n mynd ar unwaith i Paradise Street yn West Bromwich ac yn dychwelyd efo'r record a chopi o'r gerddoriaeth, fel y gallai fynd â'r darn i'r dafarn a gofyn i'r pianydd ei chwarae tra oedd o'n canu. Un o'i hoff siopau recordiau oedd un Al Cooper – roedd yn adnabod y perchennog ac yn taro heibio pryd bynnag y gallai. Roedd seler siop Al yn llawn o hen recordiau roedd o heb eu gwerthu dros y blynyddoedd; roedd stamp bach ar bob un o'r clasuron go iawn – 2d (dwy geiniog) – oedd tua phris peint o gwrw. Byddai Ted yn treulio oriau yno'n gwrando ar gasgliad recordiau Al, yn yfed te ac yn canu efo'r caneuon – dyma oedd ei ffordd ddelfrydol o dreulio'r diwrnod.

Roedd chwarae cerddoriaeth yn y siop a gartref yn pylu unrhyw broblemau, hyd yn oed y ffaith nad oedd ganddo fawr iawn o arian. Byddai'n gyrru'r aelwyd – yn enwedig Maurice – yn wallgof wrth stopio'r record dro ar ôl tro ar y chwaraewr recordiau, nodi'r geiriau fesul llinell er mwyn eu dysgu ar ei gof a chanu'r gân drwyddi drosodd a throsodd. Yn aml, roedd Maurice i'w glywed yn gweiddi, 'Er mwyn y nefoedd, Ted! Os wyt ti'n mynd i'w chwarae hi, chwaraea hi!' Byddai'n dysgu cân newydd bob dydd Sadwrn yn ddi-ffael, cyn gwisgo'i ddillad gorau a mynd draw i'r Cora i'w pherfformio. Roedd yn deall ei bethau a byth yn canu'r un gân ddwywaith. Byddai bob amser yn sicrhau ei fod yn gwrando ar ganeuon newydd ar unwaith, gan anfon ei chwaer iau, Joyce, i lawr i Woolworths efo digon o arian i brynu record newydd a bag o fisgedi wedi eu torri yn wobr am ei helpu. Mewn gwirionedd, gallai'r 'blydi chwaraewr recordiau' (dyna roedd yn cael ei alw) fod wedi ffrwydro'r tŷ, gan nad oedd socedi trydan ar y llawr cyntaf ar y pryd. Roedd hynny'n golygu bod Ted yn rhedeg y cebl i'r chwaraewr recordiau o'r golau – yn y bôn yn rhedeg gwifren noeth yn syth o'r golau yn y nenfwd. Roedd hi llawn cystal nad oedd neb yn sylweddoli pa mor beryglus oedd hyn, gan fod hyn yn bendant yn symud y syniad o farw dros eich cerddoriaeth i lefel hollol newydd. Y gwir amdani oedd hyn – er bod Ted yn enwog am helpu mewn unrhyw ffordd y gallai, byddai'n cael ei annog yn gryf i gadw draw o unrhyw waith DIY. Roedd Hilda'n gwaredu wrth feddwl amdano'n trio trwsio dim byd. Dysgodd gadw'n dawel pan fyddai unrhyw beth yn mynd o'i le yn y gegin, yn enwedig os oedd yn ymwneud â'r trydan. Petai Ted yn dod i ddeall bod problem, byddai'n gollwng popeth, yn torchi ei lewys ac yn dweud wrth Hilda: 'Iawn, be sy angen i fi ei wneud?', gan fynnu cymaint nes iddi hithau deimlo na allai ddweud na heb frifo'i deimladau. Roedd y tŷ cyfan yn gwybod pa mor drychinebus oedd ei sgiliau DIY, a byddai Malcolm, Gerry a Karen yn aml yn cuddio y tu ôl i ddrws y gegin, yn piffian chwerthin wrth i Ted fynd i'r afael â rhyw dasg neu'i gilydd. Yn aml, os nad oedd plwg ar gael, byddai'n bwydo gwifrau yn syth i mewn i'r soced efo matsis wedi ei gwthio i'r tyllau i'w cadw yn eu lle.

Peiriant golchi newydd y teulu oedd yn cael y gwaethaf o'r ymddygiad 'Heath Robinson-aidd' hwn. Un o ddyddiau hapusaf bywyd Hilda oedd y diwrnod pan oedd yn gallu cael gwared ar yr hen fàth tun o'r diwedd a fforddio peiriant golchi go iawn (heb orfod gwasgu cynfasau gwlyb nes bod croen ei dwylo'n rhwygo).

Er bod y peiriant newydd wedi chwyldroi bywyd Hilda, roedd yn torri i lawr yn aml – roedd yn un ail-law ac wedi ei brynu drwy ffrind i Maurice yn y Cora. Canlyniad hynny oedd nad oedd modd ei drwsio mewn unrhyw siop gall, felly byddai Ted yn aml yn gwirfoddoli i fynd i'r afael â phethau. Byddai Hilda'n trio dal ei thafod wrth iddi ei wylio yn tynnu'r peiriant yn ddarnau, sgriw wrth sgriw, gyda'r rhannau ar chwâl ar hyd y gegin, gan faeddu'r llawr roedd hi newydd ei lanhau. Byddai'n cymryd oriau iddo roi popeth yn ôl at ei gilydd eto ond, yn ddi-ffael, byddai un darn dros ben bob amser. Er gwaetha'r perygl a'r diffyg arbenigedd, dyma ffordd Ted o drio bod yn ddefnyddiol, ac ym mêr ei hesgyrn, roedd Hilda wrth ei bodd â'i ymrwymiad i wneud bywyd yn well.

Tua'r adeg hon, yn 1964, y dechreuodd Ted loetran o amgylch stiwdios Pebble Mill yn Birmingham, canolfan y BBC yn y ddinas. Gwelodd lawer o bobl ddifyr, cerddorion o'r un anian, pob un yn trio troi eu brwdfrydedd yn rhywbeth mwy. Yr adeg hon, gwnaeth Ted, a oedd yn 28 oed ar y pryd, gyfarfod â thri dyn a fyddai'n trawsnewid ei fywyd: Ben Beards, Geoff Thompson a Fred Timmins. Roedden nhw mewn sefyllfa debyg i Ted – yn enwedig Ben, oedd yn gweithio fel peiriannydd yn Wilkins and Mitchell yn Darlaston, ger Wednesbury, i gynnal ei wraig a'u tri o blant ifanc. Er gwaetha'r pwysau arno i ennill cyflog teilwng, roedd hefyd yn chwarae'r acordion, gan ddefnyddio'i ddawn i ennill arian ychwanegol a helpu i dalu'r morgais. Ymunodd Geoff, drymiwr 30 oed, ag o, a chafodd y ddau gig rheolaidd mewn tafarn yn Bilston, a daeth Fred, gitarydd 22 oed, i droi'r ddeuawd yn driawd: yr enw ar y posteri oedd 'The Starliners'. Yn glyfar iawn, llwyddodd Ben i osod meicroffon ar ei acordion, gan ganiatáu iddo chwarae'r nodau bas a rhoi sain unigryw i'r grŵp. Bob hyn a hyn, byddai'n perswadio Fred i ganu, ar yr un pryd â chwarae ei gitâr, ac arweiniodd hynny yn y pen draw at gig rheolaidd ar nos Iau yng Nghlwb Llafur Friar Park. Roedd y perfformiadau'n cael croeso digon teilwng, ond doedd y gynulleidfa byth ar ei thraed yn ysu am fwy. Roedd llais Fred yn iawn, ond doedd o ddim yn arbennig iawn ac roedden nhw'n gwybod ym mêr eu hesgyrn beth oedd yn eu dal nhw'n ôl –roedd angen seren go iawn arnyn nhw i ganu'r geiriau efo arddeliad. Newidiodd eu lwc nhw un noson, wrth iddyn nhw gymryd hoe ar y llwyfan yn ystod eu set, pan gerddodd boi golygus a thrwsiadus, efo pob blewyn ar ei ben yn ei le, atyn nhw a gofyn: 'Ga i ganu efo chi, mêt?'

Ted oedd o.

Byddai pobl yn aml yn gofyn am gael canu efo'r band, yn aflwyddiannus fel arfer gan ei bod hi'n amhosib cael dieithryn i daro'r nodau cywir heb ymarfer. Ond roedd gan Ted rywbeth, rhywbeth roedd yn werth mentro arno, gan ei fod i'w weld yn deall ei bethau yn weddol.

'Wyt ti'n gwbod "Mack the Knife" yn C?' holodd.

Chwaraeodd y band y cyflwyniad a dechreuodd Ted ganu heb gloffi o gwbl. Syfrdanwyd y tri gan ansawdd ei lais a'i allu i eirio. Erbyn iddo orffen, roedd y gynulleidfa gyfan ar ei thraed ac yn cymeradwyo – y tro cyntaf i'r band brofi hynny.

Trodd Ben at Ted: 'Wyt ti isio job, mêt?' 'Ew, pam lai? Mi wna i roi cynnig arni,' atebodd Ted.

'Dyna'r noson y newidiodd ein bywydau ni am byth,' meddai Ben.

Yr wythnos ganlynol, llogodd Ben ystafell mewn tafarn i fynd dros ambell gân efo Ted, yn ogystal â phrynu organ newydd i roi sŵn cyflawn i'r band. 'Dim ond un cynnig roedd ei angen ar bob cân. Roedd yn eu cael nhw'n iawn bob tro – roedd yn gwbod y geiriau'n iawn, felly doedd dim angen llawer o ymarfer, roedd hi'n afreal.'

Ar ôl ychydig wythnosau o roi sglein ar yr act, gwnaeth y band gais am le mewn clwb diddanu lleol. Roedd yn llwyddiant ysgubol. Ond roedd un broblem – roedd Ben yn teimlo nad oedd Geoff y drymiwr yn ddigon da, felly ffoniodd Ronnie Cox, drymiwr arall roedd yn ei adnabod, ac ymunodd hwnnw â'r band ar unwaith. Yn rhyfedd iawn, roedd Ted a Ronnie hefyd yn adnabod ei gilydd. Roedden nhw wedi tyfu i fyny yn byw ar strydoedd cyfagos ac wedi cyflawni pob math o ddrygioni pan oedden nhw'n ifanc – ac roedden nhw'n gyrru 'mlaen yn wych. Roedd Ron yn gês a hanner, ac roedd Ted yn ei ddyblau'n chwerthin wrth glywed rhai o'i jôcs. Roedd yn rhyddhad rhyfeddol i Ted gael rhywun arall i fod yn gyfrifol am ddweud jôcs a chynnal hwyliau'r gynulleidfa: roedd yn golygu y gallai ganolbwyntio ar y canu heb orfod esgus bod yn rhywun arall. Gweithiodd popeth yn berffaith a doedd neb yn amau bod Ted yn mwynhau ei hun. Y cyfan roedd yn rhaid i Ronnie ei wneud oedd dweud rhywbeth wrth Ted ar y llwyfan, a'r peth nesaf, byddai'n crio chwerthin.

Am y misoedd nesaf, chwaraeodd y band yn rheolaidd yng Nghlwb Llafur Friar Park i roi sglein ar eu perfformiadau ac i roi cynnig ar ganeuon newydd. Ond roedden nhw eisiau tyrfaoedd mwy, codi'r bar yn uwch, er mwyn herio eu hunain o flaen cynulleidfa heb y bobl leol oedd eisoes yn eu hadnabod ac yn eu haddoli. Yn y pen draw, ar ôl perffeithio'r act, roedden nhw'n barod i symud gam i fyny. Roedd popeth bellach yn barod i'r Starliners symud ymlaen i lwyfan fwy. Dyma ddechrau taflu'r rhwyd yn ehangach, a mynd am glyweliadau mewn gwahanol glybiau yn yr ardal.

Yng nghanol yr 1960au, roedd pob band arall yn trio copïo'r Beatles neu'r Shadows, efo'r aelodau'n llanciau oedd ddeng mlynedd yn iau na Ted a gweddill y grŵp, pob un ohonyn nhw yn eu hugeiniau hwyr neu dridegau cynnar. Weithiau, doedd y dyrfa ddim bob amser yn gwerthfawrogi arddull gerddorol wahanol y Starliners, efo'u dylanwadau cerddorol ehangach. Ond fel arall, y ffaith eu bod nhw'n gwrthod cydymffurfio oedd fwyaf o'u plaid, a daeth hyn yn hynod amlwg yn ystod un noson benodol o glyweliadau agored yng Nghlwb Glowyr Rugeley. Y noson honno oedd yr un achlysur bob mis pan oedd y Midland's Entertainment Association – grŵp o ysgrifenyddion cymdeithasol oedd yn gyfrifol am logi perfformwyr i chwarae mewn tafarndai a chlybiau ar draws y rhanbarth – i gyd yn yr un ystafell ac unwaith roedd y gwaith swyddogol wedi ei gwblhau, roedd yn ffenest siop berffaith iddyn nhw weld doniau posib efo'u llygaid eu hunain. Byddai bandiau yn ciwio i berfformio o flaen y pwysigion, yn y gobaith o greu argraff arnyn nhw.

Roedd y bois yn aros wrth ochr y llwyfan i fynd i berfformio. Roedden nhw'n drydydd ar y rhestr y noson honno, efo band ifanc o'u blaenau oedd wedi peri i'r gynulleidfa godi ar ei thraed. Roedden nhw hefyd yn edrych yn dda, efo'r offer gorau – o ran gitârs, drymiau a seinyddion. Safai aelodau'r Starliners yn gegrwth wrth iddyn nhw chwarae cân ar ôl cân o waith y Beatles a'r Shadows.

Er iddyn nhw gael eu hysgwyd gan yr ymateb i'r llanciau ifanc, roedd Ted a'r criw mor barod ag erioed, ac unwaith roedd y llwyfan yn wag, dyma nhw'n dechrau gosod pob dim yn ei le. Penderfynodd y band blaenorol aros ar ochr y llwyfan i'w gwylio nhw, talu'r ffafr yn ôl, fel petai. Yr unig wahaniaeth oedd bod y band arall wedi dechrau chwerthin yr eiliad i Fred chwarae cord, a gwneud eu gorau glas i dynnu sylw Ted a'r bechgyn drwy weiddi: 'Be ddiawl 'di hwn, mêt?' wrth iddyn nhw chwarae 'Mack the Knife'. Daliodd Ted ati i ganu a chyrraedd diwedd y gân heb wneud unrhyw gamgymeriad. Ac er gwaethaf gwatwar y band arall, y Starliners oedd yn chwerthin yn y diwedd.

Roedd y gynulleidfa ar ei thraed yn dawnsio ac ar ôl iddyn nhw orffen, nhw gafodd y gymeradwyaeth orau o bawb. 'Mi gawn ni ambell gig ar gorn hyn,' meddyliodd Ben. Roedd o'n iawn. Wrth i'r band gerdded oddi ar y llwyfan ac anelu am y bar, daeth sawl asiant atyn nhw, pob un yn torri'i fol i logi'r bechgyn am nifer fawr o gigs. O fewn awr, roedden nhw wedi cael eu llogi ar gyfer 64 gig, a hynny yn y rhan fwyaf o glybiau yn ardal Wednesbury a'r Ardal Ddu. Gadawodd y band arall, yn caru'r holl offer drud, heb gael eu llogi unwaith.

I Ted, roedd hyn yn teimlo fel cam mawr i'r cyfeiriad cywir. Roedd posibilrwydd go iawn o wneud i hyn weithio mewn ffordd fwy parhaol. Yn ddieithriad, os oedden nhw'n chwarae mewn clwb, roedden nhw'n cael gwahoddiad i chwarae eto; llwyddiant o 100%. Roedd y Starliners yn uned glòs, ac wedi datblygu eu golwg yn ogystal â'u sain. Byddai'r band yn gwisgo siacedi fflamgoch efo addurn du ar y llewys a'r coleri, trowsus du a chrys gwyn, heblaw am Ted, oedd yn edrych ychydig yn wahanol mewn siaced ddu, crys gwyn a dici-bô. Roedden nhw'n benderfynol nad oedden nhw'n mynd i fod yn un o'r bandiau hynny oedd dim ond yn gafael yn eu gitârs ac yn crwydro i'r llwyfan. Roedden nhw eisiau gwneud argraff ac yn gwybod y byddai bachu sylw'r gynulleidfa o fewn yr ychydig eiliadau cyntaf yn golygu ei bod o'u plaid nhw am weddill y noson. Os oedd llenni yn y lleoliad, roedden nhw'n cael eu hagor yn ara' deg a'r band yn dechrau chwarae. Yna byddai Ted yn camu i'r llwyfan, yn gafael yn y meic ac yn dechrau canu. Yn aml, byddech chi'n gallu clywed y gynulleidfa'n ebychu wrth weld y dillad slic am y tro cyntaf. Gallai'r band chwarae unrhyw beth ar gyfer unrhyw genhedlaeth: tempo caeth, dawnsio hen ffasiwn, America Ladin, roc a rôl – roedden nhw'n chwarae'r cyfan.

Roedden nhw wedi ennill bri am yr union beth oedd yn peri iddyn nhw gael eu gwatwar, diolch yn rhannol i chwiw yr 1960au am ddawnsio neuadd, ac ychydig iawn o fandiau oedd yn gallu darparu ar gyfer hynny gan fod y rhan fwyaf wedi troi at roc. Y peth gwych am y gerddoriaeth roedd Ted a'r bechgyn yn ei ffafrio oedd ei bod yn benthyg ei hun yn hyfryd i ddawnsio *quickstep*, *foxtrot* neu *waltz*. Yn syml, byddai'r Starliners yn addasu'r tempo i greu cerddoriaeth ar gyfer pob achlysur – roedd y llawr dawnsio yn llawn dop ym mhob gig a phob cynulleidfa, o bob oed, yn mynnu mwy. Doedd dim rhaid i'r band fynd i'r un clyweliad eto.

Roedd y Starliners yn uchelgeisiol ac roedd creadigrwydd yn un o ddoniau naturiol Ted. Meddyliodd am bob nodyn, pob symudiad, beth bydden nhw i gyd yn ei wisgo a hyd yn oed sut bydden nhw'n sefyll ar y llwyfan o flaen y gynulleidfa – y cyfan er mwyn cael yr effaith fwyaf posib a chreu'r sioe orau bosib. Weithiau byddai'r band yn ailwampio cân a rhoi eu stamp eu hunain ar glasur er mwyn cael cymeradwyaeth fyddarol. Roedd hyn i gyd yn ail natur i Ted, ond roedd yn rhaid iddo gyfaddef nad oedd ganddo ben busnes o gwbl. Daeth hynny'n gyfrifoldeb i Ben, wrth iddo afael yn yr awenau a rhedeg pethau o ddydd i ddydd, delio efo cadw trefn ar y gigs a rhannu'r elw yn deg. Dechreuodd y gwahoddiadau gyrraedd o'r tu allan i'r ardal, efo clybiau ym Manceinion, Leeds a Lerpwl yn gofyn iddyn nhw chwarae gigs. Cytunodd y criw i osod terfyn ar ba mor bell roedden nhw'n barod i deithio. Roedd swyddi gan bob un ohonyn nhw, felly penderfynwyd ar uchafswm o 40 milltir i unrhyw gyfeiriad.

Erbyn hyn, roedd y band wedi dechrau ymarfer yn rheolaidd mewn ystafell yn Neuadd Eglwys St Giles yn Willenhall. Roedd grŵp o'r enw The Inbetweens yn arfer ymarfer yn yr ystafell cyn nhw, ac wrth i un criw adael a'r llall gyrraedd, roedden nhw'n sgwrsio am y gigs oedd ganddyn nhw ar y gweill. 'Flynyddoedd yn ddiweddarach, roedd y band hwnnw'n enwog iawn,' meddai Ben. 'Noddy Holder oedd y canwr, a byddai'r grŵp maes o law yn enwog yn yr 1970au fel Slade.'

Roedd y Nadolig yn amser prysur i'r Starliners – roedden nhw'n chwarae yn rhywle bron bob nos drwy gydol mis Rhagfyr. 'Dydw i ddim yn gwbod sut roedden ni'n ei wneud o,' meddai Ben. 'Gwnaethon ni chwarae 26 neu 27 gwaith y mis hwnnw. Bydden ni'n cyrraedd adre tua dau o'r gloch y bore, mynd i'r gwely, codi i fynd i'r gwaith, cyrraedd adre tua 5 o'r gloch, cael awr fach o gwsg, pacio a chyrraedd clwb arall erbyn saith. Ond roedden ni'n ennill pres anhygoel. Yn arian heddiw, dwi'n credu'n bod ni'n ennill tua £1,500 am bob un o'r nosweithiau hynny.

'Roedden ni'n dechrau dod yn adnabyddus iawn erbyn hyn. Os oedden ni'n gneud gig, roedden ni'n aml yn gweld poster tu allan i'r lleoliad yn deud bod pob tocyn wedi ei werthu,' ychwanega.

Roedd y Starliners yn dechrau ennill cryn ddilyniant ac roedd Ted bob amser yn boblogaidd iawn efo'r merched. 'Roedden ni'n arfer gorfod ei sleifio allan drwy'r drws cefn i'r maes parcio weithiau oherwydd yr holl ferched oedd ar ei ôl o ar ddiwedd y noson,' meddai Ben. 'Pan oedden ni wrthi'n chwarae, byddech chi'n gweld yr holl ferched yma'n taflu eu rhifau ffôn ar y llwyfan. Ond anaml iawn byddai Ted yn mynd allan efo'r un ohonyn nhw. Dwi'n meddwl ei fod o'n canlyn ar y pryd. Ond roedd y merched yn gallu bod yn ormod weithiau – roedden nhw'n llythrennol yn taflu eu hunain aton ni. Doedd o ddim yn brofiad braf.'

O ran ei fywyd carwriaethol, roedd Ted yn ddyn preifat iawn. Roedd y band yn amau ei fod yn canlyn, ond doedd gan ei ffrindiau a'i deulu ddim syniad ei fod hefyd yn dal i gadw cysylltiad ag Iris.

'Wel, ar ôl i ni wahanu, gwnaethon ni ddal i gadw mewn cysylltiad,' meddai hi. 'Doedd hi ddim yn berthynas fel y cyfryw. Bydden ni'n cyfarfod am goffi a chacen yn West Bromwich neu ble bynnag a byddai'n dweud wrtha' i beth roedd o'n wneud – ble roedd o'n canu, pa ganeuon ac ati, y band a phob dim. Doedd 'na ddim taw ar ei siarad o. Ar ôl i ni wahanu, gwnaeth o ddeud wrtha i, "Os wyt ti byth angen siarad, mi wna i gyfarfod efo ti am un o'r gloch ddydd Sadwrn wrth y cloc yn West Bromwich." Gallai deuddeg mis fynd heibio heb i ni weld ein gilydd na chysylltu na dim, wedyn byddwn i'n taro draw i West Bromwich ar ddydd Sadwrn a dyna ble byddai o'n aros wrth y cloc. Gwnaethon ni hynny am flynyddoedd a blynyddoedd – yn y dyddiau cyn y ffôn. Byddwn i'n troi i fyny am un o'r gloch i weld os oedd o yna, ac roedd o fel arfer yn sefyll yna'n aros. Am un o'r gloch. Aeth hynny 'mlaen am flynyddoedd.'

Ychwanega Ben: 'Dwi'n cofio noson arall yng nghlwb coffa Bloxwich. Roedd o'n un o'r clybiau mwyaf yn yr ardal a'r holl enwau mawr cenedlaethol yn arfer chwarae yno. Roedden nhw'n bwyta allan o gledr llaw Mac

[Ted]. Nid yn unig roedd o'n ganwr gwych, ond erbyn hyn roedd o wedi bod yn gyflwynydd gwych hefyd, wrth ei fodd yn siarad efo'r gynulleidfa. Roedden ni wedi gor-redeg ychydig y noson honno, ac wrth i ni dynnu tua'r terfyn, roedd y gynulleidfa'n codi ar eu traed i fynd i ddal bws adref. Dyna pryd dechreuodd Mac ganu'r clasur "Look down that lonesome road". Safodd pawb yn stond. Roedd y gymeradwyaeth yn fyddarol. Wna i byth anghofio hynny. Un o'r nosweithiau mwyaf cofiadwy ges i yn y band.'

Mae'n parhau: 'Ychydig wythnosau ar ôl hynny, cawson ni alwad gan berchennog Clwb Pêl-droed Walsall yn gofyn a allen ni berfformio yn noson agoriadol eu clwb cymdeithasol newydd. Roedden ni'n adnabyddus yn y clwb pêl-droed ac wedi chwarae mewn gigs yno eisoes. Ken Dodd [diddanwr a digrifwr enwog am ei ddannedd cam a'i ffyn goglais, neu ysgubau plu] oedd seren y noson, a llogwyd y Starliners i'w gefnogi.' Mae Ben yn ei chofio fel noson orau ei yrfa gerddorol: 'Ni oedd ar y llwyfan gyntaf, am ryw awr, wedyn un neu ddau o berfformwyr lleol ar ein holau ni. Tua deg o'r gloch, daeth Ken Dodd i'r llwyfan a pherfformio am ddwy awr heb egwyl. Roedd y gynulleidfa yng nghledr ei law, a phawb yn lladd eu hunain yn chwerthin. Gwnaethon ni gyfeilio pan oedd o'n canu "Happiness" a "Tears for souvenirs".' Aeth yr holl arian a godwyd y noson honno i elusen leol – gwnaeth hyd yn oed Ken Dodd wrthod cael ei dalu. 'Roedd Doddy yn foi hyfryd,' meddai Ben. 'Mae 'na rai pobl yn edrych i lawr ar y cyhoedd, ond roedd pawb yr un peth i Ken – roedd o'n grêt.' Y bore canlynol, yn Kent Road, pan ddeffrodd y plant i gyd, roedden nhw wedi cyffroi'n lân wrth ddod i'r ystafell ffrynt a'i gweld yn llawn ffyn goglais roedd Ted wedi dod â nhw o'r sioe; ac roedden nhw'n ofnadwy o falch i gael mynd â nhw i'r ysgol i'w dangos i'w ffrindiau.

Ar ôl gig Ken Dodd, cafodd y Starliners eu boddi gan wahoddiadau. Roedd y grŵp ar i fyny go iawn, ac am y tro cyntaf ers y gig cynnar hwnnw ar lwyfan Clwb Llafur Friar Park, roedd hi'n debyg bod breuddwyd Ted o fod yn enwog yn mynd i gael ei gwireddu o'r diwedd. Dyna pryd cafodd y band alwad gan asiant yn dweud ei fod eisiau iddyn nhw wneud taith o amgylch canolfannau Byddin yr Unol Daleithiau yn yr Almaen. Roedd yn gig enfawr a byddai'r daith yn para am wythnosau. Doedd Ted ddim yn gallu credu eu bod nhw'n mynd dramor – y pellaf iddo fod erioed oedd Blackpool. Roedd hyn yn newid byd, a rhannodd y newyddion efo'r teulu cyn gynted ag y cafodd glywed. Doedd neb yn gallu credu bod 'ein Ted ni' yn mynd mor bell i ffwrdd. I Hilda, oedd wedi bod mor falch bod ei holl blant wedi dewis aros yn agos at gartref, roedd hyn yn gyffrous ac yn dorcalonnus ar yr un pryd.

Ond cafodd gobeithion Ted eu chwalu cyn iddyn nhw allu dechrau cynllunio'r daith hyd yn oed. Galwodd Ben gyfarfod i drafod y cyfle a gallai Ted ddweud ar unwaith, o weld wynebau hir pawb, bod rhywbeth o'i le. Yn sicr, doedden nhw ddim yn wynebau dynion oedd newydd gael gwybod eu bod yn mynd i'r Almaen i wneud yr hyn oedd agosaf at eu calonnau.

Ben gafodd y gwaith o rannu'r newydd drwg – doedden nhw ddim yn gallu mynd. Roedd gan y gweddill ohonyn nhw swyddi, morgeisi i'w talu a theuluoedd i ofalu amdanyn nhw – doedden nhw ddim yn eneidiau rhydd fel Ted ac roedd eu cyfrifoldebau yn eu gorfodi i aros gartref. Roedd hi'n ergyd drom i Ted ac yn adeg a sobrodd y band – roedden nhw'n gwybod eu bod yn ei ddal yn ôl. Daeth diwedd i'r dyddiau da ac o fewn dim roedd pethau'n mynd o ddrwg i waeth, yn enwedig pan wnaeth y criw clòs y camgymeriad o adael i bobl eraill ddod yn rhan o'u byd.

Erbyn 1968, roedd tad Ronnie, Jack, wedi dechrau helpu efo trefnu ambell gig, yn ogystal â'u gyrru i leoliadau ac oddi yno. Roedd yn helpu i leddfu rhywfaint o'r pwysau ar Ben, oedd yn gorfod mynd adref at wraig a phlant. Y broblem oedd, unwaith roedd gan Jack rôl ffurfiol efo'r band, aeth y pŵer i'w ben yn raddol. Dechreuodd ymddwyn fel petai'n rhedeg y sioe – ac roedd hynny'n cynnwys dweud wrth Ted beth i'w wneud. Roedd hi'n amlwg nad oedd Ted yn rhy hapus efo'r drefn newydd ond doedd Ben ddim eisiau cicio yn erbyn y tresi; wedi'r cyfan, roedd Jack yn eu helpu i symud yr holl offer a'u gyrru o le i le. 'Roedd o'n foi hyfryd ond roedd o'n gallu bod yn ddiflewyn-ar-dafod weithiau,' meddai Ben.

Daeth y cyfan i benllanw un nos Fercher yng nghlwb cymdeithasol Woods yn Wednesbury. Roedd wedi bod yn gig nodweddiadol o lwyddiannus i'r Starliners ac roedd y dyrfa ar ben ei digon. Ar ôl diod neu ddau ar ddiwedd y noson, roedden nhw i gyd wrthi'n cadw'r offer. Roedd Ted yn chwarae o gwmpas efo gweddill y bechgyn pan ollyngodd y meicroffon wrth ei ddatgysylltu o'r stand, a hynny'n gwbl ar ddamwain. 'Dyna pryd digwyddodd o,' meddai Ben. 'Gwylltiodd Jack yn gacwn efo Ted. Y band oedd biau'r meicroffon, a dyma Jack yn ymosod arno'n eiriol – gan ddweud bod angen iddo fod yn fwy gofalus. Ond aeth dros ben llestri yn llwyr.' Roedd hyn yn ddigon i wthio Ted dros yr ymyl. Doedd o ddim yn mynd i ddioddef neb yn siarad ag o fel yna, waeth pwy oedd Jack, a dywedodd wrtho yn blwmp ac yn blaen ble gallai o roi ei feicroffon.

Yna gafaelodd yn ei gôt.

'Dyna ni,' meddai, a cherddodd allan.

Cafodd Jack y sac ar unwaith ac fe wnaeth Ben ei orau glas i ddarbwyllo'u canwr i ddod yn ôl. Ond roedd hi'n rhy hwyr – o ran Ted, doedd dim troi'n ôl a chlywodd y band ddim smic ganddo eto. Efallai mai enwogrwydd ac arian a'r cyfle i ganu ar lwyfan bob nos oedd ei ddymuniad, ond doedd neb yn cael siarad ag o fel yna. Roedd rhai yn ei alw'n egwyddorol, ond barn Hilda oedd mai styfnigrwydd arferol Ted oedd ar waith ac Iris yn meddwl ei fod yn dinistrio rhywbeth a oedd, yn ei dyb o, yn mynd i chwalu beth bynnag. Sut bynnag, er bod Ben wedi cael siom fawr ac yn gobeithio y byddai Ted yn newid ei feddwl ar ôl ychydig wythnosau, doedd o'n sicr ddim yn mynd i bledio arno i aros. Yn y pen draw, cysylltodd canwr arall â nhw, llanwodd y bwlch wedi ymadawiad Ted ac aeth y band ymlaen i berfformio am 20 mlynedd arall.

Ond mae Ben yn cyfaddef nad oedd pethau byth yr un fath eto:

'Bechod na wnes i ofyn iddo fo ddod yn ôl. Wrth edrych yn ôl, dyna'r un peth dwi'n ei ddifaru. Roedd o'n wych. Y gwir plaen amdani – a dwi ddim jyst yn deud hyn – does 'na neb arall byddai'n well gen i fod mewn band efo fo. Roedd o'n ddyn mor ddymunol – efo pawb. Roedd pawb yn meddwl y byd ohono fo. Doedd o byth yn ben bach – a bod yn onest, dwi ddim yn meddwl ei fod o'n sylweddoli pa mor dda roedd o. Roedd yn caru ei fywyd, oedd wir.'

Ar ôl ychydig fisoedd, clywodd Ben fod Ted yn canu ar nosweithiau Sadwrn yn y Cora, felly aeth i lawr i'w weld. Roedd Ted yn gwneud yr hyn oedd agosaf at ei galon – rhedeg y sioe, cael pobl ar y llwyfan i ganu, yn ogystal â chanu ambell gân ei hun. Roedd y lle yn llawn dop a chyn gynted ag y cerddodd Ben i mewn, gwenodd Ted fel giât. Doedd o byth yn un i ddal dig, ac roedd wrth ei fodd yn gweld ei hen ffrind. Roedd Ben wedi bwriadu gofyn i Ted ddod yn ôl, ond roedd o'n gallu gweld ei fod yn ei elfen ac felly gadawodd lonydd i bethau – roedd 'na fwy nag ychydig o falchder gwrywaidd yn y fantol. Roedd Ben yn barod i gydnabod nad oedd y band yn ddim i bob pwrpas cyn i Ted ymuno, ei fod yn unigryw a bod ganddo'r 'peth' arbennig hwnnw. Gwnaeth y band lawer o bres; yn sicr, diflannodd amheuon gwraig Ben unwaith iddi sylweddoli bod y band wedi talu am eu tŷ. Ond doedd dim cyfrifoldebau o'r fath y tu hwnt i'r band gan Ted – roedd o'n byw o ddydd i ddydd, heb ddisgwyl i ddim byd bara.

'Am flynyddoedd, bues i'n meddwl beth ddigwyddodd iddo fo,' meddai Ben. 'Ond roeddwn i'n gwylio'r teledu fis Medi diwethaf pan ddaeth y fideo yna ymlaen ohono fo'n canu yn y car. Bron i fi ddisgyn oddi ar fy nghadair. Mi wnes i weiddi ar fy ngwraig, "Blydi hel! Ted McDermott 'di hwnna!"

'Wyddoch chi, roeddwn i wir yn gobeithio y byddai'n llwyddo ryw ddydd. Wel, mae o wedi go iawn – 'mond ei fod o'n 80...'

Pennod 6

Erbyn 1968, roedd Ted wedi gadael y Starliners ac yn ôl yn gwneud ei gig nos Sadwrn yn y Cora ac ambell noson mewn gwahanol glybiau. Ond doedd o ddim yn waith rheolaidd a doedd o ddim yn gwneud cymaint o arian â'i gyfnod yn y band. Roedd ganddo lawer o fân swyddi yn ystod y dydd i sicrhau y gallai dalu i Hilda am ei le, a doedd dim amheuaeth bod Maurice a Hilda wrth eu boddau ei fod yn byw gartref. Ond roedd y ddau hefyd yn treulio sawl min nos yn yr ystafell ffrynt, yn eu cadeiriau breichiau, yn poeni amdano.

Wrth gwrs, roedd y brodyr a'r chwiorydd iau yn dal i fyw gartref hefyd, ond roedd rhai ohonyn nhw'n dal i fod yn yr ysgol, yn wahanol i Ted, oedd yn ei dridegau ac fel petai ar goll. Roedd wedi mynd o fod ar ben y byd, yn canu yn un o fandiau mwyaf poblogaidd canolbarth Lloegr, i gadw dau ben llinyn ynghyd efo swyddi ac oriau afreolaidd. Byddai Maurice yn darllen y papur a Hilda'n gwnïo rhywbeth i un o'r llu o wyrion newydd roedden nhw'n eu croesawu i'r teulu, a hithau'n methu peidio â meddwl pryd, neu hyd yn oed os, byddai'n gwneud yr un peth i Ted. Oedd, roedd yn dilyn ei hoffter angerddol o gerddoriaeth, ond o'u safbwynt nhw, roedd hefyd yn blentyn hynaf iddyn nhw, roedd yn 32 oed ac yn byw gartref heb gar, cariad na swydd reolaidd. Roedd ei frodyr a'i chwiorydd i gyd yn setlo, ac yntau fel petai'n troi yn ei unfan, neu'n waeth fyth, yn mynd am yn ôl. Ar ben popeth, dechreuodd Ted smocio fel simnai, oedd yn gyrru ei dad – a gredai fod hyn yn wastraff llwyr ar arian – yn benwan.

Cafodd brawd iau Ted, Fred (a oedd erbyn hynny'n briod efo swydd dda fel adeiladwr ac â'i gar ei hun) ateb gwych i'r broblem drafnidiaeth a phenderfynodd y byddai'n gyrru ei frawd mawr i nosweithiau meicroffon agored. Golygai hynny fod Ted nid yn unig yn gallu arbed arian ar gyrraedd yno (doedd Fred ddim yn fodlon cymryd arian ganddo), ond hefyd yn ennill cymaint â phosib. Er gwaethaf gadael y Starliners, roedd galw mawr am Ted o hyd ac roedd yn gwybod bod rhaid iddo fanteisio ar hynny. Ond daeth yn amlwg iawn i Fred oedd nad oedd Ted yn codi hanner digon o arian am ganu. Roedd yn codi cyn lleied â £6 neu £7, ac yntau'n werth ddwywaith hynny – o ran dawn ac o'i gymharu â'r gystadleuaeth.

Doedd Ted byth yn geffyl blaen o ran mynd ar y llwyfan – yn amlach na pheidio, byddai'n gadael i gantorion eraill fynd ymlaen o'i flaen. Roedd hyn yn aml yn golygu mai fo fyddai'r olaf ar y rhestr. Ond os oedd y cyflwynydd yn cymryd gormod o amser yn cynhesu'r dyrfa, doedd Ted ddim yn cael canu o gwbl. Y gwir amdani oedd bod angen rheolwr arno i ddelio â'r ochr fusnes er mwyn iddo allu bwrw ymlaen â'r canu, ond roedd Ted hefyd eisiau bod yn annibynnol. Gydag amser, roedd ei deulu i gyd wedi derbyn mai canu oedd yr unig beth roedd Ted yn angerddol yn ei gylch. Gallai Fred weld hynny ble bynnag roedden nhw'n mynd, yn enwedig wrth ei yrru i glyweliadau. Weithiau, roedden nhw'n cael eu cynnal mewn clybiau bach, a byddai ciwiau hir tu allan pan oedd Ted yn canu clasur fel 'Mack the Knife'.

Penododd Fred ei hun yn rheolwr newydd ar Ted, gan gymryd y cyfrifoldeb am drefnu gigs a mynd â'i frawd o gwmpas y digwyddiadau 'ffenest siop' niferus lle byddai diddanwyr yn perfformio o flaen ysgrifenyddion clybiau. I ddechrau, dechreuodd godi £6 neu £7 ar y clybiau am berfformiad gan Ted, ond pan welodd faint ohonyn nhw roedd eisiau ei wahodd, penderfynodd gofyn am ragor. 'Faint rwyt ti'n ei godi ar glwb Mill Lane?' meddai un.

'Deg punt, mêt,' meddai Fred.

'Deg punt – mae hynny'n uffar o lot, 'dio ddim?' atebodd y dyn.

'O, wel. Mae o werth o, yn tydi? Pam wyt ti'n sefyll yn y ciw os nad wyt ti'n fodlon talu?' meddai Fred.

'Mi dalwn ni. Wneith o neud dwy sesiwn ugain munud?' meddai'r dyn.

Roedd Fred yn reit graff wrth daro bargen a daeth i'r casgliad mai cynllunio oedd y gyfrinach. Daeth yn ffrindiau efo'r holl ysgrifenyddion adloniant ym mhob lleoliad, gan brynu peint iddyn nhw wrth i Ted ganu a swyno'r dyrfa. Yna, ar ôl iddyn nhw gael eu cyfareddu, byddai'n torri'r garw a dweud wrthyn nhw bod ffi Ted wedi dyblu ac na fyddai'n mynd i unman am lai na £20 os oedden nhw eisiau ei wahodd yn ôl. Byddai popeth yn berffaith barod ganddo erbyn i Ted orffen ei set – byddai diod yn barod ar ei gyfer a byddai Fred yn dweud wrth Ted yn union beth roedd angen iddo'i ddweud pan fydden nhw'n cysylltu i ofyn am ymddangosiad arall. Gwnaethon nhw gytuno bod rhaid i Ted ofyn am £22 a derbyn £18 pan fyddai'r bargeinio anochel yn digwydd, ac roedd hynny'n llawer iawn gwell na'r £9 pitw roedd yn ei godi ar y pryd.

Roedd Fred wrth ei fodd efo'r bargeinio caled, ond roedd hefyd yn falch fod ei frawd mawr o'r diwedd yn cael yr hyn roedd yn ei haeddu. O'i safbwynt o, roedd hi'n hen bryd.

Ond roedd gwahaniaethau'r brodyr yn rhy fawr i'r amser da barhau am byth. Ar ôl un o berfformiadau rhyfeddol Ted, a phopeth wedi ei drefnu iddo ofyn am y ffi uwch newydd, daeth Jimmy yr ysgrifennydd adloniant draw ar unwaith i longyfarch Ted a gofyn iddo ddod yn ôl i berfformio eto mewn chwe mis. Roedd Ted wrth ei fodd, a wnaeth o ddim oedi wrth ateb 'Naw punt' i'r cwestiwn anochel: 'Tua faint byddi di'n ei godi'r tro nesa'?'

Er iddo fod yn ddiolchgar am holl waith caled Fred yn codi ei ffi, a theimlo wrth ei fodd faint roedd y gynulleidfa'n fodlon ei dalu i'w glywed yn canu, a'i bod yn ciwio am y fraint, doedd Ted ddim yn gallu gofyn i bobl dalu dwbl yr hen ffi. Roedd yn gwybod bod hyn yn gwneud synnwyr busnes perffaith a bod rhaid iddo wneud hynny os oedd am wneud bywoliaeth o ganu, ond allai o ddim. Dywedodd Fred: 'Byddai Ted yn rhannu ei galon a'i enaid ar y llwyfan, roedd o isio rhannu ei ddawn efo'r byd, ond roedd o'n wirion bost o ran y pres. Roedd o'n fodlon canu am ddim!'

Roedd Fred yn gandryll a thaerodd na fyddai byth yn mynd â Ted i unman eto. Roedd ei frawd yn gwneud fel y mynnai ac roedd Fred wedi cael llond bol nad oedd Ted yn mynnu'r hyn roedd o'n ei haeddu.

'Be sy'n bod, Fred?'

'Be sy'n blydi bod? Be sy'n blydi bod? Ti'n gweithio mor galed a finna'n dy yrru di'r holl ffordd i ti allu ennill pres, a wnei dim ddim gofyn am faint rwyt ti'n blydi'i haeddu. Dyna sy'n blydi bod. Faint rwyt ti'n meddwl rwyt ti'n mynd i ennill yn yr hen fyd 'ma os nad wyt ti'n dechra' blydi gofyn amdano fo?'

Wnaeth o ddim gwastraffu amser yn ei atgoffa bod angen arian arno i edrych yn dda ac i leihau'r baich ar Hilda – oedd yn dal i olchi ei grysau a'u smwddio – gan y byddai'n gallu talu rhywun arall i wneud y gwaith petai'n ennill mwy. Ergyd olaf Fred oedd: 'Dyna ble mae'r blydi pres', gan bwyntio'n ôl at y clwb, ac ychwanegu, 'Ti'n canu. A wnei di ddim blydi gofyn amdano fo!'

Aeth â Ted adre a wnaeth o byth fynd ag o eto.

O hynny ymlaen, daeth Ted o hyd i'w ffordd ei hun o gwmpas rhai o'r clybiau yn gwneud gigs, ond er ei fod yn ddewis poblogaidd i lawer o'r clybiau o hyd, roedd y ffaith ei fod heb gar yn cyfyngu ar ba mor bell y gallai deithio. Er i'r brodyr gymodi, roedd Fred yn anobeithio – fel gweddill ei deulu, er na wnaethon nhw ddweud hynny wrth Ted. Canu oedd y cyfan oedd ganddo, felly pam oedd o'n methu gwneud y mwyaf ohono? Roedd Hilda hefyd yn poeni am y ffaith nad oedd merch arbennig ym mywyd Ted ers i'w berthynas ag Iris chwalu.

Un penwythnos, ar ôl nos Wener o yfed arbennig o drwm, daeth ambell ffrind o'r Cora i'r tŷ efo'r bwriad o berswadio Ted i ddod allan efo nhw i barti yng nghartref cerddor lleol adnabyddus yn Dudley. Yn y pen draw, cytunodd yn bur anfoddog i fynd i'r parti. Roedd yn falch iddo ddod. Yno y cyfarfu â Janet Cann. Roedd Janet wedi bod yn rhan o'r byd adloniant ers pan oedd hi'n blentyn. Roedd ei thad yn chwarae'r acordion ac yn annog Janet, oedd yn canu, a'i chwaer, oedd yn chwarae'r fibraffon, i berfformio ar y llwyfan. Ond unig ddiddordeb Janet oedd canu mewn band. Roedd hi ddeng mlynedd yn iau na Ted, ond roedd y ffaith ei bod hi'n berfformwraig yn atyniadol, a bu'r ddau'n sgwrsio am y rhan fwyaf o'r noson. Cytunodd y ddau i gyfarfod yn ddiweddarach yr wythnos honno yn un o gigs Ted. Ar y dêt cyntaf hwnnw, wrth i'r band ddechrau chwarae ac wrth i Ted agor ei geg i ganu, cwympodd Janet mewn cariad â'i lais ar unwaith.

Roedd Janet yn gweithio fel ysgrifenyddes efo cwmni teledu ATV yn Birmingham ar y pryd, ond, fel Ted, byddai'n perfformio mewn neuaddau dawns ledled canolbarth Lloegr, yn canu efo'r Don Trent Dance Band. Roedden nhw'n hoff iawn o'r un gerddoriaeth ac yn y pen draw, dyma benderfynu cyfuno eu doniau a ffurfio deuawd – 'Mac and Jan' – a pherfformio ar draws canolbarth Lloegr, efo tad Janet yn etifeddu gwaith Fred ac yn eu gyrru yn ôl ac ymlaen. Closiodd y ddau mewn dim o dro, ac aeth Ted â hi adref i gyfarfod â'r teulu bron ar unwaith. Fel Iris, roedd Janet yn dod o deulu bach a rhyfeddai at agosrwydd teulu mawr Ted wrth iddyn nhw sgwrsio yn y gegin a gorffen brawddegau ei gilydd. Ond er gwaethaf natur hoffus Ted a'i gynneddf ramantus, byddai hi'n cwyno wrth ffrindiau nad oedden nhw byth yn mynd allan ar ddêt – roedden nhw naill ai'n aros gartref i wylio'r teledu efo'i deulu neu'n mynd i'r clwb a threulio'r noson efo criw mawr. Doedd dim digon o ramant i Janet – yn enwedig wrth i Ted sôn yn aml am yr Iris 'brydferth' – nid yr ymddygiad delfrydol, efallai, wrth ddechrau canlyn rhywun newydd! 'Wrth edrych yn ôl rŵan, roedd y ddau ohonon ni newydd ddioddef tor calon. Roedd fy mherthynas i newydd ddod i ben, ac roedd hi'n amlwg ei fod o'n dal i fod mewn cariad efo Iris,' meddai Janet.

Sylwodd Janet hefyd fod gan Ted ryw egni afreolus a fyddai'n amlygu ei hun ar ffurf hwyliau oriog. Bu'r ddau'n canlyn am ddwy flynedd cyn iddi deimlo bod angen iddi ddod â'r berthynas i ben. O'i safbwynt hi, doedd dim cynllun, dim rhamant – dim byd heblaw canu. Doedd hi ddim fel petai gan Ted ddiddordeb yn eu dyfodol efo'i gilydd ac roedd eisiau rhywfaint o sefydlogrwydd ar Janet. Ar ôl dwy flynedd, doedd hi'n dal ddim yn gwybod beth roedd o'n ei wneud o ran gwaith yn ystod y dydd neu oedd hi'n mynd neu'n dod. Y cyfan oedd ei dymuniad hi oedd perthynas normal, ond dim ond un peth yn ei fywyd roedd o'n ei garu – a chanu oedd hynny. 'Bydden ni'n cerdded o gwmpas y parc yn canu efo'n gilydd, yna'n eistedd ar fainc yn meddwl beth bydden ni'n ei ganu yn y gig nesa',' meddai Janet. 'Ond wedyn byddai'n galw'n annisgwyl ambell noson a deud bod ganddon ni gig, a bod rhaid i ni adael yr eiliad honno. Ces i lond bol ar y peth.'

Unwaith eto, yn dawel bach, roedd Hilda a Maurice yn ôl yn trafod anallu Ted i setlo i lawr. Roedd fel petai'n ei ddal ei hun yn ôl, a thristwch pethau oedd bod Ted, ym mêr ei esgyrn, yn gwybod hynny hefyd. Roedd yn brudd ac yn cael trafferth dod o hyd i'r llawenydd roedd o'n deisyfu amdano. Dioddefodd ei berthynas efo Janet oherwydd hynny – ar yr wyneb, roedd hi'n berffaith a hyd yn oed yn rhannu ei angerdd cerddorol – ond roedd o'n methu'n lân â chael trefn ar ei fywyd.

Roedd y blynyddoedd nesaf yn gyfnod tywyll i Ted, ac roedd yn ofid meddwl i'w deulu. Roedd yn dal i wneud ambell gig yn y Cora, ond heblaw am hynny, doedd gan Hilda ddim syniad lle roedd o'n gweithio na beth roedd o'n ei wneud hanner yr amser. Dechreuodd wastraffu ei arian ar fetio diddim a gemau pinbel diddiwedd oedd yn cynnig gwobrau o £10 neu £15 y tro, ac roedd ei enaid yn gwanychu o ddydd i ddydd. Byddai'n treulio prynhawniau cyfan yn eistedd o flaen y teledu, yn smocio sigaréts. Aeth Hilda a Maurice yn ôl i fod yn fam a thad traddodiadol – hi'n ffysian a thrio gwneud popeth yn iawn a Maurice yn biwis a heb gydymdeimlad â chwymp ei fab. O'i safbwynt o, roedd Ted wedi gadael i fywyd da lithro fel tywod drwy ei fysedd. Roedd rhai o frodyr a chwiorydd Ted yn cydymdeimlo'n fwy na'i gilydd – roedden nhw'n edrych i lawr eu trwynau ar y gamblo, a'i fod yn gorweddian yn ei wely bob bore wrth iddyn nhw weithio'n galed. Fel arfer, byddai Hilda yn ei amddiffyn: 'Byddai'n dda i chi gofio! Mae angen i chi oedi a meddwl. Roedd o'n arfer rhoi ei gyflog i gyd pan ddechreuodd o weithio fel bod y rhan fwyaf ohonoch chi'n gallu bwyta!' Roedd hi'n dal i fod yn falch ohono, a doedd hi ddim yn mynd i oddef neb yn ei feirniadu.

Un o nodweddion Ted oedd y byddai bob amser yn camu i'r adwy mewn argyfwng, a'r argyfwng mwyaf oedd marwolaeth ei annwyl dad. Mewn sawl ffordd, roedd Maurice wedi byw patrwm o fywyd – roedd wedi treulio'i fywyd fel oedolyn yn gweithio'n galed mewn swydd reolaidd, roedd wedi priodi ei enaid hoff cytûn ac wedi rhoi pob cyfle posib i'w blant. Roedd wedi byw yn yr un tŷ am bron i 30 mlynedd, wedi dod â chyflog da adref, gan fwynhau rhoi'r byd yn ei le yn y clwb lleol dros beint efo ffrindiau bore oes. Doedd dim angen llawer arno i fwynhau bywyd, dim ond Hilda wrth ei ochr, a dyna'n union oedd ganddo tan y diwedd. Yn ffodus i Maurice (ond yn dorcalonnus i Hilda), pan ddaeth y diwedd, mi ddaeth yn gyflym.

Doedd Maurice ddim wedi bod yn teimlo'n iawn ers rhai misoedd – roedd wedi blino'n lân ac yn dioddef poenau stumog roedd yn methu cael gwared arnyn nhw. Aeth yn ôl ac ymlaen at y doctor a chael gwahanol fathau o feddyginiaeth ar gyfer y poenau, ond doedd dim byd i'w weld yn gweithio. Roedd yn dod adref o'r gwaith ac yn disgyn i'w gadair, gan fynd i gysgu ar unwaith heb fawr o awydd bwyd na brwdfrydedd tuag at ddim byd. Dechreuodd golli pwysau ac edrych yn wael, ac roedd Hilda'n poeni'i henaid – waeth beth byddai hi'n ei goginio, fyddai o ddim yn bwyta, a doedd hynny ddim fel Maurice – fel arfer, roedd ganddo le i'w hoff bwdin unrhyw bryd. Yn y pen draw, aeth Hilda ag o'n ôl at y doctor, a chafodd ei gyfeirio i'r ysbyty am lawdriniaeth archwiliol y mis canlynol. Ar y diwrnod, cododd Hilda'n gynnar i bacio ei fag a gosod dillad glân iddo, yn union fel y gwnâi bob dydd o'u bywyd priodasol. Wedi iddi ffarwelio ag o, aeth i ffenest yr ystafell ffrynt i godi llaw arno. Dywedodd Maurice wrthi am aros gartref tra oedd un o'r bechgyn yn ei yrru i'r ysbyty. Ei resymeg oedd nad oedd pwynt iddi hi boeni amdano yn yr ysbyty pan allai hi fod yng nghysur ei chartref. Gwyddai Hilda y byddai un o'r plant yn galw heibio y munud roedd yna newyddion, a doedd hi ddim yn poeni. Wedi'r cwbl, llawdriniaeth i weld beth oedd yn achosi'r poen oedd hi, a dim byd mwy.

I dynnu ei sylw, aeth ati i lanhau, ac aeth eu merch, Jane, gyda Maurice i'r theatr. Penderfynodd Jane y byddai'n aros nes y byddai'n cael unrhyw newyddion. O fewn dim o dro, yn ôl pob golwg, gofynnodd nyrs iddi hi a'i brodyr a chwiorydd ddod i ystafell gyfagos i gael gwybod sut roedd pethau wedi mynd. Doedd y newyddion ddim yn dda – roedden nhw wedi agor Maurice ac wedi dod o hyd i achos y boen, sef canser y stumog difrifol. Doedd dim i'w wneud heblaw cau'r clwyf a gadael i'r teulu ffarwelio ag o.

Digwyddodd y cyfan mor gyflym a bu'n rhaid i rywun fynd i roi gwybod i Hilda, oedd mewn cymaint o sioc, methodd â chyrraedd yr ysbyty mewn pryd i weld ei hannwyl ŵr. Ddeffrodd Maurice ddim ar ôl y llawdriniaeth, ac roedd pawb yn gwybod bod y diwedd ar ddod. Fel y dywedodd Jane: 'Rydych chi'n gwbod yn reddfol pan mae rhywun wedi cyrraedd pen y daith.'

Er bod y rhagolygon yn ddu, roedden nhw i gyd yn gefn i'w gilydd, heb golli gobaith tra oedd Maurice yn dal i fod ar dir y byw. Penderfynodd Ted mai'r peth gorau y gallai o ei wneud oedd cadw ei wên arferol; brasgamodd i mewn i'r ward ac aeth yn syth i ben y gwely. Eisteddodd i lawr a sgubo'r gwallt yn ôl o wyneb Maurice a'i gusanu ar ei dalcen, yn union fel y byddai Hilda yn ei wneud iddyn nhw bob nos wrth eu lapio'n glyd yn y gwely pan oedden nhw'n blant. Gwnaeth Ted yr un peth, a sibrwd: 'Ti'n iawn, Mac.' A'r eiliad honno, bu farw Maurice. Roedd y plant i gyd yn siŵr ei fod wedi mynd ar ôl camgymryd llaw Ted am un Hilda, a meddwl ei bod hi yno i ffarwelio am y tro olaf. Roedd o'n 63.

Roedd pawb yn dorcalonnus; roedd fel petai calon y teulu wedi ei rhwygo allan ohono. Doedd dim modd cysuro Hilda. Doedd ganddi ddim syniad beth i'w wneud heb Maurice – roedden nhw wedi treulio 38 mlynedd efo'i gilydd, trwy'r dyddiau da a'r dyddiau drwg. Roedd gwybod bod ei gorff yn yr ysbyty yn torri'i chalon, gan nad oedden nhw prin wedi treulio noson ar wahân, ond arhosodd y plant i gyd efo hi. Roedd yn ddychryn iddyn nhw weld cymaint roedd hi wedi torri'n barod, wrth iddi osgoi edrych ar gadair wag Maurice yn yr ystafell ffrynt.

Roedd Ted yn benderfynol o guddio'i ofid, a chollodd o'r un deigryn, ddim o flaen y lleill beth bynnag. Ei arwyddair oedd: 'Mewn priodas neu angladd – dal dy ben yn uchel! Paid â gadael iddyn nhw weld! Paid â gadael iddyn nhw weld!' Ar y llaw arall, treuliodd Ernie a Colin y dyddiau cyntaf hynny yn crio'n ddi-baid. Claddwyd Maurice ym mynwent Heath Lane mewn plot digon mawr i ddau. Roedd y tŷ yn dal i fod yn drwm dan gysgod galar ymhell ar ôl yr angladd a'r wylnos, a fynychwyd gan bobl o bell ac agos. Roedd gan bobl feddwl mawr ohono – os oedden nhw wedi cyfarfod ag o yn y dafarn, wedi ei weld yn canu neu wedi cydweithio ag o, roedd pawb yn gytûn ei fod yn ŵr bonheddig o'r iawn ryw. Roedd pobl yn dweud nad oedd 'na ddynion o'r un brethyn bellach, a dyna'n bendant sut roedd Hilda eisiau ei gofio.

Roedd Ted yn ei chael hi'n anodd iawn byw efo'r tristwch, ond pan welodd hysbyseb am swydd fel diddanwr yn Butlin's, roedd mewn cyfyng-gyngor llwyr. Ar y naill law, roedd yn teimlo'n drist wrth feddwl am adael Hilda, ar y llaw arall roedd yn gwybod na fyddai Maurice wedi dymuno iddo alaru am byth, ac roedd hi'n bryd symud ymlaen. Doedd Hilda ddim yn gadael y tŷ gymaint ag yr arferai wneud. Roedd hi'n gweld llai o'i ffrindiau, ac wedi cael diagnosis o ddiabetes yn reit ddiweddar, a dechreuodd hynny adael ei ôl arni hi. Gwyddai Ted y byddai edrych arni'n mynd yn fwyfwy llesg bob dydd yn artaith, felly roedd treulio amser i ffwrdd yn ffordd o esgus nad oedd pethau wedi newid.

Roedd yn gwneud synnwyr ariannol hefyd, gan y byddai'n cael ei lety a'i fwyd am ddim, ac felly'n gallu arbed arian ar gostau byw a theithio. Brwydrodd efo'r benbleth am ddyddiau ac, yn y diwedd, ar ôl siarad â Hilda, penderfynodd wneud cais am y swydd. Ar ôl iddo bostio'r cais, gwnaeth Ted ei orau i anghofio'r mater, gan wybod y byddai ei fywyd yn newid am byth petai'n cael y swydd. Fyddai 'na ddim mwy o deithio milltiroedd i gigs bach min nos a gwneud mân swyddi diflas yn ystod y dydd. Yn hytrach, byddai'n perfformio o flaen cynulleidfa fawr bob nos a byw efo pherfformwyr eraill oedd yn dysgu eu crefft. Ond byddai'n byw ar ei ben ei hun am y tro cyntaf. Er iddo dreulio amser yn y Fyddin, doedd o ddim yn bell i ffwrdd ac roedd Ted yn dod adref i weld ei deulu bob penwythnos. Byddai gweithio yn Butlin's yn hollol wahanol: byddai filltiroedd lawer oddi cartref – ac wrth ddod adref, byddai hefyd yn gorfod wynebu'r ffaith nad oedd Maurice yno bellach.

Wnaeth Ted ddim sôn wrth neb ei fod wedi gwneud cais am y swydd. Doedd o ddim eisiau temtio ffawd, a doedd ganddo ddim syniad chwaith faint o amser byddai'r broses yn ei gymryd. Butlin's oedd y lle i fynd ar wyliau efo'ch teulu ar y pryd, efo'r gwersylloedd yn brolio bod ganddyn nhw rywbeth at ddant pawb. Roedd Ted yn gwybod mae siawns go denau oedd ganddo o gael y swydd, ond, rywsut, roedd gwneud dim byd ond gwneud cais yn ddigon iddo sylweddoli cymaint roedd angen newid arno. Ychydig wythnosau'n ddiweddarach, daeth llythyr yn dweud wrtho ei fod wedi llwyddo ac y byddai'n gweithio yn Ynys y Barri. Dyma ddechrau pennod newydd sbon ac, ar ôl blynyddoedd o wneud yr un peth, yn sydyn doedd ganddo ddim syniad beth oedd o'i flaen.

Wnaeth Ted a Hilda ddim trafod y swydd yn y cyfnod cyn iddo adael, gan ei bod hi'n methu meddwl amdano'n mynd mor fuan ar ôl marwolaeth Maurice. Fodd bynnag, roedd hi hefyd yn cofio'r holl sgyrsiau hwyr hynny efo'i gŵr am Ted a pha mor bryderus roedden nhw, ac roedd hi'n gwybod y byddai Maurice yn ei annog i fachu ar y cyfle i newid efo dwy law. Mewn ffordd, roedd yn gwireddu breuddwyd Maurice ar gyfer ei fab: troi cefn ar beth roedd *disgwyl* iddo'i wneud a dilyn yr hyn roedd yn ei garu. Roedd Hilda'n falch ohono am fachu ar y cyfle. Bu'r ffarwelio'n hir, ac roedd pawb yn drist o weld Ted yn gadael; roedd yn gyfnod anodd, ond roedd hefyd yn gyfnod cyffrous.

Roedd gwersyll gwyliau Butlin's ar bentir yn edrych dros y traeth a'r dref fach ac yn cynnwys golygfeydd arferol y cwmni – tafarn y Pig & Whistle, y Gaiety Theatre, ystafell ddawns, cyrtiau tennis, byrddau snwcer, siopau ac ystafell fwyta. Roedd digon i'w weld. Roedd y gwersyll ei hun yn gyrchfan glan môr hardd, efo golygfeydd di-dor o ardal arfordirol, brydferth. Allai Ted ddim credu'r peth pan gyrhaeddodd o – roedd arogl y môr ym mhobman a doedd dim golwg o ffatri yn unman. Treuliodd y diwrnod cyntaf yn anadlu'n ddwfn i mewn bob tro y byddai'n mynd allan, ac yntau'n methu credu pa mor lân roedd popeth yn ei deimlo.

Ar ôl iddo setlo, sylweddolodd fod byw oddi cartref yn golygu bod rhaid iddo wneud ffrindiau, felly aeth ati'n gyflym i ddod i adnabod cymaint o bobl â phosib. Un o'r bobl gyntaf iddo gyfarfod ag o yn y gwersyll oedd Brian Ward – neu Wardie. Roedd yn ddigrifwr ac yn gyflwynydd llawer o'r sioeau yn y Gaiety Theatre, dyn mawr a chyfeillgar o ogledd Lloegr oedd yn gwisgo tei bob amser.

Roedd Wardie wedi cymryd ei gamau cyntaf ym myd adloniant pan oedd, fel Ted, yn y Fyddin. Roedd ar ddyletswydd yn Oman pan ddaeth y digrifwr Bob Monkhouse yno i ddiddanu'r milwyr. Ei waith oedd hebrwng Monkhouse i'r sioe ac oddi yno, ac yn ystod un o'r teithiau hynny, dyma Wardie yn ei holi sut gallai yntau fynd ar y llwyfan. Heb boeni'r un iot, aeth â Bob i'r naill ochr a gofyn iddo: 'Iawn, Bob, taswn i isio gneud be dach chi'n ei neud, be ydi'r ffordd orau o'i chwmpas hi?'

'Butlin's,' atebodd Monkhouse.

Ychydig flynyddoedd yn ddiweddarach, roedd Bob Monkhouse yn perfformio yn Butlin's pan welodd Wardie yn y gynulleidfa. Yng nghanol ei berfformiad, stopiodd.

'Wardie?! Be wyt ti'n da yma?'

'Dwi'n un o'r Redcoats rŵan,' atebodd Wardie.

Daeth y ddau'n ffrindiau mawr a bydden nhw'n cael diod gyda'i gilydd pryd bynnag y byddai Monkhouse yn gwneud gig yn unrhyw wersyll Butlin's roedd Wardie'n digwydd bod yn gweithio ynddo.

Yn y cyfamser, yn Ynys y Barri, fel rhan o'r adloniant ar y safle, byddai'r Redcoats yn llwyfannu pantomeim wythnosol i'r plant ac roedd Ted yn ei elfen. Byddai Wardie bob amser yn chwarae'r dyn drwg, gan godi ofn ar yr holl blant a sgrechian: 'Dwi'n mynd i'ch lladd chi!' wrth iddo sleifio o gwmpas y llwyfan. Rôl Ted oedd dod allan o'r coed wedi ei wisgo fel Robin Hood mewn teits gwyrdd, gan weiddi yn ei acen gref: 'Blantos, dowch chi efo fi. Rydych chi'n saff rŵan.' Roedd o wrth ei fodd yn cael achub y plant, a rhoddodd y cyfan oedd ganddo i'r rhan.

Roedd y drefn roedd Ted yn dyheu amdani ar waith o'r diwrnod cyntaf, efo gwaith y Redcoat yn dechrau o'r eiliad y byddai'n codi am saith o'r gloch y bore ac yn mynd i gael brecwast. Mewn ffordd, roedd hi'n swydd berffaith i fab mewn galar nad oedd eisiau delio â'i deimladau, oherwydd bod rhaid iddo fod mewn cymeriad bob amser a'i rôl oedd gwneud i bobl chwerthin a'u gwneud nhw'n hapus – dau beth roedd Ted wedi bod yn dda am eu gwneud erioed. Ar ôl brecwast, byddai amser i sgwrsio â'r gwesteion a dod i'w hadnabod, cystadlaethau i'w trefnu, bingo, y ras mulod, gemau yn arddull *It's a Knockout*, mabolgampau, yn ogystal â pherfformio sioeau yn ystod y dydd a min nos. Roedd pawb yn hoffi Ted, y gwesteion a'r gweithwyr fel ei gilydd, a buan iawn yr enillodd enw da fel gweithiwr caled.

Fel arfer, byddai Ted yn llwyddo i ganu pryd bynnag y gallai ac fe'i gwelwyd yn aml yn ystod ei egwyl yn canu yn y Pig & Whistle yn ogystal ag mewn sioeau yn y Gaiety Theatre. Arferai Billy Butlin frolio bod llwyfan y Gaiety yn fwy na llwyfan y Palladium yn Llundain – o chwe modfedd! Bob nos byddai'r theatr yn llawn dop, efo mwy na 2,000 o bobl yn gwylio'r sioe. I Ted, roedd cael canu mewn lleoliad o'r maint hwnnw yn gwireddu breuddwyd. Roedd anferthedd y peth yn ei daro bob tro, a byddai'n aml yn dychmygu beth byddai ei dad wedi ei wneud o'r holl beth.

Ac yntau ychydig yn hŷn na llawer o'r Redcoats, roedd Ted yn ddyn poblogaidd ymhlith y staff a'r bobl ar wyliau. Daeth o hyd i ryddid a hyder newydd yno. Efallai mai'r rhyddhad o fod ymhell o gartref oedd y rheswm am hyn, gan wybod na fyddai trafferth yn ei ddilyn i lawr i'r clwb lleol, neu efallai nad oedd yn ddim byd mwy na hyder dyn yng nghanol ei dridegau. Beth bynnag roedd o, dim ond Ted oedd yn gwybod.

Pryd bynnag y byddai gan Ted ddiwrnod yn rhydd, byddai'n teithio'n ôl i ganolbarth Lloegr i weld y teulu, waeth pa mor fyr byddai ei arhosiad. Bob tro byddai'n gadael, byddai'n teimlo chwithdod, rhwng yr ysfa i ofalu am Hilda a bod yn gyfrifol am yr aelwyd neu fynd allan a gwneud ei ffortiwn – a fyddai yn ei dro yn dod ag arian i mewn ac yn destun balchder i Hilda.

Ar ddiwedd tymor 1974 yn Ynys y Barri, penderfynodd Ted a Wardie fynd i Lundain i chwilio am waith. Daeth y ddau o hyd i lety yn Leytonstone ar gyrion y ddinas – doedd Ted ddim yn adnabod Llundain o gwbl – ac aeth ati i drio dod o hyd i waith yn *y* ddinas oedd yn addo cyfoeth ac enwogrwydd. Y broblem oedd bod angen cerdyn Equity arnyn nhw (prawf o aelodaeth Equity, yr undeb llafur ar gyfer perfformwyr), a doedd dim cerdyn o'r fath gan Ted. O ganlyniad, roedd y daith yn un drychinebus i Ted, a'i obaith o fod yn enwog ar y West End mor bell i ffwrdd ag erioed. Roedd hyn yn golygu mynd yn ôl i ganolbarth Lloegr, dal i chwilio am waith, gwneud pa swydd bynnag mewn ffatri y gallai ddod o hyd iddi ar y pryd a chael dau ben llinyn ynghyd cystal ag y gallai. Teimlai Ted mai fo oedd yr unig un oedd yn teimlo'n rhwystredig efo natur 'un cam ymlaen, un cam yn ôl' y busnes adloniant a pha mor amhosib roedd hi i gymryd cam mawr ymlaen.

Ond roedd ei lwc ar fin newid. Ym mis Hydref, cafodd Ted wahoddiad i glyweliad ar gyfer sioe deithiol Butlin's.

Roedd y sioe deithiol yn ffenest siop i helpu i hyrwyddo'r rhaglen adloniant yng ngwersylloedd Butlin's ledled y wlad. Yn ystod unrhyw egwyl, byddai rheolwr y daith a'i wraig yn cerdded o gwmpas y gynulleidfa yn dosbarthu taflenni a sgwrsio â phobl am wyliau Butlin's, gan drio eu perswadio i archebu. Roedd yn ddigwyddiad gwerthu enfawr. Wel, dyna oedd y bwriad, beth bynnag. Y gwir amdani oedd bod diffyg unrhyw fath o gyllideb weddus yn golygu bod y cyfan yn digwydd am y nesaf peth i ddim, efo'r perfformwyr yn gwneud eu gorau i gynnal sioe dwy awr a hanner i gynulleidfaoedd amrywiol ledled y wlad heb fawr o elw na buddsoddiad.

Cynhaliwyd y clyweliad ar gyfer sioe deithiol Butlin's yng ngwersyll Minehead – tref lan môr yng Ngwlad yr Haf, de orllewin Lloegr. Daeth diddanwyr o bob cwr o'r wlad i'r clyweliad ac yn eu plith roedd Barry Bennett – digrifwr a dynwaredwr yn ei ugeiniau canol oedd eisoes yn adnabyddus ar y gylchdaith adloniant yng nghanolbarth Lloegr.

Ychydig ddyddiau cyn iddo yrru i lawr i Minehead o ganolbarth Lloegr, cafodd alwad gan ei asiant yn gofyn a allai roi lifft i Ted McDermott, oedd hefyd yn cael clyweliad ar gyfer y sioe. Roedd Barry yn byw ar stad Hyde Road yn Wednesbury – tua tair milltir o Kent Road, lle roedd Ted yn byw unwaith eto. Felly, y diwrnod cyn y clyweliad, gyrrodd Barry i Kent Road yn ei Rover 2000, arhosodd y tu allan i dŷ Ted yn Friar Park a chanodd ei gorn. Daeth Ted allan o'r tŷ efo cês brown, yn gwisgo'i siwt las smart, a Hilda'n codi llaw arno yn y ffenest. Er bod y ddau ohonyn nhw yn y byd adloniant ac yn byw o fewn tafliad carreg i'w gilydd, doedd y ddau erioed wedi cyfarfod o'r blaen. Roedden nhw'n cyd-dynnu'n syth, gan rannu straeon am y byd adloniant yr holl ffordd i lawr i Minehead. Ar ôl cyrraedd, cafodd y ddau lety mewn cabanau, a chael gwybod y byddai'r clyweliadau a'r ymarferion yn cael eu cynnal drannoeth yn y Gaiety Theatre yn y gwersyll.

Ond erbyn iddyn nhw fynd i'r theatr ei hun, roedd y lle yn anhrefn llwyr. Roedd yr organydd yn hwyr, doedd dim cerddoriaeth a doedd neb wedi dod ag unrhyw un o'r gwisgoedd ar gyfer y perfformiadau. Trodd Ted at Barry, a sibrwd dan chwerthin: 'Mae hyn yn llanast.' Cytunodd Barry.

Fel y rhan fwyaf o bobl cyn iddyn nhw weld Ted yn dod yn fyw ar y llwyfan, doedd gan Barry ddim syniad pa mor dda byddai o, gan feddwl mai'r cyfan oedd o oedd rhyw newydd-ddyfodiad bach arall oedd ar fin cael ei daflu i'r pen dwfn. Dywedodd Barry: 'Oddi ar y llwyfan, doedd o ddim yn rhoi'r argraff ei fod o'n ddiddanwr a dwi'n cofio meddwl, "Sgen y boi yma ddim syniad be mae o'n neud."' Wrth iddyn nhw wylio'r holl berfformwyr eraill yn camu i'r llwyfan yn nerfus, roedd Ted yn hamddenol braf ac yn sgwrsio efo pawb. Ond cyn gynted ag y camodd i'r llwyfan, doedd dim amheuaeth ei fod yn berfformiwr mor gaboledig. Roedd pawb arall yn camu ar y llwyfan a rhoi pwt o ragymadrodd am yr act – ond nid Ted. Cerddodd ymlaen, amneidiodd ar i'r gerddoriaeth ddechrau a dechreuodd ganu. Doedd dim angen iddo egluro i neb beth oedd ei act – y fo *oedd* yr act. I'r gwybodusion, un o'r pethau oedd yn gwneud argraff fawr oedd dawn geirio aruthrol Ted ynghyd â'i allu i ganu un frawddeg mewn un anadl (dim ond y cantorion mwyaf medrus fel Jim Reeves a Frank Sinatra allai wneud hynny). Doedd dim anadlu rhwng geiriau, sy'n dueddiad gan gantorion cyfoes, a dyna oedd i gyfrif am dôn llais unigryw Ted, y llais roedd pawb yn ei garu. Roedd ei bresenoldeb llwyfan tawel a'r ffaith nad oedd o'n symud o gwmpas hefyd yn drawiadol – gallai weithio ar sgwâr tair troedfedd o garped. Ei ystumiau oedd popeth, ac yn hynny o beth, roedd o'n debyg iawn i Sinatra.

Ar ôl y clyweliadau, dewiswyd y tîm terfynol a doedd hi ddim yn syndod bod Ted wedi llwyddo, ynghyd â Barry, digrifwr arall o'r enw Dave Thomas, Glenn Martin ar y drymiau, Steve, chwaraewr allweddellau, ac Emma, cantores a fyddai hefyd, maes o law, yn gariad i Glenn Martin.

Ar ddechrau'r daith, roedd y gwisgoedd Butlin's a ddarparwyd ar gyfer y grŵp i gyd o'r maint anghywir. Gwrthododd Dave Thomas eu gwisgo, gan honni ei fod yn edrych yn wirion ynddyn nhw. Yn hytrach, gwisgodd Ted, Dave a Barry eu siwtiau cabare personol, gyda'r gweddill yn gwisgo'r dillad swyddogol. Ar ôl treulio'i oes yn edrych yn dda, doedd Ted ddim yn mynd i gyfaddawdu. Roedd o am edrych yn drwsiadus, hyd yn oed os oedd hynny'n golygu torri'r cod gwisg. Doedd o erioed wedi cydymffurfio go iawn, a doedd o ddim ar fin dechrau gwneud hynny rŵan.

Pennod 7

Cafodd y grŵp eu taflu ynghyd, ac roedd disgwyl iddyn nhw lwyfannu sioe yn y fan a'r lle a fyddai'n crynhoi profiad gwyliau mewn gwersyll Butlin's. Roedd y cyfan yn reit ffwrdd â hi i ddechrau – roedden nhw i gyd yn bobl wahanol iawn a doedd neb yn fodlon gafael yn yr awenau i drefnu pethau. Ar ôl llond llaw o ymarferion, penderfynwyd treialu'r sioe yn y Pig & Whistle ac, er syndod iddyn nhw, roedd hi'n llwyddiant ysgubol. Ond buan y sylweddolodd y criw fod angen act arall er mwyn llenwi'r sioe. Cyhoeddodd Glenn Martin – drymiwr y grŵp – ei fod yn eitha da efo bwa croes ac awgrymodd ei fod yn creu act newydd tebyg i un mewn syrcas – Egor a Gallia, y Ddeuawd Hud – a fyddai'n cyflwyno elfen o berygl a drama. Byddai Glenn yn mynd gefn llwyfan ac yn troi i mewn i'r Egor gwyllt, a'r gantores Emma yn trawsnewid i'r Gallia egsotig – seiren Rwsiaidd. Doedd y gynulleidfa ddim callach, gan ei bod hi'n hollol amhosib adnabod yr un o'r ddau. Byddai Gallia yn sefyll o flaen bwrdd du efo afal neu dun Pepsi ar ei phen ac Egor, mewn mwgwd, yn dilyn cyfarwyddyd Gallia ac yn tanio saethau at yr eitemau hynny. Er nad oedd y gynulleidfa'n gwybod hynny, roedd monocl yn rhan o fwgwd Egor, a thwll bach iddo allu gweld cyn tanio'r saethau bygythiol.

Roedd hi'n act beryglus oedd o hyd yn ennyn ebychiadau gan y gynulleidfa. Gwrthododd Ted gyflwyno – roedd yn gwbl grediniol nad oedd yr act yn ddiogel – a byddai'n poeni'n ddirfawr drwy gydol y perfformiad y byddai rhywun yn cael ei ladd. Gadawodd i Dave neu Barry danio'r gynulleidfa a chanolbwyntio yn lle hynny ar ei act ei hun. Daeth hi'n amlwg un noson fod lle ganddo i fod yn bryderus wrth i Glenn sibrwd yn dawel wrth Barry: 'Dwi'm yn gallu gweld dim byd.'

Oedodd Barry am ychydig, gan ofyn eto am dawelwch gan y gynulleidfa. Byddech chi wedi gallu clywed pìn yn disgyn yn y theatr.

'Deg, naw, wyth...'

Unwaith eto, sibrydodd Egor: 'Dwi'm yn gallu gweld dim byd.'

Y gwir oedd bod yr ystafell mor fyglyd nes bod monocl Egor wedi niwlo y tu mewn i'w fwgwd – roedd o'n hollol ddall, o flaen ystafell orlawn oedd yn credu mai dyna fel roedd pethau i fod.

'Foneddigion a boneddigesau, mae angen distawrwydd llwyr ar gyfer y perfformiad hwn...' meddai Barry, gan oedi fymryn yn rhagor.

'Aros – dwi'n meddwl 'mod i'n gallu gweld rŵan,' sibrydodd Egor.

Roedd pawb ar y llwyfan wedi dychryn yn lân. Yn ddiweddarach, dywedodd Gallia fod ei bywyd wedi fflachio o flaen ei llygaid, ac roedd llygaid Barry ar gau yn dynn pan daniodd Egor y saeth yn syth am ei phen. Pan lwyddodd bawb i edrych, roedd y tun Pepsi ar ben Gallia wedi hollti'n ddau – ond roedd yr un peth yn wir am groen ei phen, ac roedd gwaed yn arllwys i lawr ei hwyneb.

'Dim ond sgriffiad, foneddigion a boneddigesau, dim ond sgriffiad...' cyhoeddodd Barry wrth i Gallia gael ei thywys oddi ar y llwyfan, yn rhegi Egor wrth iddi ddiflannu tu ôl i'r llenni ar fin llewygu. Roedden nhw i gyd yn berfformwyr proffesiynol, fodd bynnag, ac ar ôl sychu'r gwaed yn sydyn, aeth y sioe yn ei blaen, a honno oedd un o nosweithiau gorau'r daith.

Teithiodd y criw o amgylch y wlad am nifer o wythnosau – ond roedd y daith wedi ei threfnu mor wael, doedd hi ddim yn gwneud unrhyw fath o synnwyr daearyddol. Un diwrnod, roedden nhw yn y de, ac yn gorfod mynd yn ôl i theatr arall yn y gogledd drannoeth cyn gorfod ei hel hi am y de eto drennydd. I ddechrau, roedden nhw i gyd yn teithio o gwmpas mewn bws mini efo'i gilydd, gan aros mewn unrhyw lety oedd ar gael. Ond oherwydd y cynllunio ofnadwy, penderfynodd rhai o'r criw ddod â'u ceir a'u carafanau eu hunain er mwyn bod yn siŵr o rywle i aros. Roedd yn ffordd llawer mwy dibynadwy o sicrhau bod ganddyn nhw le i gysgu bob nos.

Daeth Dave Thomas â'i garafán yntau, ac arhosodd Ted a Barry ynddi yn ôl yr angen. Byddai Ted a Dave yn cael gwely, a Barry'n gorfod cysgu ar y llawr bob tro. Roedd gan Glenn a'i gariad Emma (Egor a Gallia) eu trelar eu hunain, ac roedd y criw i gyd yn cyd-deithio mewn rhes er mwyn gwneud yn siŵr bod pawb yn cyrraedd. Er nad oedd wedi arfer byw fel brenin wrth deithio, cafodd hyd yn oed Ted sioc y tro cyntaf iddo weld maint carafán Dave y tu allan i un o'r lleoliadau – roedd mor fach fel nad oedd ganddo syniad sut roedd lle i bawb ynddi hi. Ond chwalwyd unrhyw bryderon am gysur yn fuan pan ddaeth yn amlwg eu bod nhw i gyd yn benderfynol o gael cymaint o hwyl â phosib.

Trelar oedd gan Glenn, yn llythrennol – trelar yn sownd i gefn y car. Doedd gweddill y criw ddim yn credu y byddai Glenn a'i gariad yn gallu cysgu winc ynddo. Ond pan agorwyd y cefn, dyna lle roedd matres ac ychydig o flancedi. Yna beth ddaeth allan ond hwyaden a chi – dau anifail anwes a fyddai'n cadw cwmni i Glenn ac Emma bob tro roedden nhw ar daith.

Roedd hi'n olygfa od, a dweud y lleiaf!

Roedd y daith yn waith caled ac yn heriol iawn – doedden nhw'n sicr ddim yn byw bywyd bras ac roedd yr arian yn wael – a dweud y gwir, doedden nhw ddim yn cael eu talu o gwbl ambell wythnos. Yn aml, doedden nhw ddim yn cael cawod am ddyddiau bwy gilydd ac roedd yn rhaid iddyn nhw feddwl am bob math o driciau i sicrhau eu bod nhw'n gallu bwyta (yn ffodus, roedd gan bob un ohonyn nhw ddychymyg reit fyw). Weithiau, roedden nhw'n herio'i gilydd i feddwl am y ffyrdd mwyaf cymhleth i ddod o hyd i fwyd. Arferai Dave fynd â Ted a Barry i'r Co-op lleol a gofyn am gymaint o samplau o fwyd ag y gallen nhw, gan chwarae ar y ffaith eu bod nhw'n gweithio fel Redcoats yn Butlin's ac yn byw ar y gwynt. Cyn pen dim, roedd ganddyn nhw lond côl o gaws, pwdin gwaed ac unrhyw ddanteithion eraill a ddeuai i'w rhan. Yr her nesaf oedd eu cario'n ôl i'r garafán heb golli dim byd ar y ffordd. Byddai hyn yn ddigon iddyn nhw am y dydd ac yna fin nos, byddai'r clwb naill ai yn eu bwydo neu byddai'n rhaid iddyn nhw fachu paced o greision o'r tu ôl i'r bar pan nad oedd neb yn edrych. Yn y bore, bydden nhw'n cymryd eu tro i fynd i dai i ofyn am wyau neu facwn er mwyn iddyn nhw gael bwyta.

Byddai'r grŵp yn aml yn parcio ac yn cysgu ym meysydd parcio'r clybiau neu'r theatrau lle roedden nhw'n perfformio. A hithau'n aeaf, bydden nhw'n aml yn gorfod torri'r rhew ar wyneb bwcedi o ddŵr er mwyn iddyn nhw allu eillio. Roedd bath poeth a dillad glân yn teimlo fel atgof pell, ond doedd neb yn poeni – byddai digon o amser am gawod rywbryd eto. Am y tro, roedden nhw'n rhydd ac yn gwireddu breuddwyd: roedd bywyd yn braf.

Un noson, ar ôl eu sioe yn Rhydychen, penderfynodd Ted a Barry ddal y trên olaf i Wednesbury gan fod ganddyn nhw ddwy noson rydd. Roedd hi'n noson rewllyd, ond ar ôl i Dave eu gollwng yn yr orsaf, sylweddolodd y ddau eu bod nhw wedi colli'r trên olaf. Doedd dim modd cael gafael ar neb arall i drefnu lifft, felly doedd dim byd amdani ond dod o hyd i rywle cynnes i gysgu. Roedd hi'n oer ofnadwy yn yr orsaf, felly aeth y ddau i grwydro o gwmpas Rhydychen yn trio dod o hyd i gysgod, nes dod ar draws bloc o fflatiau a swatio mewn cilfach ar y llawr cyntaf. Hanner awr yn ddiweddarach, pan oedden nhw'n dechrau cynhesu ac ar fin disgyn i gysgu, gwelodd gofalwr y fflatiau nhw a thaflodd nhw allan ar y stryd. Doedd dim amdani ond dal ati i chwilio am rywle i gadw'n gynnes, ac yn y pen draw aeth y ddau yn ôl i'r orsaf drenau. Dim ond digon o arian i fynd yn ôl i Wednesbury oedd ganddyn nhw, felly doedd ganddyn nhw ddim ceiniog sbâr i'w gwario. Yn ffodus, cymerodd un o'r gweithwyr rheilffordd drueni drostyn nhw a gadael iddyn nhw aros mewn cwt gweithwyr. Ymlwybrodd y ddau i fyny'r grisiau wedi blino'n lân, ac wrth iddyn nhw agor y drws, dyna beth oedd rhyddhad: roedd 'na danllwyth o dân agored, a chafodd y ddau gynnig te a thost i'w cynhesu ymhellach. Drannoeth, daliodd y ddau y trên cyntaf i Birmingham, yna cerdded y saith milltir yn ôl i Wednesbury. Unwaith iddo groesi'r trothwy, cuddiodd Ted y tu ôl i'w fwgwd fel arfer, a rhannu straeon celwydd golau â Hilda am fywyd ar daith, yr holl hwyl roedd o'n ei chael a'r bobl wych roedd o'n eu cyfarfod. Roedd hi wrth ei bodd efo straeon Ted, a byddai'n swatio'n gyfforddus yn ei chadair freichiau yn aros i gael ei diddanu. Dyma'r unig dro roedd wedi llwyddo i wenu ers i Maurice farw, ac roedd ymweliadau Ted yn rhoi modd i fyw iddi. Weithiau, byddai Barry yn galw heibio am baned hefyd, a'r ddau am y gorau yn trin Hilda fel brenhines.

Doedd gweddill y plant ddim yn clywed ei diwedd hi pan fyddai 'ein Ted ni' yn dod adref – diolch eu bod nhw i gyd mor agos, fel arall gallai hyn fod wedi achosi cynnen rhyngddyn nhw. Wedi'r cyfan, nhw oedd yn gofalu am Hilda, yn siopa drosti ac yn gofalu ei bod yn cael ei meddyginiaeth, ac yn gwneud eu gorau i'w pherswadio i fynd allan am dro i gael awyr iach. Ond yn sydyn, byddai Ted yn galw heibio, yn gwneud i Hilda chwerthin cyn diflannu eto am wythnosau ar y tro, gan adael y gweddill i ymdopi â'r gwaith diflas bob dydd. Doedd o byth yn gweld Hilda'n cael trafferth rheoli ei diabetes na'r tristwch dwys oedd yn bygwth ei mygu.

Roedd y daith yn ddiddiwedd ac aeth â'r criw i bob cwr o'r wlad. Yn dibynnu ar ble roedden nhw, roedd hi'n gallu bod yn anodd cadw trefn ar y cynulleidfaoedd, er bod croeso iddyn nhw bob amser. Un o'r nosweithiau gwaethaf oedd sioe mewn theatr ar gyrion Llundain.

Roedd yn glwb enfawr, efo cynulleidfa enfawr; roedd y lle yn llawn dop o bobl yn eistedd ar gadeiriau caled wrth fyrddau, yn gweiddi a grwgnach ar i'r perfformwyr ddod i'r llwyfan a dechrau arni. Roedd Barry newydd orffen ei berfformiad a Ted ar fin cerdded i'r llwyfan pan gododd rhyw ddyn a chicio gwraig feichiog yn ei stumog wrth iddi gerdded heibio blaen y llwyfan. Trodd y lle'n siang-di-fang, a doedd Ted na Barry erioed wedi gweld y fath ymladd yn eu bywydau. Yn ffodus iddyn nhw, roedd y llwyfan bum troedfedd yn uwch na llawr y clwb, a hynny'n golygu bod y gynulleidfa, oedd bellach yng nghanol reiat o'r iawn ryw, wedi anghofio bod y perfformwyr ar y llwyfan. Llusgodd Ted a'r criw unrhyw offer allen nhw i gefn y llwyfan. Roedd cadeiriau a byrddau yn hedfan i bob cyfeiriad a photeli'n cael eu torri a'u defnyddio fel arfau. Ciliodd y criw i'r ystafell gefn, a diolch byth, doedd dim rhaid iddyn nhw wthio'u ffordd drwy faes y gad i gyrraedd y drws allan o gefn y llwyfan – roedden nhw'n sicr y byddai'r dorf wedi mynd amdanyn nhw fel arall, cymaint oedd yr anhrefn.

Cuddiodd y band, gyda'r anhrefn yn teimlo fel petai'n para am oes. Yna daeth sŵn cŵn yn cyfarth a chwiban yn cael ei chwythu – arwydd bod yr heddlu wedi cyrraedd. Arhosodd pawb yn dawel ac yn llonydd, gan feddwl mai'r peth gorau i'w wneud oedd cadw allan o'r ffordd ac allan o'r sgarmes. O'r diwedd, ryw chwarter awr yn ddiweddarach, roedd pethau wedi gostegu a daeth yr heddlu i mewn a dweud ei bod hi'n saff iddyn nhw ddod allan. Roedd y clwb yn wag, ond roedd y lle wedi ei chwalu'n deilchion. Roedd popeth yn chwilfriw. Doedd dim cadair na bwrdd yn dal i fod yn gyfan, roedd y bar wedi ei chwalu ac roedd gwaed ym mhobman. Roedd fel maes y gad. Roedd y criw wedi eu dychryn a chwalwyd peth o lawenydd a diniweidrwydd eu hamser ar daith. Roedd y daith wedi rhoi'r cyfle iddyn nhw fyw mewn swigen fach lle roedd popeth yn fêl i gyd ond roedd y byd mawr y tu allan wedi mynnu tarfu arnyn nhw, ac wedi peri i Ted ystyried realiti bywyd a'r hyn oedd yn digwydd gartref. Ym mêr ei esgyrn, roedd yn gwybod ei fod yn methu dal i redeg i ffwrdd am byth. Parhaodd y sioe i grwydro'r wlad tan fis Rhagfyr 1974, pan wahanodd y criw am y tro olaf.

Collodd Ted a Barry gysylltiad, ond flynyddoedd yn ddiweddarach, pan gafodd fideo Ted gymaint o sylw, gwyliodd Barry y fideo o'r canwr ar-lein a gwyddai ar unwaith pwy oedd o:

'Pan welais i'r fideo "Quando, quando, quando" ar Facebook, roeddwn i'n gwbod mai Ted oedd o. Mae o heb newid dim. Credwch chi fi, mae o'n dal i fod yn seren. Mae pawb yn heneiddio a dydyn nhw ddim yn edrych yr un peth, ond fo ydi'r boi roeddwn i'n ei 'nabod bryd hynny.

Roedd o'n dipyn o foi. Dyn di-fai, dyn oedd o hyd yn ofalus o bawb arall, yn gneud yn siŵr eu bod nhw'n iawn, wyddoch chi. Doedd o byth yn gwneud ffys cyn sioe. Byddai'n gwisgo'i siwt, yn aros i'r gerddoriaeth ddechrau, yna'n camu 'mlaen ac yn bwrw iddi.

Ar ôl i'r daith ddod i ben, aeth Ted yn ôl i Wednesbury am ychydig wythnosau a threulio cyfnod da o amser gartref. Dyma'r tro cyntaf iddo wir ddelio â marwolaeth Maurice – doedd dim dianc rhag ei absenoldeb, roedd o i'w weld ble bynnag roedd o'n edrych. Roedd ei frodyr a'i chwiorydd wedi dechrau dod i arfer, ond roedd y briw yn dal i fod yn dyner i Ted ac yn anodd iawn ei brosesu wrth drio bod yn gefn i Hilda, oedd wrth ei bodd yn cael ei phlentyn hynaf gartref. Treuliodd Ted, Fred ac Ernie lawer i noson yn y Cora, yn cael peint efo hen gyd-weithwyr Maurice a dynion oedd wedi adnabod eu tad ar hyd ei oes. Roedd gwrando ar straeon amdano yn yr hen ddyddiau yn gysur ond hefyd yn ennyn tristwch – rywsut roedd yn gwneud iddo deimlo ymhellach fyth.

Ond cyn i Ted gael y cyfle i setlo'n ôl i fywyd yn Wednesbury, roedd ei ddawn adloniant ar fin mynd ag o i rywle, ac at rywun na allai fyth fod wedi rhagweld. Roedd ei allu i yrru 'mlaen â phawb, a'i syniadau am sut i gyflwyno chwa o awyr iach i'r rhestr o berfformwyr, wedi creu tipyn o argraff ar Butlin's, ac yn ôl yr hanes, roedd gwraig Billy Butlin ei hun wedi gofyn iddo'n bersonol i fynd i westy'r Metropole yn Blackpool. Roedden nhw mewn tipyn o gawl. Fyddai o'n helpu eu tîm adloniant? Er ei fod wedi cyffroi ac yn hynod o falch, roedd yn poeni am effaith absenoldeb arall ar Hilda. Ond yn ei galon, gwyddai mai'r gwir creulon oedd bod y teulu wedi dysgu ymdopi hebddo, a bod trefn gadarn ac ymarferol ar waith i sicrhau bod gan Hilda rywun yno bob amser, er nad oedd hynny'n ei atal rhag teimlo'n euog. Ar ôl pwyso a mesur y manteision a'r anfanteision, roedd Ted wedi gadael eto cyn pen dim, efo'r addewid o oleuadau llachar yn ei hudo oddi cartref – y tro hwn ar fws i Swydd Gaerhirfryn. Wrth iddo baratoi i ffarwelio â'r teulu unwaith eto, roedd yn gwybod eu bod nhw i gyd yn meddwl pryd y byddai'n rhoi'r gorau i jolihoetio, dechrau ymddwyn yn gyfrifol a bwrw gwreiddiau. Petai'n onest, ac yntau'n nesáu at ei ddeugain, roedd o'n dechrau meddwl hynny hefyd.

***

Yn syth ar ôl cyrraedd, taflodd Ted ei hun i'w waith, wedi cyffroi'n lân. Roedd hyd yn oed yr adeilad y byddai'n gweithio ynddo yn enwog. Gwesty brics coch mawr oedd Metropole Butlin's ar ben gogleddol promenâd Blackpool, ychydig ymhellach na'r gofeb ryfel. Mae wedi gweld dyddiau gwell erbyn hyn, ond yng nghanol yr 1970au, dyma oedd y lle i fod. Os nad oedd y lleoliad yn denu cynulleidfa, roedd yn gwneud synnwyr i Ted mai ansawdd y perfformwyr oedd i'w feio am hynny. Cafodd ei atgoffa o eiriau doeth Maurice wrth iddo wylio amryw o glybiau yn methu yn ystod ei oes – 'dydy lle ddim ond cystal â'r bobl mae'n eu llwyfannu' – ac, efo hynny mewn golwg, y peth cyntaf yr aeth Ted ati i'w wneud oedd chwilio am y talentau gorau. Byddai'n cadw nodiadau ac yna'n mynd yn ôl i ddewis y goreuon i ymddangos yn y Metropole. Cyn pen dim, roedd yr hen westy yn union y math o le roedd Butlin's wedi bod yn ysu amdano.

Aeth enw da y gwesty ar led fel tân gwyllt – dyma'r lleoliad perffaith ar gyfer gwyliau byr hwyliog, gan ei fod yn cynnig rhywbeth i'r teulu cyfan. Yn fuan, roedd y si wedi teithio ledled y wlad, gan gyrraedd Llundain a chlustiau Linda Carter, ysgrifenyddes 29 oed o Blackburn. Roedd Linda wedi ymweld â Blackpool ganwaith dros y blynyddoedd, a gan fod ei brawd George i ffwrdd, roedd hi eisiau talu am wyliau bach dros y flwyddyn newydd i'w rhieni. Roedd Metropole Blackpool yn swnio fel lle hwyliog i bawb. Doedd ganddi hi ddim syniad faint byddai'r gwyliau yma yn newid ei bywyd.

Roedd Linda Carter yn caru bywyd. Symudodd i Lundain o Blackburn yn 1971 pan oedd hi tua 27 oed, ac roedd hi wastad wedi bod yn ferch gymdeithasol ar y naw. Roedd hi'n rhentu fflat yn St John's Wood ac enillai gyflog da yn gweithio fel cynorthwyydd personol. Byddai ei chyflog yn cael ei rannu rhwng cynilo a byw'n gynnil, a'i hangerdd at ffasiwn, neu beth bynnag oedd yn cael ei ystyried yn ffasiynol ar y pryd. Roedd Linda yn dipyn o sbarcen, a byddai'n crwydro'r siopau gan ddychmygu beth byddai hi'n ei brynu petai'n gallu, cyn cerdded yn hyderus yn ôl i'r swyddfa, yn hwyr, heb ofal yn y byd. Roedd hi'n caru Llundain ac yn byw er mwyn y penwythnosau, pan fyddai'n manteisio i'r eithaf ar holl bleserau'r ddinas. Roedd Llundain yn lle cyffrous i fod, lle roedd unrhyw beth yn bosib, ac yn sicr dyma'r lle perffaith i gyfarfod â phobl. Er iddi gael ambell ddêt, doedd dim byd yn para'n hir, a hynny efallai oherwydd bod Linda eisiau pethau ar ei thelerau ei hun. Doedd hi ddim yn dangos unrhyw arwydd o fod eisiau setlo i lawr (er mawr bryder i'w mam) ond roedd hynny'n golygu bod ganddi rywbeth yn gyffredin â'r dyn roedd hi ar fin ei gyfarfod.

Y Nadolig hwnnw, roedd Linda ar ei gwyliau o Lundain ac yn treulio'r ŵyl yn Blackburn efo'i mam a'i thad – George ac Ellen Carter, y ddau'n gweithio mewn melin. Y flwyddyn honno, roedd mwy o le nag arfer gan fod ei theulu newydd symud o Bastwell i dŷ pâr efo gardd flaen a gardd gefn yn ardal Little Harwood. Newydd ei brynu roedden nhw, ar ôl blynyddoedd o fyw mewn tŷ teras ar Pine Street yn Blackburn, a hynny ar ôl i George ennill ychydig o arian ar y pyllau pêl-droed.

Dyn tawel oedd George. Roedd yn dal ac wedi bod yn olygus iawn yn ddyn ifanc, ond roedd Ellen yn wraig fach, garedig a gonest efo gwallt coch wedi ei liwio. Fyddai hi ddim yn meddwl ddwywaith am ddweud wrth rywun ble i fynd os oedden nhw'n tynnu'n groes. Doedd hi ddim yn hen jadan, ond os oedd unrhyw un yn ei chroesi hi neu ei theulu, byddai'n disgyn arnyn nhw fel tunnell o frics. Cyn bo hir, roedd pawb yn ardal Little Harwood yn ei hadnabod, a byddai'n treulio oriau yn sgwrsio â'r gwragedd eraill yn y siopau, yn rhoi'r byd yn ei le ac yn gwneud yn siŵr ei bod hi'n manteisio ar y bargeinion diweddaraf. Mewn sawl ffordd, roedd rhieni Linda yn debyg iawn i Maurice a Hilda. Roedd yn eironig felly, efo dau gwpl traddodiadol oedd gymaint o blaid priodi yn esiampl iddyn nhw, nad oedd Linda na Ted ar frys i ddod o hyd i'r cymar perffaith. A dweud y gwir, byddai rhai'n dweud nad oedd yr un o'r ddau yn poeni am hynny, neu eu bod hyd yn oed yn mynd ati'n fwriadol i'w osgoi.

Roedd mam Linda'n edrych ymlaen at fynd i ffwrdd i ddathlu'r flwyddyn newydd. Roedd hi a George, fel Linda, yn bobl gymdeithasol, a nhw oedd y rhai cyntaf allan ar y llawr dawnsio bob amser. Ychydig ddyddiau ar ôl y Nadolig, dyma nhw'n pacio'u cesys ac yn dal y trên i Blackpool.

Roedd Linda yn agos at ei rhieni ond roedd hi bellach wedi arfer byw'n annibynnol yn Llundain a mynd a dod fel y mynnai. Er gwaethaf hyn oll, croesawodd y syniad ac roedd yn edrych 'mlaen i weld pwy arall fyddai wedi cael yr un syniad o dreulio'r flwyddyn newydd oddi cartref.

Ar 29 Rhagfyr 1974, cyrhaeddodd y teulu Carter westy'r Metropole. Agorodd Ted McDermott y drysau iddyn nhw, ac edrych i lygaid Linda: cafodd ei ddenu ganddi'n syth bìn. Mae Ted yn dal i ddweud rŵan, 'Y munud y gwelish i hi, roeddwn i'n gwbod mai hi oedd yr un. Dyma fi'n mynd at y Redcoats eraill a deud, "Os bydd 'na rywun yn siarad â'r flonden acw neu'n cyffwrdd pen ei fys ynddi, mi wna i dorri ei goesau. Fi piau hi."' Roedd unrhyw deimladau rhamantus wedi cael eu rhoi o'r neilltu ers rhai blynyddoedd – byddai merched yn mynd a dod, ond doedd neb wedi cipio ei galon a'i feddwl ers tro byd – tan rŵan. Byddai'n wir dweud iddo syrthio mewn cariad â Linda Carter o'r olwg gyntaf – ac mae'n amhosib anwybyddu'r math yna o atyniad.

Y prynhawn cyntaf ar ôl iddyn nhw weld ei gilydd, gofynnodd Ted i Linda am gêm o dennis bwrdd. Doedd o byth yn un am gydymffurfio, felly fyddai o ddim am gynnig rhywbeth mor ddi-nod â diod neu ffilm. Dywedodd Linda, 'Na, beth am fynd am dro yn lle?' Treuliodd y ddau'r prynhawn yn cerdded ar hyd traeth Blackpool. Swynwyd Linda gan straeon a jôcs Ted ar unwaith.

Nos Galan, roedd Ted wedi trefnu cystadleuaeth gwisg ffansi ym mhrif ystafell ddawns y gwesty. Erbyn hyn roedd Linda a'i theulu wedi dod i adnabod grŵp o bobl eraill oedd yn aros yno, gan gynnwys dyn tal a thenau o'r enw Bill, a oedd, fel Linda, ar wyliau efo'i deulu. Roedd hi'n amlwg ei fod wedi gwirioni ar Linda oherwydd ei fod yn ei dilyn o gwmpas ac roedden nhw i'w gweld efo'i gilydd o hyd. Byddai Ted yn gwylio o bell ac roedd y cyfan yn dân ar ei groen. Roedd o'n methu gweithio allan beth oedd yn digwydd rhyngddyn nhw a byddai'n gyrru ei ffrindiau yn wallgo efo damcaniaethau ynghylch sut i gael y dyn tenau allan o'r ffordd fel y gallai hawlio'r ferch. Gwaethygodd y sefyllfa pan ddaeth Linda a'r dyn tenau i'r parti gwisg ffansi Nos Galan fel cwpl – roedd o wedi gwisgo fel un o'r Indiaid Cochion. Daeth i mewn i'r ystafell yn llusgo Linda, oedd wedi gwisgo fel gwraig o'r llwyth, ar draws y llawr dawns. Mynediad a hanner, a nhw enillodd y gystadleuaeth.

Am flynyddoedd wedyn, byddai Ted yn mynnu ei fod wedi trefnu iddyn nhw ennill, ddim ond fel rheswm i siarad â Linda, ac wrth gwrs byddai hithau'n mynnu eu bod nhw wedi ennill yn deg gan mai nhw oedd goreuon y gystadleuaeth.

Yn ddiweddarach y noson honno, aeth Linda i'w hystafell a newid allan o'i gwisg i rywbeth mwy cyfareddol, gan ailymuno â'r dyrfa yn yr ystafell ddawns. Wrth iddi ddod i mewn drwy'r drysau dwbl, tarodd ei llygaid ar y llwyfan o'i blaen. Roedd torf wedi ymgasglu, yn gwylio dyn golygus yn taranu drwy 'How deep is the ocean' ar y llwyfan. Gwthiodd ei ffordd drwodd i gael golwg well ar beth oedd yn digwydd, efo bri anhygoel y Metropole am adloniant ar flaen ei meddwl. Eisteddodd ar yr ystlys a gweld mai Ted oedd yn canu:

'Roeddwn i'n eistedd yno a dwi'n ei gofio yn edrych i fyw fy llygaid wrth iddo ganu. Pan ddechreuodd ganu 'We are in love again, my heart', toddodd fy nghalon. A dyna fo.'

Pennod 8

Wrth i'r cloc daro hanner nos ar 1 Ionawr 1975, dathlodd Ted McDermott ei fod o'r diwedd wedi denu sylw Linda Carter. I nodi'r achlysur, penderfynodd y pâr fynd i badlo yn y môr yn Blackpool. Dros y blynyddoedd, fyddai'r naill na'r llall yn gadael y gath allan o'r cwd am beth yn union ddigwyddodd y noson honno, ond roedd un peth y tu hwnt i unrhyw amheuaeth: roedd hi'n rhewllyd o oer.

Pasiodd gweddill arhosiad Linda mewn niwl o ramant a threuliodd bob eiliad posib efo Ted, yn sgwrsio a chwerthin wrth iddyn nhw gerdded o gwmpas Blackpool – gan olygu wnaeth o ddim llawer o waith a welodd hi fawr ddim ar ei theulu. Roedd y ddau wedi meddwl nad oedden nhw'n bobl setlo i lawr, ond roedd hynny i'w weld yn newid. Treuliodd y ddau bob awr efo'i gilydd, a doedden nhw ddim yn edrych ymlaen o gwbl at y diwrnod pan fyddai Linda'n mynd adref. Oedd hi'n bosib cwympo mewn cariad ar ôl adnabod rhywun cwta wythnos? Ydi oedd yr ateb i'r cwestiwn – roedd y ddau dros eu pen a'u clustiau. 'Roedd Ted yn sebonwr rhamantus o'r iawn ryw,' meddai Linda. 'Byddai bob amser yn deud pa mor brydferth roeddwn i.'

Ond cododd realiti ei hen ben wrth i'r addurniadau Nadolig ddod i lawr, ac wrth i westeion y gwesty ddechrau troi am adref. Rhoddodd Linda a Ted eu cyfeiriadau i'w gilydd ac addewidion i ymweld a ffonio, ond pwy wyddai beth fyddai'n digwydd unwaith y byddai trefn bywyd pob dydd yn dechrau unwaith eto? Dychwelodd Linda i Blackburn efo'i rhieni am ychydig ddyddiau o orffwys cyn mynd yn ôl i Lundain – wedi'r cyfan, meddai ei rhieni'n gellweirus, doedden nhw ddim wedi gweld cymaint â hynny ohoni dros gyfnod y gwyliau!

Roedd hi gartref yn gwneud yn fawr o'r amser cyn iddi orfod mynd yn ôl i weithio – ac yn gweld colli Ted hefyd, petai hi ond yn fodlon cyfaddef – pan glywodd gnoc ar y drws. Cododd i'w ateb, a phwy oedd yno ond Ted. Roedd hi'n methu coelio ei fod yn sefyll yno ar garreg ei drws, ychydig ddyddiau'n unig ers iddi ei weld ddiwethaf. Roedd yn sioc, ond taniodd ei theimladau tuag at Ted.

Treuliodd y ddau y diwrnod efo'i gilydd ac yna penderfynu dal trên yn ôl am y de, efo Ted yn mynd i ffwrdd yng nghanolbarth Lloegr i aros efo'i deulu a Linda yn parhau ar y daith i Lundain. Ar ôl ffarwelio anodd arall, cytunwyd y byddai Linda'n dod i'w weld mewn un o'i gigs ar hyd a lled y wlad, ond wnaethon nhw ddim nodi dyddiad pendant. Doedd Ted ddim yn gwybod ble byddai o'n perfformio o'r naill wythnos i'r llall, ac roedd yn rhaid iddo fod yn barod i fynd ble bynnag roedd yr arian a'r gwaith yn galw.

Dechreuodd taith Butlin's eto ar ôl y Nadolig a'r flwyddyn newydd, efo Ted yn dal i fod yn rhan fawr ohoni, a'r criw unwaith eto'n teithio o le i le ac yn aros yng ngharafán Dave Thomas. Gan fod Dave yn rhoi llety iddo, Ted fyddai'n coginio gan amlaf, a byddai'n paratoi prydau cyflym a syml efo beth bynnag oedd yn y cwpwrdd. Roedd Ted wedi dysgu gwneud hynny gan Hilda pan oedd yn ddim o beth – byddai'n aml yn coginio ar gyfer ei frodyr a'i chwiorydd iau pan oedd ei rieni allan o'r tŷ. Roedd bod ar y ffordd yn golygu bod ganddo ddigon o bethau i dynnu ei sylw oddi ar weld colli Linda, ac yn yr un modd, roedd hi wrth ei bodd yn mwynhau ei rhyddid a chyffro ei bywyd yn Llundain. Ond roedd ffordd o fyw grwydrol Ted hefyd yn golygu, yn anochel, mai hi fyddai fel arfer yn gorfod teithio i'w weld o. Byddai'n dod i arfer â threulio oriau ar drenau a bysiau, yn gwlychu at ei chroen yng ngogledd ddwyrain Lloegr ac yn trampio drwy eira yn yr Alban i gyrraedd ble bynnag roedd Ted yn gweithio. Fel Ted, roedd hi'n hoffi gwneud argraff a byddai bob amser yn gwneud yn siŵr ei bod hi'n gwisgo'i dillad gaeaf gorau wrth gyrraedd, a hynny'n saff o droi sawl pen. Cafodd yr un effaith ar Ted, oedd yn rhyfeddu ei bod yno ddim ond i'w weld o.

Er nad y fo oedd yr un oedd yn gwneud y daith hir, byddai Ted yn gwneud yn hollol siŵr bod popeth mewn trefn ar gyfer Linda. Yn wir, roedd yn gwneud cymaint o ffŷs am olwg y garafán nes iddo yrru Dave o'i go. Byddai Ted yn glanhau'r lle fel peth gwirion cyn i Linda gyrraedd, a byddai'n hel llwch oddi ar y sedd cyn iddi eistedd hyd yn oed. 'Roedd o'n ofnadwy o ffyslyd,' meddai Linda. 'Byddai popeth yn cael ei sgleinio i'r eithaf. Roedd y lle fel pìn mewn papur – feddyliais i erioed ar y pryd y byddwn i'n hwfro o'i gwmpas fel dwi'n gneud rŵan.' Roedden nhw'n ddyddiau diofal – yn teithio o dref i dref efo Dave yn gyrru, Ted wrth ei ochr a Linda yn y sedd gefn, efo carafán Dave yn cael ei thynnu y tu ôl iddyn nhw. Byddai'r tri ohonyn nhw'n chwerthin a chanu ar y teithiau hir. Roedd yn agoriad llygad i Linda ac yn newid byd llwyr o'i bywyd naw tan bump yn Llundain. Roedd 'na ymdeimlad o ryddid go iawn, a bod unrhyw beth yn bosib allan yn yr awyr agored; gallai weld yr apêl i Ted.

Syrthiodd pethau i batrwm naturiol i Ted a Linda. Roedden nhw o ddifri o'r dechrau'n deg, ac yn rhan fawr iawn o fywydau ei gilydd, hyd yn oed os oedd bywyd teithiol Ted yn gwneud cyfathrebu'n anodd. Cyfarfu Linda â Hilda a gweddill perthnasau Ted y cyfle cyntaf gafwyd. A dweud y gwir, o ran Hilda, roedd yn rhyddhad enfawr iddi ei fod wedi dod o hyd i rywun mor garedig a galluog i setlo yn ei chwmni.

Erbyn Pasg 1975, byddai Linda yn treulio bob penwythnos yn teithio o Lundain i weld Ted. 'Roeddwn i'n wirion bost,' mae'n cofio. 'Roeddwn i'n arfer troi i fyny mewn côt fawr a het ym mhob tywydd. Buon ni'n aros ym mhobman – llety gwely a brecwast, hen westai – yn y bôn, unrhyw le oedd yn darparu ar gyfer pobl sioeau.' Bywyd digon ffwrdd-â-hi roedd o, ond byddai Ted yn gwneud yn siŵr ei fod yn cadw'r rhamant yn fyw. Dros benwythnos y Pasg, roedd yn tacluso'r garafán pan welodd o het wlân o eiddo Linda. Fel syrpréis, treuliodd y prynhawn cyfan yn gwneud blodau papur o napcynnau papur a gafodd o'r clwb. Gosododd bob blodyn yn yr het, a'i throi'n fonet Pasg iddi hi ei gwisgo am hwyl yn y dafarn y noson honno.

Bu Ted yn canlyn Linda fel petai ei fywyd yn dibynnu ar y berthynas, ond daeth tro ar fyd ddiwedd Ebrill 1975, pan gafodd Linda wybod ei bod hi'n feichiog ar ôl mynd i weld ei doctor yn Llundain. Doedd y newyddion ddim yn sioc ac roedd yn gwybod ar unwaith y byddai'n cadw'r babi – hyd yn oed pan gafodd gynnig erthyliad oherwydd ei bod hi'n ferch ddibriod. Doedd gan Linda ddim syniad sut byddai Ted yn ymateb – doedden nhw ddim wedi bod efo'i gilydd mor hir â hynny ac roedd o'n enaid rhydd oedd yn mynd ble y mynnai, pryd y mynnai. Roedd y math yna o fywyd, heb sefydlogrwydd na threfn, yn gwbl groes i'r hyn roedd ei angen ar fabi – doedd Linda ddim yn gwybod a allai Ted roi'r hyn roedd ei angen arni hi a'i phlentyn, neu hyd yn oed a oedd o am fod yn rhan o'u bywydau. Roedd gwybod ei bod am gadw ei babi, beth bynnag fyddai ymateb Ted, yn golygu ei bod hi'n dipyn haws torri'r garw wrtho nag y gallai fod fel arall. Ond roedd paratoi i eistedd i rannu newyddion trawsnewidiol o'r fath yn gwneud iddi sylweddoli'n sydyn iawn cyn lleied roedden nhw'n ei wybod am ei gilydd.

Felly, y penwythnos nesaf roedd hi i fod i fynd i'w weld, gadawodd Linda i Ted ei nôl o'r orsaf ac, unwaith roedden nhw wedi setlo yn y garafán, gafaelodd yn ei law: 'Rwyt ti'n mynd i fod yn dad.' Cafwyd tawelwch wrth i Ted afael yn ei braich.

'Am be wyt ti'n sôn? Tad? Be? Wyt ti'n disgwyl?'

'Ydw, Ted. Dwi'n mynd i gael babi. Gwranda, dydw i ddim isio dim byd gen ti. Galla i wneud hyn fy hun, ond roedd angen i ti gael gwybod.'

Ystyriodd Ted y wybodaeth ac yna dywedodd: 'Dylian ni briodi.'

Roedd Linda yn synnu pa mor dawel a didaro roedd o. A dweud y gwir, roedd pawb yn ymddangos yn rhyfeddol o ddigyffro, gan gynnwys rhieni Linda. Nid dyna'r ffordd ddelfrydol, ond roedd Hilda wrth ei bodd pan glywodd fod Ted yn mynd i fod yn dad. Byddai'n dweud wrth unrhyw un a fyddai'n gwrando pa mor dlws roedd Linda ac, yn dawel bach, roedd hi'n gwybod bod babi yn golygu y byddai'n rhaid i Ted fwrw gwreiddiau a rhoi'r gorau i actio fel hogyn ifanc ar fin gwneud enw iddo'i hun.

Doedd y newyddion am y beichiogrwydd ddim yn mynd i newid bywyd Linda gymaint ag roedd hi wedi ei ddisgwyl. Yn wir, erbyn yr haf, roedd bywyd wedi mynd yn ôl i'w drefn arferol yn sydyn iawn – roedd Ted yn ôl yn Butlin's a hithau'n ôl yn rhigol bywyd swyddfa, yn teithio i weld Ted pryd bynnag y gallai. Doedd Linda ddim yn awyddus i'r beichiogrwydd gyfyngu arni hi a daliodd ati i fyw ei bywyd, gan fynd hyd yn oed ar wyliau i Ganada am dair wythnos. Roedd yn drefniant cwbl fodern ac yn un oedd yn gweddu i'r ddau – doedd Linda ddim eisiau'r byd gan Ted ac roedd yntau'n teimlo rhyddhad nad oedd yn cael ei fygu gan y cyfan wrth iddo brosesu'r newidiadau anochel.

Ond er bod y darpar rieni yn fodlon dal ati fel arfer, roedd yna bethau ymarferol i fynd i'r afael â nhw ac, fel sydd mor aml yn wir, rhieni'r ddau oedd fwyaf taer yn pwysleisio eu cyfrifoldebau i'r ddau. Y mater pwysicaf oedd penderfynu ble byddai'r babi yn cael ei fagu a daeth hyn yn bwnc llosg emosiynol. Roedd Linda wedi bwriadu aros yn Llundain a rhentu fflat mwy fel y gallai Ted fyw efo hi. Doedd eu rhieni ddim yn arbennig o gefnogol i'r syniad hwnnw, gan y byddai'n bell o gefnogaeth y ddau deulu ac ar ei phen ei hun efo babi newydd-anedig efo Ted yn teithio o le i le yn chwilio am waith. Doedden nhw ddim yn gweld hynny'n ateb ymarferol, ac roedden nhw'n poeni nad oedd Linda'n deall y pwysau fyddai arni gyda babi newydd a faint byddai ei bywyd yn newid. Yn y pen draw, ac ar ôl llawer o drafod, llwyddodd mam Linda i'w pherswadio i adael Llundain a symud yn ôl i Blackburn er mwyn iddi allu helpu efo'r babi. A dweud y gwir, dyna oedd y peth mwyaf synhwyrol – i Linda symud yn ôl adref a chael y llofft gefn ar ei chyfer hi, Ted a'r babi.

Er nad oedd hi'n rhy hoff o'r syniad, roedd Linda yn gwybod yn ei chalon mai dyma'r ateb callaf, ac y byddai angen unrhyw help arni oedd ar gael. Ond doedd ganddi hi ddim syniad faint yn union o'r gefnogaeth deuluol honno y byddai ei hangen arni, yn enwedig wrth i'r hydref fynd rhagddo ac i Ted roi'r gorau i gysylltu â hi'n raddol bach. Doedd dim un digwyddiad penodol y tu ôl i'r chwalfa, dim ond eu bod nhw wedi rhoi'r gorau i siarad â'i gilydd, yn debyg iawn i'r hyn ddigwyddodd ar ddechrau eu perthynas. Roedd gyrfa berfformio Ted yn golygu gweithio oriau anarferol, pan oedd hi'n anodd iddo gael gafael ar ffôn, a doedd Linda ddim yn gallu teithio'n bell i'w weld oherwydd ei chyflwr. Hyd yn oed rŵan, yr holl flynyddoedd yn ddiweddarach, y cyfan mae Linda'n fodlon ei ddweud yw: 'Dim ond tyfu ar wahân wnaethon ni – dwi'm yn gwbod beth ddigwyddodd – doedden ni ddim yn cysylltu â'n gilydd gymaint â hynny, dyna i gyd. Mae hi'n wahanol heddiw, pan allwch chi godi ffôn neu anfon neges destun. Roedd hi'n hawdd i bobl golli cysylltiad.' Doedd hyn ddim yn gwneud synnwyr i'w cydnabod, a buan y dysgodd rhieni'r ddau ei bod yn well peidio â gofyn gormod o gwestiynau. Roedd hynny'n arbennig o anodd i Hilda, o gofio bod Ted i fod i symud yn ôl adref ar ôl yr haf, unwaith y byddai tymor Butlin's drosodd.

Pan ddaeth Ted adref efo'i gesys yn llawn dillad budr, wedi ymlâdd ac ar binnau braidd ar ôl misoedd o berfformio bob nos, roedd fel petai'n gwadu bod ei berthynas â Linda erioed wedi digwydd. Aeth ati i chwilio am waith mewn ffatrïoedd a ble bynnag arall y gallai. I ddechrau, cymerodd Hilda ei fod yn cynilo ar gyfer geni'r babi, ond roedd hi'n anodd dweud gan nad oedd yn sôn gair am hynny. Fuodd hi erioed yn un dda am gadw ei barn iddi hi ei hun, ond llwyddodd Hilda i ddal tri diwrnod cyfan cyn i'w chwilfrydedd gael y gorau arni. Wrth i Ted wneud paned o de i'r ddau ohonyn nhw un bore, trodd ato a dweud yn wyllt:

'Be sy'n digwydd efo ti a'r ferch 'ma sy'n cario dy fabi di? Be rwyt ti'n feddwl ti'n wneud?'

Gallai Ted deimlo llygaid Hilda'n llosgi ei gefn wrth iddi fynnu ymateb. Aeth ymlaen: 'Byddai dy dad yn troi yn ei fedd – wnaethon ni ddim dy fagu di i fod yn rhywun sy'n osgoi ei gyfrifoldebau.'

Yn y pen draw, daeth y ddau i gysylltiad a threfnwyd ymweliad wrth i ddyddiad geni'r babi agosáu.

Cytunwyd i gyfarfod yn nhŷ Hilda. Roedd Linda'n bryderus – doedd hi ddim wedi gweld Ted ers misoedd, roedd hi'n flinedig, yn emosiynol ac yn llawn ansicrwydd. Wrth iddi eistedd ar y trên i Wednesbury, cysurodd ei hun efo'r ffaith y byddai hi o leiaf yn cael gweld Ted eto. Agorodd y giât a churo ar y drws, gan ei pharatoi ei hun, ond nid Ted atebodd. Wrth iddi gael ei hebrwng i'r ystafell ffrynt gan chwaer Ted, Marilyn, a chael cynnig paned o de, daeth yn amlwg nad oedd o yno o gwbl. Roedd Hilda'n ffysian ac yn gwneud popeth o fewn ei gallu i guddio'r ffaith nad oedd hi'n gwybod bod Linda yn dod, ac nad oedd ganddi syniad ble roedd Ted – yr unig beth gwyddai Hilda oedd ei bod hi am ei flingo.

Awr neu ddwy o fân siarad yn ddiweddarach, daeth Ted drwy'r drws a daeth y pâr wyneb yn wyneb unwaith eto. Fel arfer, gwnaeth Ted ffŷs o Linda, a mynd â hi i'r dafarn leol i'w chyflwyno i'w hen ffrind, Norman Deeley. Roedd Hilda'n poeni cymaint am effaith ymddygiad Ted ar bethau nes iddi hyd yn oed gynnig magu'r babi ei hun, er gwaethaf ei galar am Maurice a'i hiechyd ffaeledig. Gweithred druenus gwraig oedd yn ofni y byddai'n cael ei chau allan o fywyd ei hŵyr neu ei hwyres.

Ond doedd dim rhaid iddi boeni. Roedd Linda eisoes wedi addo na fyddai byth yn trio atal Ted rhag bod yn dad i'w plentyn. A dweud y gwir, byddai'n anfon tapiau ato i roi gwybod iddo am y beichiogrwydd a sut roedd hi'n ymdopi. 'Dwi'n cofio pan oedd y tapiau hynny'n cyrraedd,' meddai Anti Karen, un o chwiorydd iau Ted. 'Yn aml, bydden ni'n eistedd o gwmpas yn gwrando arnyn nhw – ond wedyn byddai 'na o hyd un y byddai'n ei gario i'r llofft i wrando arno ar ei ben ei hun.'

***

Ychydig ar ôl y Nadolig, am 12.40 y prynhawn, 29 Rhagfyr 1975, ces i fy ngeni a daeth Linda a Ted yn fam a thad. Roedd y ffaith 'mod i wedi dod i'r byd yn newid popeth, o ran Hilda – a dywedodd wrth Dad yn ddiflewyn-ar-dafod fod angen iddo gamu i'r bwlch. Ychydig ddyddiau'n ddiweddarach, aeth i gartref mamolaeth Bramley Meade yn Whalley, ger Blackburn, yn gafael mewn tedi bêr glas.

Daeth hi'n amlwg, er gwaetha'r amgylchiadau anarferol, fod Dad wrth ei fodd i fod yn dad. 'Roedd o mor falch pan gafodd o fab, wsti,' meddai John. 'Roedd bob amser yn falch ohonat ti. Roedd o bob amser yn dweud, os oedd ei hogyn o isio gneud rhywbeth, y byddai isio iddo fo allu ei wneud o. Doedd o ddim am i ddim rwystro'i fab a'i ddal yn ôl.'

Mae meddwl sut roedd Dad yn teimlo amdana i yn llonni 'nghalon i, ond mae hefyd yn gwneud i fi feddwl a wnes i erioed wneud iddo deimlo mor falch ohona i ag yr oedd o'r adeg honno, yn union ar ôl i fi gael fy ngeni.

Drannoeth, cefais fy nghofrestru fel Simon Edward Carter – doedd neb yn disgwyl i fy rhieni briodi, felly cefais gyfenw bedydd Mam ac enw canol Dad. O leia' ces i'r hyn roedd Mam yn ei *feddwl* oedd enw canol Dad – atgof chwerthinllyd arall i ddangos nad oedd y rhieni newydd wir yn adnabod ei gilydd – y gwir amdani oedd mai enw canol cywir Dad oedd Edmund.

Sbardunodd fy ngenedigaeth rywbeth yn Dad, yn union fel y gweddïodd Hilda y byddai. Drannoeth ei ymweliad â Bramley Meade, ysgrifennodd lythyr hir at Mam, yn dweud cymaint roedd yn ei charu ac eisiau treulio gweddill ei fywyd efo hi, gan gynnwys y geiriau bythgofiadwy: 'Taswn i'n gallu dy roi di yn fy mhoced frest, nesa' at fy nghalon, mi faswn i'n gneud.' Roedd Mam yn meddwl ei fod yn hurt, ac yn morio chwerthin wrth iddi ei ddangos i'w mam hithau, a doedd honno ddim wedi bod yn rhy hapus efo'r ffordd roedd Dad wedi osgoi ei gyfrifoldebau. Roedd Mam yn disgwyl y byddai Nain yn edrych ar y llythyr efo joch go dda o sinigiaeth a dirmyg – wedi'r cyfan, doedd ganddi ddim llawer o feddwl o alluoedd Dad, yn enwedig ei allu i gynhyrchu emosiwn dilys. Felly dychmygwch ei syndod pan ddarllenodd Nain y llythyr, ei blygu a'i roi yn ôl yn yr amlen, wedyn troi efo dagrau yn ei llygaid, a dweud: 'Linda, dim ond unwaith yn dy fywyd gei di lythyr fel yna! Mae o'n dy garu di go iawn.'

Nid dyna ennyd fwyaf ysgytwol-ramantus bywyd Mam (roedd ffrind iddi'n hoff iawn o sôn am godi pais ar ôl piso!), ond beth bynnag oedd barn neb arall, penderfynodd Mam a Dad briodi yn swyddfa gofrestru Blackburn. O'r diwedd, roedd rhywun wedi cyflawni'r amhosib ac wedi gwneud i Dad setlo lawr – roedd o'n 39 oed a Mam yn 31. Does neb yn siŵr iawn a roddodd y briodas y sicrwydd angenrheidiol i Mam – roedd hi'n ferch gall ac yn gwybod nad oedd modrwy briodas yn gwarantu y byddai'n gallu cadw gafael ar Dad os nad oedd o eisiau aros. Roedd hi hefyd yn ddynes falch a doedd hi ddim eisiau iddyn nhw fod gyda'i gilydd oherwydd bod Dad o'r farn y dylen nhw – mi wnaeth hi'n hollol glir iddo ei bod hi'n fwy nag abl a pharod i fy magu i ar ei phen ei hun. Doedd gan Mam ddim math o ddyletswydd i Dad na neb arall. Roedd hi hefyd yn ddigon realistig i wybod fyddai Dad byth yn filiwnydd – jôc a rannodd efo'i mam ar fore'r briodas, pan ddywedodd wrthi dan chwerthin: 'Fydda i ddim yn gyfoethog o ran pres, ond mi fydda i o ran cariad, o leia'.'

Roedd Mam, fel arfer, yn gwisgo'r ffasiynau diweddaraf o ran ei gwisg briodas, gan anwybyddu'r wisg wen wyryfol draddodiadol (dyna beth fyddai codi pais ar ôl piso!). Yn lle hynny, gwisgai siwt lwyd golau, top pinc a'i beret ysgol brown, roedd Taid wedi bod yn ei wisgo ychydig ddyddiau ynghynt wrth baentio – os oeddech chi'n edrych yn ofalus, roedd diferion bach o baent i'w gweld arno o hyd! Yn goron ar y cyfan roedd ffwr llwynog wedi ei lapio am ei gwddf, oedd yn gwneud iddi deimlo fel tywysoges. Roedd Dad yn annodweddiadol o sidêt, mewn siwt las tywyll blaen. Ei was priodas oedd ei frawd, Malcolm, a morwyn briodas Mam oedd ei ffrind agos, Edna.

Fel pob stori garu dda, roedd ambell dro trwstan ar y diwrnod mawr, efo bom amheus yn Birmingham (yr IRA oedd yn cael y bai) yn golygu ei bod hi a'i gŵr yn methu cyrraedd eu car i yrru i fyny yn unol â'r bwriad.

Ond gwnaeth plismon dosturio efo nhw ac roedd yn rhaid rhoi'r droed ar y sbardun bob cam o'r ffordd ar y draffordd – cael a chael oedd hi i gyrraedd y seremoni mewn pryd.

Yn wahanol i briodasau eraill hefyd, ddaeth mamau'r briodferch a'r priodfab ddim i'r seremoni: Hilda oherwydd salwch a'r ffaith ei bod hi mor bell iddi deithio, a Nain am ei bod hi gymaint yn erbyn y syniad fy mod i yn bresennol yn y seremoni. Pan holwyd iddi am golli diwrnod pwysicaf bywyd ei merch, y cyfan wnaeth hi oedd poeri: 'Does 'na ddim peryg fod y babi yma'n mynd i briodas ei fam ei hun!'

Llwyddodd i godi llaw ar y briodferch wrth i'r parti priodas ddal y bws o'r tu allan i'r tŷ, ond arhosodd ar ôl wrth i bawb arall gychwyn am swyddfa gofrestru Blackburn.

Roedd Nain yn chwerthin wrth iddi sefyll wrth ffenest yr ystafell ffrynt, a minnau yn ei breichiau. Roedd hi'n gwybod bod ei merch bengaled yn wydn ac yn benderfynol o wneud pethau ei ffordd ei hun (wedi'r cyfan, roedd hi hyd yn oed wedi prynu ei modrwy briodas ei hun) ac yn gweddïo y byddai'r pâr priod yn hapus, ond doedd hi ddim yn gallu cael gwared ar y teimlad bod ffordd ddigon arw o'u blaenau. Roedd hi wedi trio dod i delerau â Dad, ac roedd ganddyn nhw berthynas unigryw, yn bennaf un o gecru a thynnu coes. Deallodd Nain mai'r ffordd orau o gyfathrebu â'i darpar fab yng nghyfraith oedd drwy dynnu ar ei falchder. Roedd y ddau'n bwrw sen ar ei gilydd yn rheolaidd pan fyddai Dad yn aros y nos yn y cyfnod cyn y briodas, a gwaethygu wnaeth hynny gyda'r blynyddoedd. Byddai Mam yn rowlio'i llygaid wrth iddi gerdded i mewn i'r ystafell ffrynt a chlywed Nain yn gweiddi: 'Mae dy ben di mor fawr, mi fysa angen dau ddyn cry' i'w gario fo ar blât', a byddai yntau'n ateb: 'Bosib ei fod o – ond taswn i'n rhoi 'mhen yn eich ceg chi, mi fysa fo'n dal i ratlo.' Roedd y naill yn benderfynol o drechu'r llall, efo'r gystadleuaeth yn ddiddiwedd, ond roedd hefyd yn ffordd annwyl i'r ddau ohonyn nhw ddadlau a chadw trefn ar ei gilydd.

Yn unol â naws anghonfensiynol carwriaeth y pâr, roedd y briodas ei hun yn cynnig cyfle am hiwmor anfwriadol – gan ddechrau efo'r gwas priodas yn dioddef pwl o chwerthin a barodd drwy gydol y seremoni o'r dechrau i'r diwedd. Doedd neb yn gallu deall pam oedd Malcolm yn ystyried ymrwymiad mor ddifrifol yn fater mor ddoniol. Pan ofynnwyd iddo pam oedd o'n chwerthin, atebodd: 'Doeddwn i ddim yn gallu credu bod ein Ted ni'n priodi o'r diwedd.' Ar ddiwedd y seremoni, trodd Edna at Linda a dweud: 'Ti 'di gneud hi rŵan.' Atebodd Linda: 'Wel, dwi'n licio trio pob dim unwaith.'

Ar ôl taro heibio siop Tommy Balls yn sydyn i chwilio am fargen yn siop esgidiau enwocaf Blackburn (!), dyma ddal y bws yn ôl i Little Harwood, lle roedd Nain wedi paratoi bwffe i bawb, ac yna pryd o fwyd yng ngwesty'r Saxon. Mae'n wir mai priodas fach oedd hi, ond roedd hi'n berffaith. 'A bod yn onest, doeddwn i ddim yn poeni gormod am briodi,' medd Mam. 'Rhywbeth roedd yn rhaid i ni ei wneud roedd o. Doedd 'na ddim areithiau mawreddog, dim cacen, dim dawnsio a dim ffŷs, ond roedden ni yno ac mi wnaethon ni briodi, ac roedd hi'n wych.'

I barhau â'r thema syber, doedd dim hyd yn oed mis mêl – y cyfan wnaeth y pâr hapus oedd bwrw 'mlaen efo'u bywydau cyfarwydd. Y dydd Llun ar ôl y briodas, newidiwyd fy nghyfenw o Carter i McDermott, aeth Dad yn ôl i weithio yn Wednesbury, gan deithio i Blackburn bob yn hyn a hyn i'n gweld ni, tra oedd Mam a fi'n aros yn nhŷ Nain a Taid.

Byddai Mam a Dad yn treulio'u hamser rhydd yn dawnsio yng nghlwb St Stephen's neu yn un arall o glybiau niferus Blackburn. Yn y cyfamser, roedd Dad wedi newid ei enw llwyfan i Eddie Carter. Carter oedd cyfenw Hilda a Mam cyn iddyn nhw briodi ac roedd yn gweddu i'r dim. A dweud y gwir, roedd yn teimlo fel petai'r darnau wedi disgyn i'w lle i Dad o'r diwedd, ac roedd ei deulu'n cytuno'n llwyr â hynny. 'Linda Carter oedd y peth gorau ddigwyddodd iddo fo.' Dyna byddai Fred yn ei ddweud, wrth unrhyw un oedd yn fodlon gwrando. 'Cafodd hi drefn ar ei arian a'i ddysgu i ofalu amdano. Gallwch chi ddychmygu sut un roedd o – cerddoriaeth oedd ei unig ddiddordeb. Roeddwn i, Colin a'r brodyr eraill i gyd wedi setlo i lawr ac wedi prynu ein tai ein hunain, ond y cyfan roedd o isio oedd mynd allan i ganu. Dyna'r unig beth oedd yn bwysig iddo fo.'

Rŵan roedd ganddo wraig a mab oedd lawn mor bwysig iddo fo, a dyma gyfle Ted o'r diwedd i fwynhau ei stori dylwyth teg ei hun.

Pennod 9

Erbyn mis Mehefin 1976, roedd Dad yn derbyn bod rhaid iddo symud yn barhaol i Blackburn i fod efo ni. Roedd yn ennyd i'w sobri, a bu bron â thorri calon Hilda. Dros y blynyddoedd, roedd hi wedi gweld ei meibion yn gadael i fyw efo'u gwragedd newydd, a'u plant wedi hynny, ac wedi bod yn ysu i Dad ddilyn yr un trywydd a setlo, ond pan ddaeth y diwrnod iddo adael cartref yn ffurfiol, roedd hi'n torri ei chalon. Paciodd Dad ei bethau a hel ei draed am Little Harwood, lle byddai'n symud i mewn efo'i deulu yng nghyfraith, er mawr ddifyrrwch i'w frodyr.

Yn amlwg, dod o hyd i waith oedd y flaenoriaeth ac aeth ati i chwilio am swydd, a chael un yn Premier Construction – ffatri oedd yn gwneud adeiladau parod, ddim ond pum munud ar draws y ffordd ddeuol o dŷ ei rieni yng nghyfraith. Roedd y cwmni newydd osod peiriant i drin pren yr wythnos cynt.

'Wyt ti wedi defnyddio unrhyw beth fel hyn o'r blaen?' gofynnodd y fforman iddo.

'Naddo, ond dangoswch i fi be i'w wneud, ac mi rodda i gynnig arni.'

Doedd neb yn rhy obeithiol y byddai Dad yn setlo, ond fel y briodas, synnodd pawb a gweithiodd fel peiriannydd pren yn Premier am 17 mlynedd nesaf ei fywyd. Wrth edrych yn ôl, mae'n ddigon posib ei fod wedi casáu'r gwaith. Roedd wedi mynd o fod yn ddyn sengl, yn perfformio mewn sioeau bron bob nos, i fyw efo rhieni ei wraig a gweithio mewn ffatri. Roedd hefyd wedi mynd o fyw yn Wednesbury, lle roedd pawb yn ei adnabod, i dref lle nad oedd gan neb syniad pwy oedd o. Mae'n rhaid bod hyn wedi bod yn dipyn o sioc iddo ac, i rywun fel fo, yn dipyn o ergyd i'r ego. Ond fyddech chi byth wedi meddwl hynny wrth iddo fwrw iddi a gwneud beth roedd angen ei wneud.

Roedd Geoff Sutton yn gweithio efo Dad yn Premier: 'Roedd o'n foi da a doedd ganddo fo ddim ofn gwaith – roedd o'n gweithio'n galed, wsti, doedd o byth yn diogi. Roedd Ted yn gweithio yn yr adran beiriannau a byddai wastad yn canu – dwi'n meddwl ei fod o'n trio dysgu'r geiriau i ganeuon neu rywbeth. Dwi'n cofio mynd ar drip gwaith i rasys Aintree, ac ar ddiwedd y noson, cododd Ted a chanu yn y clwb.

'Dwi hefyd yn cofio un tro arall, fymryn ar ôl iddo ddechrau, daeth Linda i'r ffatri a gofyn ble roedd o. Mi wnes i ddangos iddi hi a'r peth nesa', roedd hi'n ei hitio fo yn ei ben efo'i bag llaw. Roedd hi'n gandryll am rywbeth neu'i gilydd. Cadw draw wnaethon ni – roedd o wedi pechu go iawn y diwrnod hwnnw!'

Addasodd Dad i fod yn ddyn teulu yn gyflym – yr enghraifft orau o hynny oedd yr adeg pan aeth y teulu cyfan i wersyll gwyliau Pontins yn Southport ym mis Gorffennaf 1976. Enillodd y gystadleuaeth dalent, a'r wobr oedd wythnos o wyliau a thlws plastig aur ffug ar ffurf angel adeiniog. Mae'r tlws ar y silff ben tân gartref hyd heddiw: 'Pontins' Star Quest Winner 1976'.

Gan ei fod yn gweithio'n llawn amser, daeth Dad i'r casgliad rhyfedd nad oedd hi'n bosib iddo ganu a bod yn ŵr a thad, a rhoddodd ei ganu o'r neilltu. Dangosodd Mam cymaint roedd hi yn ei garu wrth iddi ei annog i ganu eto. Roedd hi'n gwybod ei fod wrth ei fodd yn canu ac ar ben hynny, roedd hi wedi syrthio mewn cariad â chanwr.

'Pan wnes i gyfarfod efo ti, mi wnest ti ddeud mai canwr roeddet ti. Os dwyt ti ddim yn mynd i ganu, rwyt ti'n gwbod ble mae'r drws!' gwaeddodd arno, yn ystod un o'r dadleuon niferus.

Felly dechreuodd fynd allan a derbyn gwahoddiadau i berfformio yng nghlybiau Blackburn. Un o'r llefydd cyntaf iddo ganu ynddo oedd clwb St

Stephen's, yn agos at gartref ei deulu yng nghyfraith yn Little Harwood. Un o glybiau traddodiadol gogledd Lloegr oedd St Stephen's: roedd y brif ystafell ar y llawr gwaelod efo llwyfan fach, ac ystafell snwcer lai wrth ei hochr; i fyny'r grisiau roedd ystafell ddigwyddiadau arall, efo llwyfan ychydig yn fwy. Ar y wal roedd llun o'r Frenhines. Yn yr haf, roedd y lawnt y tu allan yn llawn dop o aelodau'n chwarae bowls. Erbyn hyn, mae'r sglein wedi pylu – mae newidiadau yn y boblogaeth leol yn golygu does dim cynulleidfa erbyn hyn.

Mae Rose Boothman, sy'n mynd i'r clwb yn rheolaidd, yn cofio'r dyddiau hynny'n dda a'r tro cyntaf iddi gyfarfod â Dad: 'Dwi'n cofio pan ddaeth o i'r clwb gyntaf,' meddai. 'Roedd o ar ei ben ei hun a ddechreuodd siarad efo fy ngŵr, Jimmy. Ar ôl ychydig, dywedodd Jim, "Ty'd i eistedd efo ni, 'ngwashi, ti'n un da," a dyna wnaeth o.' Y noson honno, roedd St Stephen's yn cynnal noson agored – a châi unrhyw un godi a chanu os oedden nhw eisiau.

'Dos i roi cynnig arni, 'ngwashi,' meddai Jimmy wrth Dad.

Felly dyma Dad yn codi a gwneud argraff ar bawb oedd yno. 'Y ffordd roedd o'n taro'r nodau uchel 'na,' meddai Rose, 'Cododd o'r to. Roedd o'n WYCH.'

Pan eisteddodd Dad yn ôl i lawr efo'r grŵp, trodd Jimmy ato a dweud: 'Dylet ti feddwl am ganu yn y clybiau, 'ngwashi.'

'Dwi wedi gneud hynny'n barod lawr yn y canolbarth,' meddai Dad, a dechrau sôn wrth Jimmy, un o'r arweinyddion yn ogystal ag is-lywydd yn y clwb, am ei amser yn Butlin's a ble wnaeth o gyfarfod â Mam.

O hynny ymlaen, daeth Jimmy a Dad yn ffrindiau da – yn aml, byddai Jimmy a Rose yn cael parti yn ôl yn eu tŷ yn Bastwell efo rhai o'r criw ar ôl i'r clwb gau, a Mam a Dad yn eu plith. Mae Rose yn dal i fyw yn yr un tŷ heddiw, fymryn i lawr y ffordd oddi wrth fy rhieni, ac mae'n dal i fynd i St Stephen's bron iawn bob dydd Sadwrn. Roedd y cyplau yn ffrindiau hyd at farwolaeth Jimmy a dechrau dementia Dad, ond hyd yn oed wedyn, doedd y salwch ddim yn gallu cipio holl atgofion Dad: 'Pan fu farw Jimmy, roedd Ted yn arfer cerdded heibio'n tŷ ni bob bore a chyffwrdd y gwrych,' meddai Rose. 'Byddwn i'n ei wylio o ffenest y llofft. Bob bore yn ddi-ffael, byddai'n cerdded heibio, yn cyffwrdd y gwrych ac yn gweiddi, "Bore da, Jimmy", a cherdded i ffwrdd. Byddai'n gneud hynny bob bore. Roedd Jimmy'n torri'r gwrych yn aml, ac roedden nhw o hyd yn cael sgwrs pan fyddai Ted yn pasio. A dechreuodd yr arfer ar ôl i Jimmy farw. Bob bore.'

Un diwrnod, penderfynais holi Dad am Jimmy Boothman, yn awyddus i weld oedd o yn ei gofio:

'O, dwi'n 'nabod Jimmy. Gŵr bonheddig. Buodd o'n help garw i fi pan wnes i symud yma gynta'. Cyflwyno'r cerddorion gorau i fi, lle i fynd i ganu... Boi da...' Ond yna mae Dad yn crwydro ac yn adrodd rhyw stori ddryslyd am glybiau a chanu. Dwi'n eistedd yno'n teimlo'n ddagreuol. Deud, 'Bore da, Jimmy' oedd ei ffordd o beidio ag anghofio hen ffrind. Ac roedd Rose a'i merch mor ddiolchgar ei fod o'n gwneud hynny ar ei ffordd i'r siop bapur bob bore. Mae o'n ddyn da.

Roedd Blackburn yng nghanol yr 1970au yn gyrchfan boblogaidd. Roedd clybiau ym mhob cwr o'r dref, gydag arlwy o adloniant byw y rhan fwyaf o nosweithiau'r wythnos. Mae'n rhyfedd meddwl bod y rhan fwyaf o dafarndai a chlybiau Blackburn bellach wedi cau, a naill ai wedi eu dymchwel, wedi adfeilio neu wedi troi'n ganolfannau addysg grefyddol. Ychydig iawn sydd ar ôl o'r hen sin clybiau, ond bryd hynny roedd yn ffynnu, a gwnaeth Dad yn siŵr ei fod wrth galon pethau. Ar ôl ymdrech lugoer i gydymffurfio drwy droi ei gefn ar ganu, doedd dim stop arno fo unwaith iddo gael cymeradwyaeth Mam. Roedden nhw'n mynd allan y rhan fwyaf o benwythnosau, a Nain yn fy ngwarchod i, ac roedd hi bron fel petaen nhw'n canlyn unwaith eto. Bydden nhw'n mynd i'r clybiau yma a Dad yn aml yn gorffen y noson drwy godi ar ei draed a chanu – yn enwedig os oedd hi'n noson meicroffon agored. Yn union fel y gwnaeth o erioed, buan iawn y gwnaeth Dad yn siŵr fod pawb lleol yn gwybod pwy oedd o ac yn edrych ymlaen at glywed ei lais.

Roedd Ernie Riding yn un o'r chwaraewyr piano rheolaidd yng nghlwb

St Stephen's ar y pryd – dyn tal efo acen Swydd Gaerhirfryn gref a gwallt du. Pan oeddwn i'n blentyn, roedd o'n ymddangos fel perfformiwr nodweddiadol – siwtiau trwsiadus, yn trefnu'r band a'r lleoliad. Roedd wedi dysgu ei hun i ganu'r piano a gallai chwarae unrhyw gân o'i glust. O gyfuno ei ddoniau efo gwybodaeth gerddorol Dad, roedden nhw'n aml yn asio'n wych, gan gymysgu gwahanol ganeuon ac arddulliau mewn ffordd drawiadol iawn. Mae Ernie bellach yn ei 80au – mae'n hen ŵr efo gwallt wedi britho, ychydig yn grwm, ond mae'r perfformiwr yn dal i fod yno. Yn ei lolfa mae bysellfwrdd mae'n dal i'w chwarae bob dydd.

Yn un o'r nosweithiau hyn yng nghlwb St Stephen's perfformiodd Dad ei gadwyn chwarter awr am y tro cyntaf – cyfuniad o chwe neu wyth o ganeuon – ac roedd y gynulleidfa wrth ei bodd. Erbyn hyn, roedd wedi dechrau magu enw iddo'i hun, nid yn unig oherwydd hyn ond hefyd oherwydd ei wybodaeth helaeth o ganeuon oedd yn rhychwantu cenedlaethau: doedd 'na'r un gân roedd yn methu ei chanu. Un noson, ychydig cyn ei set arferol, rhoddodd y cyflwynydd yn y clwb (Jimmy Boothman, fel mae'n digwydd) lysenw newydd iddo ar ddamwain wrth ei gyflwyno:

'Dyma fo, Eddie Carter – y *Songaminute Man*.'

A dyna ni – glynodd yr enw, a dyna sut byddai Dad yn cael ei adnabod ledled Blackburn o hynny ymlaen.

'Wsti, roedd o'n gallu canu unrhyw arddull,' meddai Ernie. 'Roedd y cadwyni caneuon yn hwyl garw. Roedd o'n gneud i fi weithio ac roedden nhw'n para am hydoedd weithiau. Dwi'n cofio bod yn laddar o chwys, ond roedd o'n hwyl. Wedyn byddai'n mynd ymlaen i ganu'r caneuon difrifol. Arbennig. Dwi'n ei gofio fo pan ddaeth o i'r clwb gyntaf. Roedd o eisiau perfformio, a hithau'n noson agored. Y munud ddechreuodd o ganu, roedd hi'n amlwg ei fod o'n ganwr o safon. O hynny ymlaen, gwnaethon ni asio'n syth.'

Roedd gan Ernie grŵp bach a fyddai'n gwneud gigs preifat, a byddai Dad yn canu efo'r criw yn y gigs hynny am yr 20 mlynedd nesaf. 'Os oedd unrhyw gigs arbennig, byddwn i wastad yn gofyn i Eddie – roeddwn i'n falch o chwarae efo fo,' meddai.

Roedd hi'n amlwg bod Dad heb wneud ymdrech i guddio ei anian artistig rhag Ernie chwaith. 'Wsti, os nad oedd o'n hoffi cerddor, byddai'n cerdded i ffwrdd. Dwi'n cofio'i weld o'n cerdded oddi ar y llwyfan os nad oedd o'n hoffi'r pianydd. Ond dwi wedi gneud yr un peth efo cantorion,' meddai Ernie. Daeth y ddau ddyn yn ffrindiau agos, ac roedd y cyfeillgarwch yn allweddol wrth helpu Dad i ymgartrefu yn Blackburn. Roedd Dad yn bell iawn, iawn o'i frodyr ac yn gweld colli'r cyfeillgarwch agos oedd ganddyn nhw, felly roedd yn rhyddhad mawr i Mam pan ddaeth y ddau'n ffrindiau. Roedd rhannu diddordeb mewn cerddoriaeth yn fonws enfawr, ac roedd hi wrth ei bodd ei fod yn rhan o gylch o ffrindiau y gallai gymdeithasu â nhw.

Fel sy'n wir am drefi bach erioed, dechreuodd y si fynd ar led ac yn fuan iawn, trwy Ernie, daeth Dad i sylw Alf Wright – oedd ei hun yn cael ei adnabod fel Mr Music Blackburn. Plymar oedd o wrth ei waith, oedd wedi dechrau trefnu sioeau yn King George's Hall yn Blackburn. 'Doedd o ddim yn gerddor nac yn ganwr,' meddai Ernie, 'ond roedd o wrth ei fodd efo cerddoriaeth ac roedd o isio trefnu'r sioeau hyn. Roedd y caneuon i gyd o gyfnod Ted a minnau.'

Am flynyddoedd wedyn, byddai Dad wastad yn canu'n achlysurol yn King George's Hall fel rhan o nosweithiau Alf Wright's Music Hall – naill ai'n canu, yn arwain neu'r ddau. Un peth oedd yn disgleirio oedd ei hyder a'i bresenoldeb ar lwyfan – roedd Blackburn gyfan yn sôn amdano, ac yn fuan roedd yn cael gwahoddiadau lu i berfformio, gyda gigs wedi eu trefnu fisoedd ymlaen llaw. I ddathlu, aeth Mam allan a phrynu crys drud iddo ar gyfer ei sioeau. Ond pan glywodd Dad, roedd yn gandryll ei bod wedi gwario cymaint ar grys. 'Eddie, os wyt ti'n cymryd punt o'r tâl am bob gig rwyt ti wedi'u cael,' atebodd hithau, 'bydd hyn yn talu am y crys ddwywaith drosodd.'

Roedd y ffrae fach hon yn nodweddu cyfnod anodd i'r ddau, ac roedden nhw'n dadlau'n aml wrth addasu i fywyd efo'i gilydd. Dyma ddau berson oedd yn hapus yn byw y bywyd sengl, ac yn sydyn, roedd ganddyn nhw fabi, roedden nhw'n byw efo rhieni un ohonyn nhw ac yn ei chael hi'n anodd cael dau ben llinyn ynghyd. Roedd Mam yn gweld colli bwrlwm Llundain ac roedd yntau'n colli'r rhyddid o fod ar y ffordd – ac roedd eu bywyd newydd yn rhoi tipyn o bwysau ar y ddau. I Mam, un o'r prif broblemau oedd pan fyddai Dad yn perfformio mewn sioe fawr. Ar ôl gwneud sioe o'r fath, fyddai o ddim eisiau mynd i'r gwaith y diwrnod canlynol am ei fod wedi blino gormod. Achosodd hyn gryn ddrwgdeimlad, gan Mam a llygad barcud Nain, oedd yn gwylio Dad yn ofalus i wneud yn siŵr ei fod yn gofalu am ei merch. Doedden nhw ddim yn deall meddylfryd y perfformiwr – faint roedd o'n ei gymryd allan o Dad i fod ar y llwyfan drwy'r nos. Roedden nhw'n llawer mwy cyfarwydd â threfn naw tan bump a'r sefydlogrwydd oedd yn dod yn ei sgil. Diogi oedd colli'r gwaith iddyn nhw, ond i Dad, roedd arno angen amser arno i ddod dros y perfformio.

Daeth y cyfan i benllanw ymhen rhai wythnosau, ar ôl un noson arbennig o hwyr, pan wrthododd Dad godi o'r gwely drannoeth i helpu efo fi nac i fynd i'r gwaith. Roedd Mam wedi cyrraedd pen ei thennyn a bustachodd i'r gegin, gyda minnau'n sgrechian yn ei breichiau, yn cwyno wrth Nain bod ei gŵr yn dda i ddim. 'Dyna ni,' mwmiodd Nain, wrth wylio'i merch flinedig a dan straen yn trio ymdopi efo pob dim wrth i'w gŵr chwyrnu yn y gwely. Aeth i'r twll tan grisiau ac ymestyn am y peiriant sugno llwch cyn brasgamu i fyny i lofft Mam a Dad a'i danio. Roedd Dad wedi cael llond bol. Cododd ar ei draed, pacio'i fag ac aeth i fyw yn yr YMCA. Roedd hi'n ddrama a hanner – roedd Mam yn flin efo hi ond doedd dim troi ar Nain o gwbl: 'Fy nhŷ i, fy rheolau i' roedd o yn ei golwg hi. Doedd gŵr Nain ddim yn ddiog, a doedd hi'n sicr ddim yn mynd i oddef ymddygiad o'r fath gan ŵr rhywun arall, a dywedodd hynny wrth fy nhad yn ddiflewyn-ar-dafod.

Wnaeth yr alltudiaeth ddim para'n hir, ac yn fuan iawn roedd fy rhieni yn ôl efo'i gilydd, ond mi wnaeth iddyn nhw chwilio am dŷ yn Blackburn i'w brynu. Doedd aros efo'r teulu yng nghyfraith am gyfnod amhenodol ddim yn opsiwn. Ar ôl cytuno ar bris am fwthyn bach, cyn ei golli i gynnig gwell, rhoddodd y ddau eu henwau i lawr am dŷ cyngor. Ychydig wythnosau'n ddiweddarach, dyma symud i Rif 2 Windermere Close, Daisyfield, ym mis Gorffennaf 1977. Tŷ bychan ar ben rhes a godwyd yn yr 1960au oedd o, efo gardd fach iawn o'i flaen ac yn y cefn. Mynd ati wedyn i'w droi'n gartref, a'i ddodrefnu efo bargeinion o siopau ail-law neu ffeiriau sborion.

Erbyn haf 1977, roedd Mam a Dad mewn sefyllfa ariannol ddigon da i dalu am eu gwyliau haf cyntaf eu hunain, a phenderfynwyd mynd i dref lan môr fechan Bude yng Nghernyw. Roedden nhw wedi cyffroi – aeth Mam ati i brynu dillad newydd a chynllunio'r holl bethau y bydden nhw'n eu gwneud a ble bydden nhw'n bwyta. Ond trodd yr amser hapus hwn yn dor calon i Dad pan fu farw ei fam annwyl ar ddiwrnod ei phen-blwydd yn 60 oed. Er bod ei hiechyd wedi dirywio'n gyflym ers marwolaeth ei gŵr Maurice, doedd neb yn disgwyl iddi fynd mor fuan. Roedd hi wedi bod yn ymdopi â'i diabetes, ac un o'r sgileffeithiau pryderus oedd ei fod yn achosi iddi lewygu neu simsanu. Ar ôl y gwymp olaf, wedi iddi fynd i goma diabetig, bu'n rhaid iddi fynd i'r ysbyty a bu farw yno, yn sydyn ac yn annisgwyl. Roedd yn ergyd drom i'w theulu, oedd yn dal i drio cynefino â bywyd heb Maurice. Roedd pawb mewn sioc, ac aeth blynyddoedd lawer heibio cyn i Dad ddod i delerau â'r golled.

Er gwaethaf ei dor calon, aeth Dad i'r gwaith drannoeth. 'Mi wnes i eu ffonio nhw i esbonio be oedd wedi digwydd a gofyn iddyn nhw gadw llygad arno fo,' meddai Mam. 'Doedd o fel arfer ddim isio i bobl weld cymaint roedd o wedi ypsetio.' Ychydig cyn yr angladd, treuliai Dad amser efo corff Hilda yn y parlwr angladdau ac eisteddai efo hi am oriau, ei sgwrs bellach ar goll yn niwloedd hanes a dyfnderoedd ei feddwl dryslyd. Ei fam oedd ei fyd ar un adeg, ond roedd bellach yn byw mewn tref newydd, efo gwraig newydd a babi newydd. Roedd yn llawer iddo brosesu ac efallai ei fod heb lwyddo i wneud hynny'n iawn erioed.

Claddwyd Hilda efo'i hannwyl Maurice, gan adael i'w phlant ddod i delerau â'r ffaith bod gwraig mor rymus wedi mynd am byth. Hi oedd canolbwynt yr uned deuluol, ond rŵan doedd hi ddim yno. Ac er bod gan bob un ohonyn nhw ei aelwyd ei hun, mae colli'ch dau riant unrhyw bryd yn newid eich bywyd: yn sydyn, does neb o gwmpas oedd yn eich adnabod chi o'r cychwyn cyntaf. Deliodd Dad â'r peth trwy fwrw ymlaen â phethau'n dawel, ond effeithiodd ar ei briodas gan achosi patrwm o ffraeo, gwahanu a chymodi, a oedd yn lladdfa ac yn ddinistriol – cylch sy'n gallu gwneud drwg i sylfaen y berthynas gryfaf hyd yn oed.

Efallai fod marwolaeth Hilda wedi sbarduno ofn colled yn Dad neu efallai ei fod yn berson cenfigennus yn y bôn, ond beth bynnag oedd y gwir, trodd yn feddiannol iawn o Mam a doedd dim ots ganddo pwy fyddai'n gweld hynny.

Roedd hyn yn fwyaf amlwg yn ystod eu Nadolig cyntaf efo'i gilydd fel pâr priod, pan dreulion nhw Ŵyl San Steffan yn nhŷ Edna. Roedd y ddwy wraig yn dal i fod yn agos ar ôl y briodas, pan fu Edna'n forwyn i Mam, ac roedd treulio rhywfaint o'r gwyliau efo hi a'i gŵr, David, yn swnio fel syniad hwyliog. Roedd ganddyn nhw focs gwisg ffansi, a gwisgodd Brian, brawd Edna, a Mam ddillad o'r bocs a pherfformio sgets ddoniol. Doedd Dad ddim yn hoffi hyn. Wrth i Mam a Brian ddod i lawr y grisiau yn eu dillad, aeth Dad yn benwan, gan frasgamu allan o'r tŷ a cherdded yr holl ffordd adref – oedd dros bum milltir i ffwrdd. Roedd gan Mam gywilydd fod ei ffrindiau yn gweld yr ochr honno iddo, a daeth yn amlwg nad oedd yn bosib ei esbonio drwy fynnu mai perfformiwr emosiynol neu deimladwy oedd o a dim mwy. Ar adegau eraill, pan fyddai Mam allan ar ei phen ei hun efo'i ffrindiau, byddai Dad yn ei chloi allan o'r tŷ mewn pwl o genfigen, a'i gorfodi i gerdded i dŷ Nain a Taid, lle byddai'n aros y nos.

Ond doedd Mam ddim yn un wan ac roedd pen draw ar ei hamynedd hi. Un bore, roedd hi wedi penderfynu codi'n gynnar i wneud brecwast mawr o gig moch ac wyau i roi dechrau da i ddiwrnod Dad, yn union fel y byddai Hilda'n ei wneud cyn iddo fynd i'w waith. Roedd hi'n credu efallai y byddai ychydig o gysur cartref yn ei helpu i ddod i delerau â'r sefyllfa a'i atgoffa o ddyddiau da, er ei fod yn drist. Ond methiant llwyr oedd ei gweithred gariadus, gan iddi ddod yn amlwg nad oedd Dad yn yr hwyl am hyn.

'Dwi'm isio hwn,' meddai, gan wthio ei frecwast o'r neilltu. 'Dwi'n hoffi fy wyau'n feddal.'

Ond roedd o'n eistedd yn y lle gwaethaf posib. Yn union y tu ôl iddo roedd iâr grochenwaith, lle roedden nhw'n cadw'r wyau. Collodd Mam ei limpin, troi a gafael mewn wy a'i dorri ar ei ben.

'Ydy hynna'n ddigon meddal i ti?' gwaeddodd, gan redeg drwy'r drws. Yn y pen draw, gwelodd Dad yr ochr ddoniol a dechrau chwerthin, rhedeg ar ei hôl hi a gafael ynddi efo'i ddwy law. 'Dwi'n dy garu di, Linda McDermott,' meddai, yno ar ganol yn y ffordd, yng ngolwg yr holl gymdogion. Roedd y ddau ohonyn nhw'n edrych yn hollol loerig.

Ond erbyn canol 1977, roedd y cweryla'n waeth nag erioed, a cherddodd Mam allan a gadael Dad. 'Wrth edrych yn ôl, alla i ddim hyd yn oed gofio am be roedden ni'n dadlau hanner yr amser,' meddai. 'Dwi'n credu ein bod ni'n dau'n gecrus ac isio'n ffordd ein hunain o hyd. Dadleuon digon gwirion oedden nhw, ond roedden nhw'n troi'n frwydrau tanllyd. Roedden ni'n dau ar fai.'

Symudodd Mam a fi yn ôl i dŷ Nain – y tro yma, roedd hi o ddifri ei bod hi'n gadael Dad am byth. Roedd hi wedi trio dangos cydymdeimlad ar ôl marwolaeth Hilda, ond roedd yr elfen flin a dadleuol honno yn Dad yn gwaethygu, ac roedd eu perthynas wedi troi'n un frwydr barhaol. Roedd hi eisoes wedi profi iddo nad oedd hi'n fodlon cael ei thrin fel cadach llawr, ac roedd hi'n gwybod bod rhaid iddi ddal ei thir. Felly dyma hi'n gadael, ac yn mynd â fi efo hi.

Pennod 10

Ar yr wyneb, roedd golwg waraidd iawn ar bopeth – gwnaethon nhw rannu eu pres a phrynodd Mam ei thŷ ei hun, 138 Cedar Street, ger Bastwell yn Blackburn. Roedd yn dŷ teras bychan iawn, ond ei thŷ hi oedd o, ac roedd hi wrth ei bodd. Roedd y stryd yn un nodweddiadol o dai teras Swydd Gaerhirfryn – roedd pawb yn adnabod ei gilydd ac mi wnes i dreulio fy mhlentyndod yn chwarae allan efo plant eraill o'r stryd ac yn gwneud ffrindiau mynwesol.

Dyna i chi Jason ychydig o ddrysau i ffwrdd, a fyddai'n dod yn ffrind gorau i fi ar y pryd; Ellen, oedd yn byw ar Bastwell Road; Kathryn ar ochr arall y stryd; roedd Louise yn byw ymhellach i lawr gyferbyn â'r golchdy efo'i brawd iau, Brett; John, yr un â gwallt coch yn y criw, oedd yn byw ar Logwood Street; a Shirley McKenna, oedd yn byw gyferbyn â ni. Roedden ni i gyd yn cadw cwmni i'n gilydd, yn aml yn mynd i lawr i Siop Jim i brynu Lucky Bags am 5c neu'n chwarae ar y strydoedd cefn. Drws nesaf i ni roedd Bloody Mary – hen wraig fyddai'n eistedd yn ei phortsh o fore gwyn tan nos, yn cwyno am 'blydi hyn' a'r 'blydi llall'. Ar yr ochr arall, roedd lle trin gwallt bach, efo hen ddaeargi bach annifyr o'r enw Scooby Doo oedd yn cyfarth yn ddi-baid. Drws nesaf wedyn roedd Ida, oedd yn ysgubo'r stryd byth a hefyd. A drws nesaf iddi hi, dwi'n meddwl, roedd Big John, efo'i ddau bwdl, Pepsi a Shirlie.

Roedd Mrs Goodrich yn byw ymhellach i lawr y stryd. Hen wreigan yn byw ar ei phen ei hun oedd hi, ac yn rhoi pryd o dafod i ni rownd y ril.

Wrth gwrs, doeddwn i ddim yn adnabod y bobl yma pan wnaethon ni symud, ond y nhw fyddai fy nheulu i nes imi fod i'n wyth oed. Roedd pawb yn adnabod ei gilydd. Roedden ni'n cael ein ceryddu, yn cael melysion, bydden ni'n mynd i dai ein gilydd ac yn herio'n gilydd i gerdded ar hyd yr alïau cefn neu chwarae yn adfeilion yr hen garejys tu ôl i dŷ Louise. Roedd gen i gar plastig melyn pan oeddwn i'n ddim o beth, un roeddwn i'n gallu eistedd arno a'i yrru. Pan oeddwn i'n saith oed, dyma ni'n mynd â fo allan i ben Holly Street, a hedfan i lawr arno i waelod y bryn, gan fethu ceir ar draws y stryd o fodfeddi. Mae'n syndod ein bod ni'n dal i fod yn fyw. Pan ddaeth fy nhad draw a gweld hyn, rhedodd allan o'r tŷ ar ras a rhoi cweir go iawn i fi. Dyna'r tro olaf i mi fentro gwneud hynny.

Fyddai Mam a Dad ddim yn aros ar wahân am hir. Ar ôl iddi adael, buodd Dad yn pwyso a mesur ei fywyd yn galed. Roedd o eisiau Mam a fi yn ôl, ond roedd o'n gwybod bod rhaid i bethau newid. Roedd hefyd yn gwybod y byddai Hilda wedi ei siomi efo'r chwalfa, ac wedi dweud wrtho am gallio – doedd hon ddim yn gêm ac roedd angen iddo ysgwyddo'i gyfrifoldebau. Efallai fod pawb arall yn ei ddathlu a'i addoli, ac yn gadael iddo wneud fel a fynno oherwydd ei lais – ond doedd ei wraig ddim.

Roedd Dad yn gweld colli Mam yn ofnadwy, ac aeth ati i adennill ei chalon, gan aros amdani bob nos ar ôl gwaith. Gwrthododd i ddechrau, ond yn y pen draw mi ildiodd a chael ei swyno gan ddyfalbarhad Dad – byddai yno wrth iddi orffen ei gwaith bob nos, efo anrheg fach a gwên.

'Roedd o'n fy ngyrru i'n dw-lal i ddechrau,' medd Mam. 'Roeddwn i'n daer dros symud ymlaen, ond llwyddodd i newid fy meddwl i. Dwi'n cofio'r diwrnod hwnnw. Roeddwn i wedi dod adref o'r gwaith ac wedi mynd i dŷ Mam i dy nôl di pan welais i o'n sefyll ar ben y ffordd, wedi gwisgo'n smart, yn aros amdana i. Roedd hi fel golygfa allan o *Wuthering Heights* neu rywbeth tebyg. Wn i ddim beth ddigwyddodd. Cliciodd rhywbeth a dyma ni'n rhedeg at ein gilydd a dechrau cusanu. Mae'n rhaid 'mod i'n honco bost.'

Gan fod Dad a Mam wedi mynd yn ôl i weithio yn syth ar ôl i fi gael fy ngeni, Nain a Taid oedd yn gofalu amdana i yn ystod y dydd. Byddai Dad yn dod i fy nôl i am 4.15 ar y dot. Byddai'n gorffen gweithio am bedwar, a byddai'n cymryd chwarter awr union iddo gerdded i lawr o'i weithle yn Premier. Dwi'n dal i glywed y sŵn rŵan – giât gardd flaen Nain a Taid yn agor a Dad yn chwibanu neu'n canu wrth ddod i fyny'r llwybr.

Roedd Dad yn un da efo plant – roedd o yn eu canol nhw wrth dyfu i fyny, ac roedd ei gyfnod yn Butlin's wedi datblygu rhagor ar ei ddoniau. Roedd rhai rhieni'n darllen llyfrau stori i'w plant, ond doedd o ddim fel 'na – roedd ei straeon i gyd yn ei ben ac roedd o'n eu hadrodd yn y fan a'r lle, a'u gwneud nhw'n llawer mwy o beth wrth eu perfformio nhw.

Un o fy atgofion cynharaf yw cael fy swyno gan stori'r tri bwch gafr. Roeddwn i'n argyhoeddedig eu bod nhw'n byw ym mharc Roe Lee, dafliad carreg o'n tŷ ni. Pan oedden ni'n mynd i'r parc, bydden ni'n mynd at y nant fach ac yn actio'r stori. Byddai Dad yn cuddio o dan y bont fach yn esgus bod yn ellyll, tra byddwn i a Mam yn esgus bod yn eifr yn croesi'r bont. Bob yn hyn a hyn, byddai'n neidio allan o dan y bont, ac yn ein dychryn ni'n ofnadwy. Roeddwn i hefyd yn argyhoeddedig ei fod o'n gallu cicio pêl i fyny drwy'r awyr. Byddwn i'n gweiddi, 'Gwna hynna eto, Dad, gwna hynna eto!' wrth i fi wylio'r bêl yn mynd yn uchel i'r awyr, yn llai ac yn llai, gan feddwl ei bod hi'n mynd mor bell fel na fyddai hi'n dod yn ôl. I fi, roedd o'n anhygoel.

Fodd bynnag, roedd digon o ddrama yn eu perthynas o hyd. Yn ogystal â dod i fy nôl i, gwaith Dad oedd fy ngadael i yn nhŷ Nain a Taid bob bore. Gadawai'r tŷ am 7.15 ar y dot oherwydd bod ei shifft yn dechrau am 7.30. Roedden ni'n rhedeg i fyny'r bryn bob bore, ac ar ôl iddo ffarwelio, byddwn i'n cael llond cwpan o resins i ddechrau'r diwrnod.

Dwi'n cofio un o'r boreau hynny, a ninnau bron â chyrraedd pen draw Cedar Street ger y gyffordd â St James Road efo fy nhad, pan glywais sgrech annaearol: Mam oedd 'na. 'Dyma ti! Dy ddillad di!' ac yna taflodd holl ddillad Dad allan drwy'r drws ffrynt i ganol y stryd. Yna caeodd y drws yn glep.

Plentyn oeddwn i, ac roeddwn i wedi dychryn yn arw. Trodd Dad o gwmpas a dyma ni'n dau'n cerdded yn ôl am y tŷ.

Wrth i ni gyrraedd y drws, mae'n agor eto. Y tro hwn, recordiau Dad oedd yn ei chael hi.

'Ac mi gei di fynd â dy recordiau di hefyd!'

Roeddwn i'n gwybod nad oedd hynny'n arwydd da.

Mae perthynas Mam a Dad wastad wedi bod yn un danbaid ac angerddol, efo cymodi'n dilyn ffraeo tanllyd a chyson. Roedd y ddau'n bengaled ac yn annibynnol, ond roedden nhw hefyd wedi eu clymu efo'i gilydd. Roedden nhw'n caru ei gilydd 'er gwell, er gwaeth', er bod hynny'n ymddangos yn hen ffasiwn erbyn hyn; mae hynny'n fwy gwir nag erioed rŵan wrth i Mam ofalu am Dad a galaru am y dyn roedd hi'n arfer bod yn briod efo fo.

Roedd Dad yn blentyn sensitif erioed ac roedd ei awydd i ofalu am eraill wedi aros efo fo'n oedolyn, ac yn y gweithle. Roedd Hilda wedi sylwi ar empathi yn ei mab bach nad oedd yn pylu wrth iddo fynd yn hŷn. Dangosodd Dad yr ochr hon i'w gymeriad i'w fòs yn Premier. Pan gyrhaeddodd y gwaith un diwrnod, roedd criw o ddynion yn cicio'u sodlau yn y ffreutur. 'Hei, Ted, mae Astley i fyny'r grisiau, yn crio wrth ei ddesg,' meddai un ohonyn nhw. Astley oedd y bòs; roedd o wedi sefydlu'r cwmni efo'i bartner ac wedi ei ddatblygu'n fusnes llwyddiannus. Aeth Dad i fyny'r grisiau i'r swyddfeydd a dod o hyd i Astley yn eistedd yn ei swyddfa efo'i ben yn ei ddwylo, yn beichio crio. Cerddodd Dad i mewn ar ei union. 'Iawn, be sy?' gofynnodd.

Yn ôl yr hanes, roedd y busnes mewn trafferthion, ac roedd hynny, ynghyd â'r ffaith bod nifer o'r dynion wedi penderfynu mynd ar streic, wedi bod yn ormod i Astley.

'Peidiwch â bod yn wirion. Mae pawb yma isio'ch cefnogi chi. Rydych chi'n fòs da ac mae pawb isio'r gwaith. Gwrandwch, mi af i lawr a deud wrthyn nhw be sy'n digwydd. Dydi hyn ddim yn bwysig. Be sy'n bwysig ydy'ch bod chi'n iawn a'ch bod chi'n dod at eich coed. Wedyn, rydych chi a fi'n mynd i'r rasys ceffylau,' meddai Dad wrtho, yn ôl pob golwg.

A'r prynhawn hwnnw, dyna'n union wnaeth Dad ac Astley, efo Astley yn eu gyrru yn ei gar. Dywedodd Dad wrth bobl ar y pryd, 'Doedd ganddo fo ddim syniad be roedd o'n ei wneud, ond enillodd o blydi dau gan punt efo'i fet gynta'! Roedd o'n fòs da, ond roedd o'n gadael i bethau fynd yn drech nag o. Roedd o'n poeni am bob math o bethau.' Dyna Dad yn ei hanfod – roedd o'n gallu teimlo poen pobl eraill, ac mae'n bosib mai dyna pam oedd o'n teimlo ei emosiynau ei hun mor galed, rhywbeth roedd Iris wedi bod mor ymwybodol ohono pan oedden nhw'n canlyn.

Roedd Dad yn adnabod pawb ar Cedar Street. Byddai'n sgwrsio ac yn cellwair byth a hefyd efo Mrs Goodrich (yr hen wreigan oedd yn dweud y drefn wrth y plant o hyd) a Bloody Mary (hen sguthan arall). 'Oherwydd ei fod o'n meddwl eu bod nhw'n unig,' meddai Mam wrtha i. 'Byddai bob amser yn mynd allan o'i ffordd i siarad ag unrhyw un os oedd o'n meddwl eu bod nhw'n unig – doedd o byth yn hoffi gweld neb ar ei ben ei hun.'

Roedd Mrs Goodrich wedi ysgaru ac yn treulio'i diwrnod yn y portsh, yn rhoi pryd o dafod i ni fel arfer, fel dwi wedi sôn eisoes. 'Wrth edrych yn ôl, dwi'n meddwl ei bod hi'n dioddef o iselder neu rywbeth,' meddai Mam. 'Ond byddai dy dad wastad yn gneud yr amser i ddeud helô neu siarad â hi am oes bob tro roedden ni'n pasio. Roedd hi'n ddynes glên – dim ond ei bod hi wedi cael llond bol ar blant yn chwarae tu allan i'w thŷ bob awr o'r dydd.'

Dwi'n dal i gofio Bloody Mary yn eistedd yn ei phortsh â golwg sarrug iawn arni. Roedd gen i ei hofn hi oherwydd fy mod i'n gwybod, petai hi'n fy ngweld i'n gwneud unrhyw beth (cerdded ar wal gefn rhywun, er enghraifft), y byddai hi'n dweud wrth fy nhad ar unwaith a byddwn i'n cael bonclust. Flynyddoedd yn ddiweddarach, gwelais i hi ym marchnad Blackburn ac roedd hi'r hen wraig fwyaf dymunol o dan haul.

Roedd Dad wrth ei fodd yn plesio'r bobl oedd yn annwyl iddo, felly doedd hi ddim yn syndod, ar ôl misoedd o grefu a phledio ar fy rhan i, ei fod o a Mam wedi ildio yn y pen draw, a dyma'r tri ohonon ni'n dal y bws i Guide yn Blackburn, lle roedd canolfan achub cŵn. Y diwrnod cynt, roedd torllwyth o gŵn bach wedi cael eu geni, ac roeddwn i yn fy elfen yn cael dewis croes rhwng ci defaid a chi Labrador.

Roedd yn bygddu efo croes wen ar flaen ei frest. Doedd o ddim wedi agor ei lygaid, a dwi'n dal i gofio'r tro cyntaf i fi afael ynddo, yn hapus fel y gog bod gen i gi o'r diwedd. Yn ffodus, pan oeddwn i'n gafael ynddo, agorodd ei lygaid am y tro cyntaf; roedd pawb wedi cyffroi wrth feddwl mai fi oedd y peth cyntaf iddo'i weld.

Daeth yn ôl i'n tŷ ni rai wythnosau'n ddiweddarach, a minnau'n ei gario mewn bag ysgol glas golau bach â'i ben yn sticio allan ohono. Cafodd yr enw Mac, ac roedd yn rhan ganolog o'n teulu ni am flynyddoedd.

Roedd Mac yn mynd efo fi i bobman, efo'r drefn ddyddiol o adael efo Dad yn y bore i fynd i dŷ Nain a Taid bellach yn cynnwys Mac hefyd. Doedd rhieni Mam ddim yn meddwl bod ci yn syniad da, ond daeth yn dipyn o ffefryn yno hefyd, a byddai'n cael ei fwydo efo'r sbarion cig gorau gallai Nain gael gafael ynddyn nhw ym marchnad Blackburn.

Wrth i'r blynyddoedd fynd yn eu blaen, daeth Dad o hyd i gydbwysedd hapus o fywyd bodlon gartref a dal ati i berfformio mewn clybiau a thafarndai, a chanu'n achlysurol mewn cartrefi hen bobl neu sioeau elusen. Roedd wedi dod i delerau â'r ffaith mai dyma fyddai lefel ei 'enwogrwydd' ac roedd yn fodlon â hynny.

Pan oeddwn i'n chwech neu saith oed, cafodd Dad gig yng nghartref henoed Blakewater Lodge yn ardal Whalley Range. Wrth ymarfer gartref, dysgodd ddwy gân i fi a fy ffrind Ellen – 'Roses of Picardy' a 'Milly Molly Mandy' – a phenderfynwyd ein bod ni'n mynd i'w canu yn ei sioe.

Gwisgodd Ellen ei ffrog orau, un las debyg i rywbeth byddai Dolly Parton yn ei wisgo, os dwi'n cofio, ac roedd Mam wedi cael siwt las tywyll i fi o farchnad Blackburn. Dyma ni'n tri yn cerdded i lawr o Cedar Street, drwy Bastwell ac i Whalley Range i'r cartref hen bobl. Roeddwn i ac Ellen yn cario cês bach yr un, a'r rheini'n teimlo'n anferth ar y pryd, er mai maint llyfr bach oedden nhw mewn gwirionedd. Ynddyn nhw roedd y 'gerddoriaeth' a'r geiriau – a ninnau'n meddwl ein bod ni ar fin gwneud perfformiad ein bywydau.

Roedd y cartref wedi rhoi ystafell wisgo i ni hyd yn oed; roedden ni'n meddwl mai ni oedd y sêr. Tra oedd Dad ar y llwyfan yn canu, roedden ni'n chwarae o gwmpas pan ddaeth dyn wedi ei wisgo fel y Dyn Anweledig i mewn i'r ystafell, a'n dychryn ni yn fwriadol. Roedd ganddo bapur tŷ bach am ei wyneb, sbectol haul, siwt a het bowler. Mewn dychryn, dyma ni'n rhedeg drwy'r cartref – oedd ar y pryd yn ymddangos yn ddrysfa o goridorau – yn syth i'r llwyfan lle roedd Dad yn perfformio. Roedd pawb yn morio chwerthin.

Ar ôl perfformio ein caneuon ar y llwyfan, ein gwaith ni wedyn oedd mynd o gwmpas yr holl breswylwyr i lenwi eu gwydrau. Roedd yr hen bobl i gyd yn feddw gaib erbyn diwedd y nos.

Ar ddechrau'r 1980au, ymunodd Dad â grŵp o'r enw The Versatiles – tair merch, chwaraewr piano ac yntau – a fyddai'n perfformio sioeau elusennol o amgylch Blackburn a Darwen. Byddai'n aml yn mynd â fi efo nhw, a byddwn i'n eistedd yn y gynulleidfa neu'n chwarae gefn llwyfan mewn lleoliadau yn amrywio o ysblander (!) Theatr Llyfrgell Darwen i gartref hen bobl ar gyrion y dref. Ble bynnag roedden ni, byddai'r holl hen wragedd oedd yn dod i weld y sioe yn gwneud ffŷs ohona i, ac yn hwrjio da-da arna' i.

Yn 1984, soniodd Nain wrth Mam am wraig leol a oedd, yn drist iawn, wedi marw. Doedd ganddi ddim plant ac roedd y tŷ ar werth am bris rhad, er mwyn ei werthu'n gyflym. 'Roedd 'na ddau dŷ yn sownd yn ei gilydd,' meddai Mam. 'Ond pan edrychon ni drwy ffenest y llofft gefn a gweld yr ardd, dyma'r ddau ohonon ni'n disgyn mewn cariad â'r lle.'

Y tŷ hwnnw, ar Whalley Old Road yn Sunnybower, ychydig i fyny'r ffordd o gartref Nain a Taid, yw ble mae Mam a Dad yn dal i fyw heddiw a'r lle dwi'n dod adref iddo, i helpu i ofalu am Dad. Tŷ pâr bach ydi o, yn agos at y ffordd ddeuol. Pan symudon nhw yno, roedd waliau brics coch ar flaen yr holl erddi a digonedd o goed – ond diflannodd y rhain i gyd yn raddol wrth i bobl brynu ceir a throi'r gerddi blaen yn llefydd parcio. Roedd yr ardd gefn wedi tyfu'n wyllt, efo dau dŷ gwydr enfawr yn y cefn eithaf a sied y byddwn i a fy ffrind Jason yn cuddio ynddi. Y tu mewn, doedd y tŷ heb weld côt o baent ers blynyddoedd; roedd angen cryn dipyn o waith. Y tu ôl i'r ardd, roedd 'na gae enfawr efo rhandiroedd wedi tyfu'n wyllt a nant fach. Ar ôl byw yn Cedar Street, roeddwn i'n meddwl bod hyn yn anhygoel a byddwn i'n gwahodd y plant oddi yno i chwarae.

Ar ôl prynu'r tŷ, byddai Mam a Dad yn treulio bob penwythnos yn gweithio arno, gan symud eiddo o Cedar Street i fyny i Whalley Old Road mewn berfa bob bore Sadwrn.

Dwi'n ein cofio ni'n glir yn cerdded i fyny Laburnum Road, Dad yn gwthio'r ferfa yn llawn sosbenni neu beth bynnag oedd yn cael ei symud y diwrnod hwnnw, Mam yn cario bagiau a fi a Mac yn cerdded y tu ôl iddyn nhw. Ar ddiwrnod y symud mawr, mi ges i eistedd yng nghefn y fan fudo. Dwi'n ei chofio hi hyd heddiw. Roedd yn wyn llachar, yn llawn dop o'n holl ddodrefn, a minnau'n eistedd ar ben pentwr o ddroriau. Dwi'n cofio'r drws cefn yn cau ac yna cael fy nhaflu o gwmpas yng nghefn y fan yng nghanol dodrefn tŷ ni – hunllef Iechyd a Diogelwch!

Aeth yr haf hwnnw yn ei flaen am byth, neu felly roeddwn i'n teimlo, beth bynnag. Bydden ni'n treulio'r penwythnos mewn tŷ a oedd yn debyg i blasty i ni, fy ffrindiau a minnau'n chwarae yn yr ardd wyllt anferth hon, yn chwarae yn y caeau y tu ôl i'r tŷ ac weithiau'n dringo i mewn i Premier lle roedd Dad yn gweithio ac yn edrych ar y merched Tudalen 3 roedd y dynion wedi eu glynu wrth waliau'r swyddfa. Oherwydd doedd dim popty yn y tŷ, roedden ni'n bwyta cawl i swper gan amlaf a hwnnw wedi ei gynhesu efo hen set *fondue* roedd Mam wedi ei phrynu. Daliodd Dad i brofi nad oedd DIY yn un o'i sgiliau, a chafodd ei orfodi i gadw draw wrth i Taid fynd i'r afael ag unrhyw waith o'r fath. Fo wnaeth y rhan fwyaf o'r gwaith papuro, efo Dad yn gyfrifol am docio'r jyngl yn yr ardd gefn a chwalu'r hen siediau. Am flynyddoedd, roedd yn teimlo fel petaen

Lluniau

Tad Ted, Maurice.

Mam Ted, Hilda.

Ted, yn 2 oed, yn 1938.

Ted, yn 23 oed, gydag Iris, yn 20 oed, yn
y Ski Rooms yn Wednesbury yn 1959.

Ted ar y llwyfan yng ngwersyll Butlin, Ynys y Barri.

Yn 1974, yn fuan ar ôl cyfarfod â Ted, enillodd Linda gystadleuaeth gwisg ffansi'r Nadolig yng ngwesty cwmni Butlin yn Blackpool, y Metropole.

Butlin's
ENTERTAINMENT STAFF

DO'S and DON'TS

THIS IS YOURS –
DON'T LOSE IT.
DON'T SHOW IT AROUND

DO MAKE THE CAMPERS
FEEL AT HOME

DO SMILE AT THEM –
DO TALK TO THEM –

ESPECIALLY THE ELDERLY
AND THOSE WHO ARE LONELY –

DO BE PUNCTUAL
– WE START AND FINISH ON TIME –

MIX AND MINGLE

Cyfarwyddiadau llawlyfr staff adloniant gwersyll Butlin!*

Ted a Linda gydag aelodau Sioe Deithiol gwersyll Butlin yn Theatr Newark ym mis Chwefror 1975.

Ted a Linda gyda'r digrifwr Dave Thomas (*chwith*) ar Sioe Deithiol gwersyll Butlin ym mis Ionawr 1975.

Ted a'r 'Redcoats' ar y llwyfan.*

Ted gyda'r canwr jazz Salena Jones a'r 'Redcoats' eraill – ar long danfor!

Enillodd Ted Sioe Dalent gwersyll Pontin ym mis Gorffennaf 1976.

Linda a Ted ar Darwen Moors yn Swydd Gaerhirfryn yn 1976.

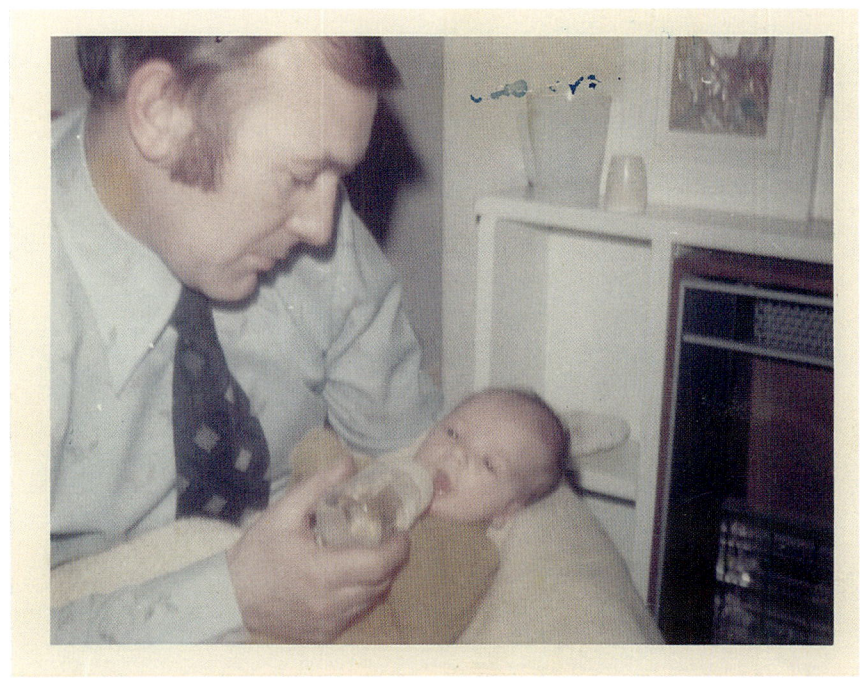
Ted a Simon yn fabi ym mis Ionawr 1976.

Priodas Ted a Linda yn Swyddfa Gofrestru Blackburn, 7 Chwefror 1976.
(*Chwith–dde*) Marilyn, Mavis, Chris, Pete, Ted, Linda, David, Edna, Joyce a Malcolm.

Ted, Simon a Linda.

Simon a Ted, Diwrnod Nadolig 1977.

Nadolig hapus arall yn Windermere Close yn Blackburn.

Ted a Linda yn Martholme Grange, ger Blackburn, ym mis Mehefin 1977.

Linda, ei mam Ellen, Ted a Simon yn Little Blackpool ym mis Gorffennaf 1983.

Jack, Ted, Ellen, tad Linda – George, Mavis a Linda y tu allan i dŷ Ellen a George, Little Harwood, yn Blackburn yn 1986.

Ted yn cymryd rhan yn nathliadau Diwrnod VE yn Neuadd Windsor yn Blackburn yn 1994.

Ted yn perfformio mewn parti pen blwydd preifat yn Gargrave, Swydd Efrog yn 1998.

Ted a Linda yn mwynhau yn ne Ffrainc yn 2005.

Derek, Linda, Pauline a Ted yn Porquerolles yn ne Ffrainc.

Ted, Linda a Simon yn Awstralia yn 2007.

Ted a Simon yn Kuranda yn Awstralia yn 2007.

Ted a Linda yn ymweld â Simon yn Llundain yn 2008.

Ffrind Ted, Andy McKenzie, gyda Ted a Simon ym mharti pen blwydd Ted yn 80 oed yng nghlwb St Stephen, Blackburn, ym mis Gorffennaf 2016.

Ted a Linda yn paratoi ar gyfer parti pen blwydd Linda yn 70 oed yn 2014.

Teulu a ffrindiau ym mharti pen blwydd Ted yn 80 oed.

Canu a gyrru yn Nyffryn Ribble, Swydd Gaerhirfryn, yn 2016.

Ennyd dawel gartref yn yr ardd yn 2016.

Cliff Richard, yng nghwmni Joan Collins, yn cyflwyno gwobr *Pride of Britain* i Simon ym mis Hydref 2016.

Cydnabyddiaethau Ffotograffiaeth

Y lluniau i gyd o gasgliad personol,
heblaw y rhai a farciwyd â *:

*Trwy garedigrwydd yr awdur 'A.J' Marriot,
gwesteiwr gwefan Redcoats Reunited.

nhw naill ai'n addurno'r tŷ neu'n gwneud rhywbeth yn yr ardd. Chwalodd Dad yr hen wal o flaen y tŷ i wneud lle i barcio'r car. Byddwn i'n helpu i gymysgu'r concrit a Mac yn eistedd ar unrhyw ddarnau o'r wal oedd yn dal i sefyll.

Roedd Dad hefyd yn trio fy nysgu i ganu. Roedd gan ffrind i Mam fab yr un oed â fi a threfnwyd iddo alw acw unwaith yr wythnos i Dad roi gwersi canu i ni. Roedd yn drychinebus: doedd gan y plentyn arall ddim iot o ddiddordeb, a minnau'n prancio ar hyd y lle fel pe bawn i yn y West End, yn canu caneuon o'r 1920au. A bod yn onest, roedd Dad yn athro ofnadwy. Byddai'n ein gadael ni yn yr ystafell gefn ac yn dweud, 'Iawn, dwi isio i chi ymarfer hwn', cyn mynd allan i wylio pêl-droed ar y teledu. Wnaeth y gwersi ddim para'n hir.

Fyddwn i ddim yn dweud bod Dad yn batrwm o riant. Doedd dim ymdrech i greu perthynas glòs drwy fynd efo'n gilydd i gemau pêl-droed, dim amser arbennig i dad a mab. Glynodd at ei ddiléit ei hun – sef canu. Ond pan oedd ei angen, roedd o yna, a wnes i erioed deimlo diffyg cariad na diffyg gofal. Er gwaetha'r ffrae achlysurol rhwng Mam a Dad, roedd 'na wastad lot o chwerthin yn y tŷ. Byddai Dad yn aml yn gwneud i ni chwerthin yn ein dyblau wrth ddynwared pobl roedd o wedi eu cyfarfod, a byddai Mam yn sboncio o gwmpas y tŷ yn esgus canu a dawnsio (poenus) fel Kate Bush, neu bwy bynnag roedd hi wedi ei weld ar *Top of the Pops* yr wythnos honno. Roedd Dad bellach yn byw'r bywyd oedd wastad wedi codi ofn arno. Roedd fel petai wedi treulio cymaint o flynyddoedd yn ymladd yn erbyn yr anochel, bod yn ddyn teulu yn gyntaf ac yn ganwr yn ail, nes bod gwireddu hynny bron yn rhyddhad iddo. Beth bynnag, roedd rhyw natur heddychlon i Dad 'oddi ar y llwyfan' yn ystod y blynyddoedd diwethaf cyn iddo fynd yn sâl, pan ddiflannodd y tawelwch hwnnw unwaith ac am byth.

Pennod 11

Roedd Dad a fi yn wahanol iawn. Wrth edrych yn ôl, ar ôl gadael Cedar Street a symud i Sunnybower, ychydig iawn o ffrindiau newydd wnes i ac mi es i'n eitha swil. Yn dawel bach, roeddwn i eisiau bod mor hyderus â Dad. Petawn i'n gwbl onest, roeddwn i'n ysu am fod fel roedd o ar y llwyfan. Ond fyddai hynny ddim yn digwydd, yn bennaf oherwydd doeddwn i ddim yn meddu ar ei allu i beidio â malio'r un iot am farn pobl eraill amdano. Ar ben hynny, roedd y glasoed yn dechrau ffrwtian, gan wneud i bopeth deimlo'n ganwaith gwaeth. Roeddwn i'n ymwybodol fy mod i'n wahanol i'r bechgyn eraill yn y dosbarth, ond ar y pryd doeddwn i ddim yn gwybod pam. Er 'mod i'n cael fy newis i fod yn nhîm pêl-droed yr ysgol, byddwn i'n rhewi pan oedd yn rhaid i ni chwarae unrhyw gemau. I wneud pethau'n waeth, mi wnes i ddifetha fy nghit cyn i fi gael y cyfle i chwarae'r un gêm hyd yn oed – roeddwn i wedi cyffroi i'r fath raddau, mi wnes i benderfynu fy mod i eisiau ei smwddio fy hun, efo canlyniadau trychinebus. Dwi'n cofio tynnu'r haearn smwddio allan, ei blygio i mewn a'i wasgu ar flaen y crys, a'r polyester yn toddi'n llinynnau hir o blastig ar unwaith. 'Daaaaaad!' sgrechiais, a threulio'r oriau nesaf yn beichio crio. Trwsiodd Mam y twll, ond roedd yn golygu bod fy nghrys yn unochrog, yn llythrennol yn hongian i lawr at fy mhengliniau ar un ochr, ac yn uwch na fy nghanol ar yr ochr arall. Cyrhaeddodd y tîm rowndiau terfynol y gystadleuaeth i ysgolion ym Mharc Ewood, ond er bod pob bachgen arall yn y tîm yn edrych ymlaen at redeg ar y cae, roeddwn i'n crynu mewn ofn ac yn poeni am gyflwr fy nghit, yn trio tynnu fy nghrys i lawr yn gyson wrth i fi redeg o gwmpas yn llawn pryder.

Byddai Dad yn dod i 'ngwylio i'n chwarae ond doedd o byth i'w weld yn falch iawn o fy mherfformiad – a phwy allai weld bai arno fo? Dwi'n cofio fo'n sefyll y tu ôl i'r gôl ar gae ysgol Roe Lee, yn gweiddi: 'Er mwyn Duw, Simon, PASIA HI!'

O ystyried cystal pêl-droedwyr roedd o a'i frodyr yn eu plentyndod, yr amser a'r egni roedden nhw i gyd wedi eu rhoi i'r gêm a pha mor falch roedd Maurice ohonyn nhw, doedd dim angen athrylith i sylweddoli na fyddai'n dawnsio o lawenydd wrth weld fy niffyg sgiliau. Byddai'n trio canolbwyntio ar y pethau positif wrth i ni gerdded adref ('Rwyt ti'n blydi gyflym, Sime – y cwbl mae'n rhaid i ti'i wneud yw dysgu cicio'r bêl...') ond dwi'n meddwl bod y ddau ohonon ni'n gwybod 'mod i'n anobeithiol. Yn ddiweddarach, dywedodd Dad wrth Nain a Taid, 'Mae o'n rhedeg o gwmpas fel tase ganddo fo ddwy droed chwith. Mae o'n mynd ar ôl y bêl, yn ei chael hi, wedyn yn cynhyrfu', – disgrifiad cwrtais iawn o'r golwg oedd arna i ar y cae, ond roedd clywed hynny'n cadarnhau'r teimlad fy mod i'n siomi pawb.

Roeddwn i'n gwybod fy mod i'n wahanol i'r bechgyn eraill erbyn hyn, ond roeddwn i hefyd yn teimlo nad oeddwn i'n fab y gallai Dad fod yn falch ohono. Roedd hyn yn gwneud i fi deimlo'n fwy annigonol fyth, yn enwedig gan y byddai pêl-droed wedi gallu creu cwlwm agos rhwng y ddau ohonon ni. Yn sicr, fyddai cerddoriaeth ddim yn gwneud hynny. Doeddwn i ddim yn gallu canu hanner cystal ag o a doedd gen i mo'r hyder i fod ar lwyfan, er bod gen i awydd gwneud hynny'n dawel bach. Dwi'n gwybod bod Dad yn meddwl yn fawr o Maurice oherwydd cariad y ddau at ganu, a'i fod yn falch o fod wedi cael ei fagu ganddo. Yn ei dro, roedd Maurice wrth ei fodd ei fod yn gallu trosglwyddo'r awenau i'w fab. Wrth iddo fynd yn hŷn a rhoi'r gorau i ganu, byddai'n dal i fynd i'r Cora i yfed efo'i ffrindiau, ond yn lle sefyll, byddai'n gwylio Dad yn camu i'r llwyfan ac yn canu'r clasuron. Roedd yn gwlwm cryf rhwng y ddau, ac roedd hyn yn destun balchder i Hilda hefyd.

Er gwaetha'r teimlad fy mod i'n ei siomi rywsut, byddai Dad wastad yn fy amddiffyn i. Gwelais i hynny unwaith mewn noson rieni yn yr ysgol pan oeddwn i ym Mlwyddyn 6 – roeddwn i'n aros y tu allan i'r ystafell ddosbarth pan ddaeth allan, rhuthro heibio i fi, cau'r drws yn glep a gweiddi: 'Ty'd, Sime, 'dan ni'n mynd!' Doedd gen i affliw o ddim syniad pam oedd o mor flin (ond roeddwn i'n gwybod i beidio â gofyn pan oedd o mewn hwyliau o'r fath) a rhedais y tu ôl iddo fo wrth iddo frasgamu allan o'r ysgol. Flynyddoedd yn ddiweddarach, dywedodd wrtha i fod yr athro wedi dweud na fyddwn i byth yn gwneud dim byd ohoni, a'i fod yntau wedi dweud wrth yr athro, 'Efallai wir, ond beth bynnag wneith o, bydd o'n dal i fod yn well na chi.'

Roedd yn fy atgoffa o'r straeon roeddwn i wedi eu clywed am Dad pan oedd o'n iau – fyddai o byth yn gadael i neb amharchu ei deulu na'i ffrindiau a doedd o ddim yn ofni herio unrhyw un oedd yn ymddwyn yn annheg tuag at ei anwyliaid. Mae unrhyw un oedd yn adnabod fy nhad yn ifanc bob tro'n cyfeirio at hynny – ond dwi wedi cael trafferth â hynny wrth i'w salwch ddatblygu, achos ar adegau mae'n ymddwyn yn gwbl groes i'r dyn ffyddlon a pharchus yna. Yn aml, yn ystod ei wylltineb, mae'n rhoi'r argraff o fod yn mynd allan o'i ffordd i fygwth a sarhau Mam a fi. Mae'r rhan resymegol ohona i'n gwybod mai ei salwch sydd ar fai, ond mae'n enghraifft o sut mae dementia yn gallu cipio meddwl a phersonoliaeth y dioddefwr yn llwyr. Ambell ddiwrnod, dwi'n gorfod chwilio'n galed iawn i weld unrhyw sbarc sy'n fy atgoffa i o'r hen Dad, ond mae'n rhaid i fi hefyd fod yn onest a chofio ei fod ymhell o fod yn berffaith cyn i'r salwch daro. Roedd peth o'r diffyg amynedd a'r natur anystyriol sy'n amlwg heddiw wedi bod yno erioed, yn mudferwi o dan yr wyneb ers pan oeddwn i yn fy arddegau.

Ar ôl gadael yr ysgol gynradd, enillais i le noddedig yn yr ysgol ramadeg leol, Queen Elizabeth's, neu QEGS, oedd wedi bod yno ers 500 o flynyddoedd ac yn ysgol o fri. Roedd Dad yn ddyn balch. Roedd brawd Mam, Yncl George, wedi bod yn ddisgybl yno hefyd, felly pan aeth Dad draw i ddweud wrth Nain a Taid fy mod i wedi cael fy nerbyn, dechreuodd Nain ddawnsio o gwmpas yr ystafell fyw. Ond roedd mynd yno o Roe Lee Park yn newid byd enfawr – roedd y rhan fwyaf o'r athrawon ar y pryd yn gwisgo gynau a chapiau academaidd hen ffasiwn, ac roedden nhw'n cymryd chwaraeon o ddifri.

Mae'n deg dweud nad oedd fy mherthynas i efo Dad yn ddelfrydol pan oeddwn i yn yr ysgol uwchradd. Roedd rhywbeth wedi newid, ond allwn i ddim rhoi fy mys arno. Roedd o'n teimlo'n bell ac fel petai o'n flin am rywbeth byth a hefyd. Canlyniad hynny oedd fy mod i'n ochri efo Mam bob tro roedd 'na ddadl. Roedd gan Dad bersonoliaeth fawr hefyd – roedd o'n trio gwneud i bawb chwerthin – ac er bod 'na wastad lawer o chwerthin pan oedden ni allan weithiau, doedd o ddim bob tro yn gadael llawer o le yn yr ystafell i neb arall. Roedd hi'n hawdd gweld bod bywyd yn Butlin's wedi bod yn berffaith iddo, gan ei fod bob amser yn perfformio. Hyd yn oed rŵan efo'i salwch, mae'n trio tynnu sgwrs efo pawb a dweud jôcs. Ar y llaw arall, gallai golli ei limpin yn hawdd os oedd pethau'n mynd o chwith.

Wrth edrych yn ôl rŵan, mae'n fy ngwneud i'n drist ein bod ni wedi gwastraffu cymaint o amser pan oedd ei ben yn glir. Roedd ganddo synnwyr digrifwch gwych a doedd o byth yn brin o stori i'w hadrodd. Dwi'n meddwl am yr holl sgyrsiau na chawson ni, y chwerthin na chafodd ei rannu, lle gallwn i fod wedi dysgu mwy amdano fo, a hynny yn ei eiriau ei hun. Mae'n un o wirioneddau mawr bywyd mai dim ond ar ôl i bethau gael eu cymryd oddi arnoch chi y byddwch chi'n sylweddoli pa mor werthfawr rydyn nhw. I rywun oedd yn dal gafael mor dynn yn ei freuddwydion, roedd Dad yn ofalwr eithriadol hefyd. Mae hynny'n rhywbeth dwi'n ei gofio rŵan wrth i Mam a fi ofalu amdano fo.

Collodd Dad ei rieni, Maurice a Hilda, yn sydyn, ond heneiddiodd rhieni Mam yn araf o flaen ein llygaid ni, a hwythau'n byw mor agos. Un amser cinio yn 1988, tarodd Dad draw i dŷ Nain a Taid yn ystod ei awr ginio. Pan gyrhaeddodd yno, gwelodd fod Nain yn ei gwely'n sâl. Roedd hyn yn dipyn o sioc, achos doedd hi byth yn sâl. Galwodd y doctor, a daeth hwnnw draw ond doedd o ddim yn gallu gweld dim byd o'i le. Yr unig ddiagnosis oedd blinder oherwydd ei bod hi'n trefnu dathliadau ei phriodas aur, oedd ar y gorwel, ond dwi'n credu ein bod ni i gyd yn gwybod bod rhywbeth o'i le. Roeddwn i'n dal i fynd i gael te yn nhŷ Nain a Taid ar ôl ysgol, ond fin nos erbyn hyn, byddai Nain yn eistedd wrth fy ochr ar y soffa efo bwced mawr o'i blaen. Bob hyn a hyn, byddai'n gadael yr ystafell ac yn chwydu – un tro, gwelais i hi'n chwydu i sinc y gegin, a dychryn yn lân wrth weld y wraig yma'n edrych mor eiddil.

Dirywiodd pethau'n ara' bach, a dechreuodd Mam a Dad boeni. Roedd Mam yn edrych yn bryderus drwy'r amser ac yn mynd i weld Nain bob dydd ar ôl gwaith. Un noson ychydig wythnosau'n ddiweddarach, daeth adref ac roeddwn i'n gwybod ar unwaith bod rhywbeth o'i le. Eisteddodd yno'n dawel wrth i Dad weini'r te, wedyn pigo ar ei bwyd. Yn y pen draw, gofynnodd iddi beth oedd yn ei phoeni a dyma hi'n dechrau crio a dweud yn drist: 'Mae hi newydd roi ei modrwy ddyweddïo i fi.' Roedd hi'n amlwg i bawb bod Nain yn gwybod nad oedd ganddi lawer o amser ar ôl.

Ar benwythnos priodas aur Nain a Taid, dyma ni i gyd yn mynd i dafarn y Three Fishes yn nyffryn afon Ribble. Daeth Mavis, cyfnither hŷn Mam, a'i gŵr Jack, draw o Stockport ac roedden ni i gyd yn benderfynol o ddathlu. Wrth i ni eistedd, cododd Nain i fynd i'r tŷ bach, ac ar ôl tua deg munud, daeth dyn draw at ein bwrdd a golwg bryderus ar ei wyneb.

'Ydi'r hen wraig efo gwallt coch efo chi?' gofynnodd.

'Ydi, mae hi,' meddai Mam.

'Mae hi'n eistedd y tu allan yn chwydu.'

Dyma'r daeargryn a fyddai'n ysgwyd sylfeini fy mhlentyndod.

Rhedodd Mam a Dad allan, a'r peth nesaf dwi'n ei gofio ydi rhywun yn galw ambiwlans a ninnau'n gadael heb fwyta cegaid. Aethpwyd â Nain i Ysbyty Brenhinol Blackburn ac arhosodd yno am ychydig nosweithiau wrth i ni aros am ganlyniadau'r profion i weld beth oedd yn ei gwneud hi mor sâl.

Un noson, aethon ni i gyd i'w gweld hi – fi, Mam, Dad a Taid – gan wneud ein gorau glas i godi ei chalon. Wrth i ni ffarwelio, daeth y doctor i'r golwg a mynd â Mam a Taid i ystafell arall tra oeddwn i'n eistedd y tu allan efo Dad. Pan agorodd y drws, roedd Mam yn beichio crio a golwg syn ar Taid.

'Maen nhw'n deud mai tri mis sy ganddi,' meddai Taid.

Roedd distawrwydd llethol yn y Mini Metro wrth i ni droi am adre, Mam a Dad yn y tu blaen a minnau yn y cefn efo Taid. Dyma ni'n aros ar ben Tintern Crescent, gyferbyn â thŷ Taid.

'Pam na ddoi di i aros efo ni heno, Dad?' dywedodd Mam.

'Bydda i'n iawn,' atebodd yntau, cyn rhoi ei fraich dros ei wyneb a dechrau igian crio am gyfnod oedd yn teimlo fel oriau. Doeddwn i ddim yn gwybod beth i'w wneud – doeddwn i erioed wedi gweld Taid yn crio o'r blaen; roedd ei wylio'n crio am y wraig a garai yn gwneud pawb yn ddagreuol, heblaw am Dad, oedd yn cysuro Mam.

Bu farw Nain y gaeaf hwnnw, wythnos cyn i Yncl George, ei wraig Sylvia a fy nwy gyfnither, Kate a Rachael, ddod draw o Awstralia. Er bod George yn torri ei galon am nad oedd wedi gallu gweld ei fam cyn iddi farw, roedd cael ei gwmni o a'i deulu am ychydig wythnosau yr union beth roedd ei angen ar bawb – gwnaethon ni dreulio amser fel teulu yn hel atgofion am Nain ac yn adrodd straeon, yn aros ar ein traed yn hwyr, yn chwerthin ac yn crio. Roedd Dad yn grêt, fel roedd o bob tro mewn argyfwng – gallai leddfu unrhyw sefyllfa lawn straen efo ambell stori a chân neu ddwy. Dyna wnaeth ar ôl i Maurice farw, diddanu ei frodyr a'i chwiorydd, a gwnaeth o'r un peth y tro yma. Roedd cynulleidfa yn tynnu'r gorau allan ohono.

Ond roedd y gwahaniaethau rhyngof fi a Dad yn dod yn fwyfwy amlwg fesul wythnos. Doedd gen i affliw o ddim diddordeb na dawn mewn chwaraeon na chanu, felly ychydig iawn o dir cyffredin oedd yn bod heblaw am yr effaith tŷ gwydr, a dadlau am hynny bydden ni.

Byddwn i'n arfer meddwl tybed a oedd popeth wedi dod mor hawdd i Dad erioed. Doedd o'n poeni dim am siarad ag unrhyw un ac roedd yn ymddangos fel petai ganddo lwyth o hyder, ond roeddwn i'n boenus o swil ac yn fy nghladdu fy hun yn fy ngwaith ysgol. Roedd yn arbennig o amlwg mewn partïon teuluol – digwyddiadau enfawr lle byddai'n rhaid llogi neuaddau ysgol oherwydd nifer y gwesteion fyddai yno. Byddai Dad yn sgwrsio efo pawb, a byddai'n canu cân neu ddwy efo'i frawd Fred yn ddi-ffael. Yn y cyfamser, roeddwn i'n eistedd wrth fwrdd, yn fferru gan ofn ac yn methu siarad â neb. Roedd y teulu i gyd yn allblyg ac yn gymdeithasol, ond seren Dad oedd y ddisgleiriaf.

Ar yr un pryd, fel disgybl yn QEGS, roeddwn i yng nghanol criw o fechgyn o gefndiroedd cefnog. Pan ddechreuais i yn yr ysgol gyntaf, roedd ambell un yn sôn bod eu tadau yn berchen ar gwmnïau, felly mi wnes i greu stori gyfan oedd yn dweud bod Dad yn berchen ar Premier. Ychydig a wyddai fy nghyd-ddisgyblion mai gweithio yno fel peiriannydd roedd o. Doeddwn i byth yn teimlo cywilydd amdano fo na 'nheulu – y cyfan roeddwn i eisiau oedd bod yn rhan o'r criw.

Parhaodd y lletchwithdod hwn drwy gydol fy nghyfnod yn yr ysgol uwchradd, a chafodd hynny mo'i helpu wrth i Dad wneud mwy a mwy o sioeau'n lleol i ennill ychydig o arian ychwanegol. Dechreuodd ganolbwyntio ar gartrefi henoed, a pherfformiodd un sioe mewn cartref oedd yn eiddo i fam un o'r bechgyn yn yr ysgol.

'Oi! Ydi dy dad di'n ganwr?' gwaeddodd un amser cinio.

'Na, stripar 'di o. Be wyt ti'n feddwl?' atebais, yn meddwl fy mod i'n ddoniol.

Dyna beth oedd clamp o gamgymeriad. Roedd yn un o'r criw oedd yn smocio ac roedd ganddo fo geg fawr. Chwarddodd Lee a cherdded i ffwrdd, ac roeddwn i'n gwybod ar unwaith y byddai'r holl ysgol yn cael clywed beth roeddwn i newydd ei ddweud. Ac felly y bu: erbyn amser cinio drannoeth, roedd y si ar led bod fy nhad yn stripar. Trychineb!

Yn eich arddegau, y cyfan sy'n bwysig yw cyd-fynd â'r norm, sydd, yn eironig, gan fod Dad erioed wedi trio gwneud hyn na meddwl am ei wneud. Byddwn i wedi hoffi etifeddu'r gallu i hidio'r un daten am farn pobl amdana i; byddai hyn yn sicr wedi gwneud fy nyddiau ysgol yn haws. Roedd gen i gymaint o gywilydd bod Dad yn ganwr ac, wrth edrych 'nôl rŵan, does gen i ddim syniad pam, achos mae'n beth eitha cŵl. Dwi'n cofio un wers gerddoriaeth pan oeddwn i'n 12 neu 13 oed, a dyma Mr MacKenzie yn mynd o gwmpas yr ystafell yn gofyn i bawb pa offerynnau cerddorol roedd eu rhieni'n eu chwarae. Soniwyd am yr obo, y ffliwt, y piano a'r sacsoffon. Pan ddaeth fy nhro i, roeddwn i eisiau i'r ddaear fy llyncu.

'Dim un, syr,' meddwn i, a'r dosbarth i gyd yn piffian chwerthin. 'Dydyn nhw ddim yn chwarae dim byd.'

Tawelodd yr athro bawb a bwrw 'mlaen â'r wers.

Yn ddiweddarach, roeddwn i'n cerdded ar fy mhen fy hun ar lwybr cul drwy'r ysgol i'r wers nesaf pan ddaeth yr athro cerdd ar garlam o'r tu ôl i fi.

'McDermott, does dim byd yn bod ar dy rieni ddim yn chwarae unrhyw offeryn. Be arall maen nhw'n ei wneud? Ydyn nhw'n gneud unrhyw fath o chwaraeon?'

'Wel, mae fy nhad yn canu...' dywedais.

'Be!? Pam wnest ti ddim deud hynny?'

'Oherwydd dydi o ddim yn offeryn cerddorol,' meddwn i.

'McDermott, dyna un o'r offerynnau cerddorol gorau all neb ei chwarae. Dylet ti fod yn falch.' Ac i ffwrdd â fo, â'i glogyn yn chwifio yn y gwynt.

Mae'n debyg mai'r hyn doeddwn i ddim yn ei weld oedd pa mor ddewr roedd yn rhaid i Dad fod i ddal ati i berfformio, yn enwedig gan fod gofyn iddo symud efo'r oes a dod o hyd i ffyrdd newydd o ddal i godi ar ei draed o flaen pobl. Mae gen i gymaint o atgofion ohono'n llusgo'i holl offer i gefn y Mini Metro i yrru hanner ffordd ar draws Sir Gaerhirfryn i wneud gig. Pan fydda i'n meddwl am hynny rŵan, dwi'n pendroni pa mor ddewr roedd angen iddo fod i wneud hynny – cyrraedd rhywle ar ei ben ei hun, gosod ei offer, perfformio, gan gynnwys siarad efo'r gynulleidfa, canu, wedyn mynd adref. Bob tro y byddai'n mynd, doedd o byth yn gwybod pa fath o gynulleidfa oedd yn ei ddisgwyl.

Ond roedd pethau'n newid ac erbyn dechrau'r 90au, roedd dirwasgiad newydd wedi taro a phres yn dynn yn y lleoliadau lle byddai Dad yn canu – prin oedd y llefydd oedd eisiau talu am gerddorion bellach. Yn hytrach na rhoi'r gorau iddi, penderfynodd Dad greu traciau cefndir yn gyfeiliant. Nid dyna sut roedd o eisiau perfformio, ond roedd mynd â'i gerddoriaeth gefndir ei hun yn mynd i arwain at fwy o gigs.

Aeth pethau'n anoddach eto pan gaeodd Premier a chafodd ei ddiswyddo. Roedd wedi bod yno ers 17 mlynedd. 'Y swydd orau i fi ei chael erioed,' meddai hyd heddiw. Mae rhan ohona i'n dal i feddwl mai lleoliad y gwaith oedd i gyfri am hynny. Roedd y safle yn ymyl ein tŷ ni, felly gallai ddeffro am 7.15 a bod yno erbyn 7.30. Ar ôl ychydig wythnosau o segurdod, cafodd swydd efo cwmni ar stad ddiwydiannol Philips, yn gwneud fframiau pren ar gyfer lluniau. Roedd yn waith hawdd i Dad – dwi'n ei gofio'n dod yn ôl bob dydd efo llwyth o sbarion pren, naill ai i adeiladu rhywbeth yn y sied neu i'w llosgi yn y lle tân.

Mi wnes i sefyll fy arholiadau TGAU a chael A ym mhob pwnc, a rhoddodd hynny hwb i fy hyder yn ystod fy mlwyddyn olaf yn yr ysgol. Yn rhyfedd iawn, yn union fel roedd Dad yn caru cynulleidfa, dechreuais i fwynhau siarad o flaen y dosbarth, roedd hyn yn newid mawr i fi. Ond roedd Lefel A yn fater gwahanol – er gwaethaf sicrhau A yn fy mhynciau eraill, y cyfan ges i yn yr arholiad Economeg oedd E am gyflawni ac U am ymdrech. Roeddwn i'n gwybod yn iawn y byddai Dad yn gandryll pan fyddwn i'n mynd adref.

Ac felly y bu. Rowliodd y papur canlyniadau'n belen a'i thaflu'n syth yn ôl ata i. 'Be ddiawl 'di hyn?' meddai. Plymiodd fy hyder ar unwaith. Ac yna, ar ben pob dim arall, dyma fi'n sylweddoli fy mod i'n siŵr o fod yn hoyw, er gwaethaf treulio oriau yng nghanol Blackburn bob nos Wener yn hel merched. Doedd gen i ddim syniad sut byddai Dad yn ymateb petai'n dod i wybod y gwir. Doedd dim amdani felly ond anwybyddu'r realiti a dal ati i drio bod y mab roeddwn i'n credu roedd o'n ei ddymuno.

Pennod 12

Pan ddechreuais i yn y brifysgol ym Manceinion, anaml y byddwn i'n mynd adref, a phan fyddwn i, byddwn i'n treulio fy amser yn mynd allan yn Blackburn neu'n gweithio mewn bar lleol o'r enw Toffs.

Roeddwn i'n meddwl mwy am fy mywyd fy hun na beth bynnag roedd Mam a Dad yn ei wneud. Yn y brifysgol, roeddwn i'n llanc Britpop yn gwisgo dillad o ffeiriau sborion ac yn dawnsio fel pe bawn i'n cael ffit. Roedd 'na fwlch enfawr rhyngddo i a Dad – dwi ddim yn meddwl ei fod o'n gwybod beth roeddwn i'n astudio na ble roeddwn i'n byw hanner yr amser, ond doedd hynny ddim wir yn fy mhoeni i.

Ym Manceinion, gwnes i gyfarfod ag Oliver, Rob ac Emma, a daethon nhw yn ffrindiau da i fi. Roedden nhw'n gyrru 'mlaen yn arbennig efo Dad. Bydden nhw'n dweud wrtha i o hyd, 'Mae dy dad yn wych, Si!' Doeddwn i ddim yn gallu gweld hynny ar y pryd, ond rŵan wrth gwrs, mi wnawn i unrhyw beth i gael sgwrs arferol efo fo. Dwi'n credu mai rhan o'r broblem efallai oedd ei fod o mor wych efo pawb arall a bod hynny'n tynnu sylw at y diffygion yn ein perthynas ni. Roedden nhw i gyd wrth eu bodd bod Dad yn canu ac yn dal i ganu mewn gigs elusennol achlysurol. Un o'r gigs mwyaf oedd dathliadau hanner canmlwyddiant Diwrnod VE yn King George's Hall, Blackburn, yn haf 1995. Perfformiodd un o'i gadwyni caneuon enwog a chodi'r to. Ar y pryd, serch hynny, roeddwn i'n meddwl bod y cyfan braidd yn 'naff'. Y cyfan allwn i ei weld oedd pawb arall yn gweld ei ochr orau. Roeddwn i'n meddwl 'mod i'n gwybod y cyfan, ond y gwir amdani oedd, doeddwn i ddim yn gwybod dim oll am fywyd, nac amdano fo.

Daliodd Dad ati i wneud gigs achlysurol mewn cartrefi hen bobl o gwmpas Blackburn. Yr adeg honno, roedd ei sioeau yn ymwneud llai â rhoi sylw iddo fo ei hun a mwy am gynnig adloniant i'r rhai roedd ei angen arnyn nhw. Doedd o ddim yn codi llawer o bres – wnaeth o byth ddysgu'r wers honno am wneud arian o'i gerddoriaeth – ond doedd dim ots ganddo, cyn belled â'i fod yn canu. Mewn un gig yn arbennig, gig Pasg mewn cartref hen bobl yn Accrington, gwnaeth canu Dad argraff a hanner. Yn y diwedd roedd bod pob un o'r cleifion wedi meddwi, cyn yr orymdaith bonedi Pasg. Cododd un hen wraig, oedd heb siarad â neb ers misoedd, ar ei thraed a dechrau canu a dawnsio. Roedd hi'n cael andros o hwyl, yn dawnsio'r conga efo het parti ar ei phen, pan gwympodd yn sydyn am yn ôl: roedd hi'n gelain.

Roedd Dad wedi torri'i galon bod rhywun wedi marw yn un o'i sioeau ac ymddiheurodd i deulu'r hen wraig, oedd yno hefyd. 'Paid â phoeni, mêt – doedd hi ddim wedi symud o'r gadair 'na ers misoedd! Buodd hi farw yn mwynhau ei hun. Diolch,' meddai'r mab. Cafodd Dad wahoddiad i ddod yn ôl ar gyfer eu parti haf.

Roedd ei wybodaeth gerddorol yn helaeth – gallai fynd yn ôl i'r 1920au a'r 30au ac roedd ganddo ddetholiad enfawr o draciau cefndir wedi eu creu o hen recordiau y byddai'n eu casglu o ffeiriau sborion neu ryw sêl cist car neu'i gilydd. Roeddwn i'n arfer casáu hynny. Roedd rhai o'r caneuon hyn mor sidêt a, wel, hen ffasiwn. Doeddwn i ddim yn gweld pa mor wych oedd hi bod fy nhad yn gallu cofio geiriau cymaint o ganeuon o gymaint o gyfnodau gwahanol.

Wrth edrych yn ôl rŵan, daeth cyfnod Dad yn y cartrefi hen bobl yn bwysicach nag y byddai neb wedi gallu ei ddychmygu. Dwi'n siŵr bod y sioc gafodd o wrth weld sut roedd rhai o'r preswylwyr yn cael eu trin wedi gwneud i Mam a fi'n benderfynol o'i gadw gartref cyhyd ag y gallen ni. Cynigiodd un o'r cartrefi swydd diddanwr iddo. Byddai'n gweithio ychydig ddyddiau'r wythnos, yn sgwrsio efo'r trigolion ac yn perfformio ambell sioe. Roedd wrth ei fodd – roedd yr hen wragedd yn meddwl ei fod o'n wych ac yn methu cael digon ohono fo.

Dros amser, cafodd ei gynddeiriogi'n arw gan yr hyn roedd yn ei ystyried yn ddiffyg gofal a sylw. Dechreuodd wneud rhestr o'r hyn oedd yn digwydd:

- 'Claf yn cael ei adael yn galw am help – dim nyrsys yn ateb galwadau am help.'
- 'Dillad cleifion yn cael eu taflu ar draws ystafell a'u gadael yno drwy'r dydd.'
- 'Claf yn cael ei adael efo dillad gwely gwlyb drwy'r dydd.'

Soniodd Dad am hyn wrth y rheolwr. Wythnos yn ddiweddarach cafodd wybod nad oedden nhw ei angen i weithio yno mwyach.

Roedd Mam hefyd wedi dechrau cwtogi ar nifer yr oriau roedd hi'n eu gweithio er mwyn iddyn nhw allu mynd ar wyliau haf llawer hirach, a mynd i garafán yn Ffrainc. Roedden nhw wrth eu bodd. Roedd yn eu hatgoffa o'r adeg pan oedden nhw'n canlyn, yn gyrru o gwmpas efo'r trelar yn sownd i gefn y car, y ffenestri ar agor ac yn morio canu. Byddai Dad yn siarad ag unrhyw un, ac ymhen dim roedd ganddyn nhw gylch gwych o ffrindiau – Gloria ac Alan, Derek a Pauline.

Roedd hi'n adeg wych i Mam a Dad – doedd dim rhaid iddyn nhw boeni am arian na gweithio rhyw lawer ac roedden nhw'n gallu diogi ar y traeth yn ystod y dydd neu fynd allan i ddawnsio fin nos yn un o'r bariau niferus ar lan y môr. Er bod Dad yn methu siarad Ffrangeg, byddai'n llwyddo i gyfathrebu'n aml drwy actio popeth – ac roedd hynny'n nodweddiadol ohono. Gwnaethon nhw ddod i adnabod Francis hefyd – Ffrancwr oedd yn canu'r piano ac yn canu ym mar yr Octagon ar y traeth. Wrth gwrs, doedd o ddim yn gallu siarad gair o Saesneg, ond roedden nhw'n gallu cyfathrebu'n iawn – er mae'n bosib bod y ddau yn cael sgwrs hollol wahanol, am a wydden nhw! Un noson, gadawodd Francis i Dad ganu, ac roedd fel petai wedi camu'n ôl mewn amser i'w ddyddiau yn Butlin's. Ar ôl y noson honno, byddai'n cyfeirio at Dad o hyd fel, 'Mon ami Edward', a byddai Mam a Dad bob amser yn cael gwasanaeth heb ei ail pryd bynnag bydden nhw yn y bar.

Doedd Dad ddim wedi colli dim o'i sglein ar lwyfan, ac mae un haf yn aros yn y cof. Roedd perfformiwr ofnadwy ar y llwyfan, mewn siwt wen fawr, lliw haul ffug tywyll ar ei wyneb, medaliwn aur yn hongian ar ei frest, yn canu'n ofnadwy ac yn difetha clasuron y Rat Pack. Roedd yn nadreddu drwy'r dyrfa, ac yn annog pobl i ymuno â'i gân.

'Paid â dod yn agos aton ni, paid â dod yn agos aton ni,' gweddïais yn dawel i fi fy hun. Roeddwn i'n casáu'r sylw y byddai Dad yn ei gael yn y sefyllfaoedd hyn, ac roeddwn i'n gallu gweld yn glir beth oedd ar fin digwydd.

Roedd Dad yn eistedd yn ei gadair yn dawel, yn yfed ambell lymaid o win, a dawnsiodd y canwr at ein bwrdd ni, yn canu yn Ffrangeg a phwyso tuag aton ni. Wrth iddo daro'r meicroffon o flaen wyneb Dad, doedd dim amheuaeth ei fod yn trio codi cywilydd arnon ni, ac yn meddwl fyddai Dad ddim yn adnabod y gân. Ond gafaelodd Dad yn y meic ac ymateb drwy ganu'r llinell nesaf mewn Ffrangeg perffaith. Lledodd siom ar hyd wyneb y dyn, a'r eiliad nesaf, roedd Dad ar ei draed yn gorffen yn gân – yn hawlio'r sylw i gyd iddo fo'i hun. Cododd y gynulleidfa ar ei thraed a dechrau cymeradwyo a bloeddio mor uchel fel y gallai Dad fod wedi bod yn canu i'w selogion yn y Cora. Ar y pryd, roeddwn i isio i'r ddaear agor a fy llyncu i, ond dwi'n cofio ein bod ni wedi cael rownd o ddiodydd am ddim, ac mae'n debyg mai dyma'r tro cyntaf i fi deimlo balchder tawel tuag at fy nhad hefyd, hyd yn oed os nad oeddwn i eisiau ei ddangos.

Roedd yn gyfnod hapus i Mam a Dad. O'r diwedd, roedd y ffraeo'n llai dramatig na'r cecru cyson pan oeddwn i'n tyfu i fyny. Roedd Dad wedi cael gafael ar hen feic gan un o'i ffrindiau ar y maes gwersylla, a byddai'n beicio i'r siop bob bore i brynu bara Ffrengig. Dro arall, byddai Mam a Dad yn dal cwch draw i St Tropez ac yn siopa yn y farchnad, gan brynu llysiau, a byw bywyd y Riviera. Dyddiau hirfelyn tesog oedd y rhain, ac mae Mam yn edrych yn ôl arnyn nhw gyda hiraeth, yn enwedig gan nad ydi Dad yn eu cofio gystal. Mae ganddi ddarlun hardd yn hongian yn yr ystafell fyw, llun o bentref godidog Cogolin yn Ffrainc, a dwi'n gwybod ei fod yn atgof chwerwfelys o ddyddiau diofal sy'n teimlo fel oes yn ôl erbyn hyn.

Ond roedd y cyfan ar fin newid. Yn sydyn, fel taranfollt, cafodd Taid ddiagnosis o ganser yr ysgyfaint. Roedd yn ergyd, yn enwedig gan ei fod i'w weld yn dechrau dod dros farwolaeth Nain. Yn debyg iawn i Hilda ar ôl marwolaeth Maurice, roedd Taid wedi mynd â'i ben yn ei blu pan fu farw Nain, gan gadw draw oddi wrth ei ffrindiau wrth iddo eistedd gartref yn ymdopi â'i alar ar ei ben ei hun. Ond perswadiodd Mam o i fynd yn ôl i ddawnsio, a dyna lle cyfarfu â Gladys. Roedd yn wych ei weld yn hapus unwaith eto, ac roedden ni wrth ein bodd pan briododd y ddau. Roedd salwch Taid, fodd bynnag, yn golygu bod Gladys yn ei chael hi'n fwyfwy anodd gofalu amdano, felly penderfynwyd y byddai'n dod i fyw yn nhŷ Mam a Dad.

Yn ystod y cyfnod hwn, Dad oedd prif ofalwr Taid. Roedd yn coginio iddo tra oedd Mam yn gweithio, a byddai'n mynd â fo am dro yn y car i gefn gwlad. Daeth y ddau'n agos iawn. Mae Mam a minnau'n ymwybodol iawn o eironi'r ffaith bod Dad yn seren pan oedd unrhyw un yn sâl. Roedd yn gallu bod yn hynod ofalgar ac ystyriol a, phan fyddai angen amynedd, byddai bob amser yn barod i gamu i'r adwy. Rŵan, wrth i ni eistedd a thrio dwyn perswâd arno i fynd i'r bath neu newid ei ddillad, mae'n anodd cofio'r oriau a fuddsoddodd yn Taid a sut roedd o'n bwrw iddi oherwydd ei fod o'n casáu gweld neb mewn trallod.

Yr eironi mawr arall yw i Taid, tua diwedd ei salwch, fynd yn fwy a mwy dryslyd. Byddwn yn aml yn eistedd efo fo tra byddai'n trio ffonio pobl ar y teledu drwy ddefnyddio'r teclyn rheoli o bell fel ffôn. Roedd yn gyflwyniad annifyr i salwch y bydden ni, yn y pen draw, yn gwybod llawer gormod amdano. Wrth edrych yn ôl, tybed sut byddwn i a Mam wedi ymdopi o wybod beth oedd o'n blaenau ni? Weithiau, pan mae pethau'n wael iawn efo Dad a dwi'n teimlo fy hun yn colli amynedd, dwi'n meddwl amdano'n gofalu am Taid.

Bu farw Taid yn ystod gwanwyn 2000. Ar ddiwrnod ei angladd, cyflwynodd Dad ddarlleniad ar ran y teulu a darllenais i *If* – cerdd gan Rudyard Kipling oedd wedi hongian yn y portsh yn ei dŷ erioed. Roedd marwolaeth y ddwy nain a'r ddau daid yn teimlo fel diwedd cyfnod, a sbardunodd rywbeth ynof fi.

Allwn i ddim dal ati i ddweud celwydd wrth Mam a Dad am bwy roeddwn i. Roeddwn i'n teimlo fy mod i'n byw dau fywyd gwahanol: un i lawr yn Llundain efo'r cariad achlysurol, a bywyd arall i fyny yn Blackburn efo cwestiynau am ferched ac a oeddwn i'n canlyn. Roeddwn i'n byw celwydd ac roeddwn i'n casáu cuddio'r gwir rhag fy rhieni – doedden ni erioed wedi gwneud hyn fel teulu. Byddwn i'n cyfarfod â phobl yn Llundain, dynion hoyw eraill, fyddai'n dweud wrtha i nad oedden nhw'n siarad â'u teuluoedd nhw mwyach, a doeddwn i ddim eisiau i hynny ddigwydd i fi – doeddwn i ddim eisiau iddyn nhw fynd i'r bedd heb wybod pwy oeddwn i.

Fel y soniais yn gynharach, dwi'n credu fy mod i wedi gwybod fy mod i'n wahanol ers pan oeddwn i'n ifanc – tua wyth neu naw oed, mae'n debyg. Fyddai Dad, fel y rhan fwyaf o ddynion yr oes, ddim yn meddwl ddwywaith cyn galw rhywun yn bwff, yn Meri-Jên neu'n gwiar. (Yn eironig, ar ôl gweithio ym myd adloniant ar hyd ei oes, mae'n debyg ei fod wedi dod ar draws cannoedd o ddynion hoyw – ac yn sicr, fyddai o ddim wedi eu trin yn ddim gwahanol. Ces i fy nysgu bod rhaid i fi drin pawb yr un fath, waeth pwy oedden nhw nac o ble roedden nhw'n dod.)

Dwi'n cofio bod yn fy arddegau cynnar a Mam a Dad yn flin am rywbeth. 'Mae dy dad wedi ypsetio achos roedd Terry yn y gwaith yn deud ei fod o'n meddwl dy fod ti'n hoyw,' meddai Mam wrtha i. Dwi ddim yn meddwl 'mod i hyd yn oed yn gwybod ystyr y gair ar y pryd, ond roedd bron wedi ymwreiddio ynof i fod bod yn 'bwff' yn bechod, ac nid yn beth i'w gyhoeddi i'r byd a'r betws.

Meddyliais i am ddweud wrth Mam a Dad am fisoedd, ond wyddwn i ddim sut i wneud – roeddwn i'n ofni'r gofid y byddai'n sicr o'i achosi. Ar yr un pryd, roeddwn i mewn swydd weinyddol doedd dim dianc ohoni yn Llundain, swydd roeddwn i'n ei chasáu. Pan gyrhaeddais i'r ddinas gyntaf, es i gyfres o glyweliadau ar gyfer bandiau, gan ddatgelu'r persona Jarvis Cocker-aidd roeddwn i wedi ei greu yn dawel bach. Wnes i ddim dweud wrth neb, a byddwn i'n mynd o gwmpas stiwdios strydoedd cefn i glyweliadau. Roeddwn i'n gwybod doeddwn i ddim cystal canwr â Dad, ond roeddwn i eisiau rhoi cynnig arni. Roedd y cyfan yn drychinebus, a dwi'n gwingo wrth feddwl am y peth rŵan. Ond, fel Dad, aeth fy mywyd i gyfeiriad annisgwyl pan welais i hysbyseb yn y papur: 'Ydych chi'n gallu canu a dawnsio? Ydych chi'n siarad Almaeneg/Saesneg/Eidaleg?' Roedd y clyweliadau amser cinio'r diwrnod hwnnw. Roeddwn i wedi cael llond bol go iawn ar fy swydd, ac yn gwybod bod angen i fi wneud newid mawr.

Roedd gen i ryw grap ar Almaeneg, felly dyma fi'n penderfynu rhoi cynnig arni. Allan â fi o'r swyddfa a mynd draw i westy yn Victoria, lle roedd y cyfweliad yn gyfan gwbl mewn Almaeneg. Dangosodd y dyn ychydig o fideos o'r hyn roedd disgwyl i ni ei wneud a gofynnodd a fyddwn i'n gallu gwneud hynny.

'Galla i roi cynnig arni,' atebais.

'Gwych. Mae'r cyfnod hyfforddi yn dechrau mewn chwe wythnos,' meddai.

Chwe wythnos yn ddiweddarach, roeddwn i yn Mallorca. Roeddwn i'n ddawnsiwr ofnadwy, ond roeddwn i wrth fy modd – efallai fod marwolaeth Taid wedi fy ngwneud i'n fwy di-hid. Roeddwn i'n gwybod bod rhaid i fi fynd i'r afael â bod yn hoyw, felly, a minnau'n ddiogel dramor, a chyn i'r dewrder ballu, es i draw i Palma i ysgrifennu llythyr at Mam a Dad a dweud y gwir wrthyn nhw o'r diwedd. Eisteddais mewn caffi yn ysgrifennu, yn crio gymaint nes bod y gweinydd wedi dechrau ail-lenwi fy nghwpan goffi am ddim. Roedd gen i ofn garw y bydden nhw'n troi cefn arna i. Ddwy awr yn ddiweddarach, roedd y llythyr mewn amlen, y stampiau yn eu lle a minnau wedi ei wthio i flwch post gyferbyn â'r caffi. 'Ffyc! Rwyt ti wedi ei gneud hi rŵan, Simon,' meddyliais.

Doedd dim i'w wneud wedyn ond aros.

Aeth tua thair wythnos heibio heb i fi glywed gair. Yn y pen draw, dyma fi'n eu ffonio nhw. Atebodd Dad, yn sgwrsio fel petai dim byd wedi digwydd. 'Dad, wnest ti gael llythyr gen i?' gofynnais.

'O, hwnnw. Do, mae o wedi cyrraedd. Dy fywyd di 'di o, Sime. Mae'n rhaid i ti wneud be sy'n dy wneud di'n hapus. Dydi o ddim yn fy mhoeni i.'

Roeddwn i'n teimlo rhyddhad enfawr.

Pan ddaeth Mam ar y ffôn, roedd hi'n stori wahanol. Ei phryder cyntaf oedd y byddwn i'n gwisgo colur a dillad merched, rhywbeth y byddai Dad a fi'n morio chwerthin yn ei gylch ar y ffôn yn ddiweddarach. 'Ti'n gwbod ei bod hi'n meddwl dy fod ti'n mynd allan mewn ffrogia', dwyt?' dywedodd wrtha i. 'O Dduw mawr! Wir-yr?'

Cymerodd Mam flynyddoedd i ddod i delerau â'r peth. 'Fyddwn i byth wedi troi cefn arnat ti am fod yn hoyw. Roeddwn i wedi ypsetio achos 'mod i'n meddwl fyddai pobl ddim yn siarad efo ti ac y byddet ti ar dy ben dy hun,' dywedodd. Ond ychydig a wyddai ei bod hi ar fin cael pethau llawer mwy i'w phrofi.

Erbyn i Dad droi'n 65 oed, roedd Mam wedi sylwi nad oedd ei gof cystal â'r arfer, er ei bod hi heb sôn dim byd wrtha i ar y pryd. Roedd hi'n arfer gwneud jôc o'r peth drwy ddweud pethau wrth Dad fel: 'Naill ai dwyt ti ddim yn gwrando ar be dwi'n ei ddeud, neu rwyt ti'n fy anwybyddu i neu rwyt ti'n colli dy gof.' Ond wnaeth neb feddwl mwy am y peth. Mae'n debyg nad ydi rhywun yn gwneud pan mae bywyd mor brysur – mae'n anoddach sylwi ar newidiadau bach pan fyddwch chi efo rhywun bob dydd. Tua'r un pryd, pryd bynnag y byddai Dad yn mynd i gigs ac yn gosod y seinyddion, dechreuodd Mam sylwi y byddai'n mynd yn fwy a mwy blin efo fo'i hun. Doedd tymer byr Dad yn ddim byd newydd. Roedd Mam wedi arfer â'i 'anian artistig' – wedi'r cyfan, dyna oedd achos cymaint o'r ffraeo yn ystod eu dyddiau cynnar efo'i gilydd. Ond roedd hyn yn wahanol, oherwydd bod yr anniddigrwydd wedi ei gyfuno â diffyg hyder yn yr hyn roedd o'n ei wneud.

Pan stopiodd Dad gigio yn gyfan gwbl, dylai hynny fod wedi'n taro ni fel arwydd bod rhywbeth mawr o'i le. Ond hyd yn oed wedyn, wnaethon ni ddim sylweddoli. Byddai'n dioddef cymaint o straen ymlaen llaw fel bod gigio ddim yn werth y drafferth. Byddwn i'n cael ambell alwad ffôn gan Mam, a hithau yn ei dagrau oherwydd ei ymddygiad afresymol, ond erbyn hyn roeddwn i wedi cael llond bol ac yn meddwl mai'r un hen stori oedd hi. 'Mam, os ydi petha' cynddrwg â hynny, gadawa fo,' byddwn i'n dweud wrthi. Ond fel arfer, bydden nhw yn ffrindiau pennaf eto cyn pen dim. Doedden ni ddim yn deall bryd hynny bod y salwch yn gwneud popeth gymaint yn fwy dwys.

Er gwaethaf fy anniddigrwydd, penderfynais drefnu trip i Lundain ar gyfer Dad, heb sôn gair wrtho fo. Dyma gael trefn ar y penwythnos: bydden ni'n mynd i glybiau cerddoriaeth gwahanol, gan gynnwys Ronnie Scott's, gan fy mod i'n gwybod y byddai'n caru'r gerddoriaeth fyw. Roedd hefyd yn ymgais arall i drio meithrin cysylltiad efo fo – er fy mod i'n ei garu'n fawr, doedd gen i ddim byd yn gyffredin ag o, felly roedd hi'n fater o feddwl am unrhyw beth y byddai'r ddau ohonon ni'n ei fwynhau.

Felly prynais i docyn trên i Dad, dweud wrth Mam am bacio bag iddo a'i siarsio i beidio â sôn gair wrtho. Ar ddiwrnod y trip, ffoniais i Dad a dywedodd o wrtha i nad oedd o'n dod, y byddai'n rhaid i ni ei wneud o rywbryd eto. Wrth edrych yn ôl, roedd hyn bron yn sicr oherwydd bod ganddo ofn mynd ar drafnidiaeth gyhoeddus ar ei ben ei hun. Byddai taith i Lundain wedi bod yn ormod, yn enwedig pan oedd o hyd yn oed yn methu cofio sgwrs roedd o newydd ei chael.

Cyn bo hir, roedd yn dathlu ei ben-blwydd yn 70 oed. Roedd fy modrybedd ac ewythrod o'r canolbarth wedi dod i fyny i ddathlu efo fo, a chawson ni bryd mawr i'r teulu mewn gwesty yn nyffryn afon Ribble. Ar ôl i ni gyd ffarwelio, roedd Mam, Dad a minnau'n eistedd yn y car, yn barod i yrru adref, pan aeth Dad yn ddistaw yn sydyn, ac edrych i lawr ar y llyw.

'Wyt ti'n iawn, Eddie?' gofynnodd Mam iddo.

Dechreuodd Dad grio'n dawel. 'Dwi'n iawn. Dim ond meddwl mai dyna'r tro ola' y bydda i'n eu gweld nhw i gyd efo'i gilydd,' meddai.

'O, paid â bod yn wirion!' meddai Mam, gan ei gofleidio.

A thaniodd yr injan a gyrru adref. Roedd fel petai'n gwybod bod rhywbeth ar ei ffordd.

Pennod 13

Erbyn 2012, roedd fy mywyd fel petai'n fwy sefydlog. Roeddwn i'n byw yn Ne Affrica efo dyn roeddwn i'n ei garu. Y gampfa, y traeth a gwaith llawrydd ym maes marchnata cynnwys oedd fy myd. Roedd Mam a Dad yn ymddangos yn hapus yn Blackburn, hyd yn oed os oedd Dad ychydig yn anghofus.

Roedd fy mhartner a minnau wedi symud ar draws y byd i fod yn nes at ei fam, oedd hefyd yn dioddef o broblemau â'r cof. Pan ddaeth hi i aros efo ni, cefais fy mhrofiad cyntaf o fyw efo rhywun oedd yn ddryslyd ac yn anghofus. Pan oedd Johannes allan yn gweithio, byddai ei fam yn gofyn i fi bum neu chwe gwaith yr awr faint o'r gloch oedd hi. Doedd o ddim wir yn fy mhoeni i – roedd hi'n addfwyn, yn dawel a'i meddwl yn bell, a doedd hi ddim yn gwylltio'n ddirybudd. Roedd hi hefyd yn garedig efo gwên lydan ar ei hwyneb o hyd, ac yn aml byddai'n crwydro i fyny'r ffordd yn edrych ar y blodau yng ngerddi pobl. Weithiau byddai'n sleifio'n ôl efo un neu ddau gan eu cuddio mewn drôr. Byddwn i'n cadw llygad ar bethau ac yn dod i arfer â'i theithiau achlysurol. Roedd hi wrth ei bodd yn mynd a byddai'n dod yn ôl yn gwenu ac wedi ymlacio'n llwyr. Un prynhawn, fodd bynnag, roeddwn i'n gwneud ychydig o waith, ond pan es i weld ble roedd hi, allwn i ddim dod o hyd iddi. Cerddais i fyny'r stryd ond doedd dim golwg ohoni.

Ymlaen â fi i'r ffordd fawr, gan edrych yn yr holl erddi, ond doedd dim sôn amdani. Erbyn hyn, roeddwn i wedi galw efo'r holl gymdogion ar y stryd ac roedd hi'n dechrau nosi. Roeddwn i wedi dechrau cynhyrfu – roeddwn i eisoes wedi gyrru'n bell i'r goedwig y tu ôl i'r tŷ lle roedd y babŵns yn byw a doedd dim golwg ohoni o hyd. Feiddiwn i ddim ffonio Johannes a dweud wrtho fy mod i wedi colli ei fam, yn enwedig pan oedd hi'n dechrau tywyllu. Trefnodd ambell un o'r cymdogion griw i fynd i chwilio amdani tra oeddwn i'n gyrru o gwmpas. Wrth i fi droi i mewn i un o'r prif strydoedd, gwelais i gar gyferbyn efo hen wraig fach yn sedd y teithiwr, yn codi llaw arna i'n hapus. Dywedodd y wraig oedd yn gyrru'r car ei bod wedi dod o hyd iddi hanner milltir i ffwrdd, yn crwydro ar ffordd ddeuol yng nghanol unman. 'Plis paid â deud wrth Johannes,' meddai ei fam.

'Peidiwch â phoeni, ein cyfrinach ni fydd hi,' meddwn innau.

Ond cafodd wybod wythnos yn ddiweddarach pan soniodd un o'r cymdogion wrtho: 'Ddaethon nhw o hyd i'ch mam, 'ta?!'

Felly, byddwn i'n edrych ar fam Johannes ac yn meddwl bod Dad yn iawn, mae'n rhaid – doedd o ddim cynddrwg â hi ac roedd o byth a hefyd yn darllen, yn gwbl effro bob amser, ac roedd ganddo wastad ddiddordeb.

Yna, galwad gan Mam.

'Simon, dwi'n credu bod cof dy dad wir yn pylu, mae petha'n ddrwg,' meddai. 'Wel, mae o'n heneiddio, Mam,' atebais, gan feio ei oed.

I ddechrau, wnes i ddim talu gormod o sylw i'r hyn roedd hi'n ei ddweud oherwydd 'mod i ddim yn dyst i'r hyn oedd yn digwydd. Nes i fi fynd adref ar gyfer y Nadolig, hynny yw. Ar y dechrau, roedd popeth i'w weld yn iawn – roedd Dad yn fo'i hun, Mam yn rhuthro o gwmpas yn trio cael popeth yn barod ar gyfer y Nadolig – roedden ni'n cael ein cinio wythnos yn gynnar gan fod rhaid i fi hedfan 'nôl, ond roedden ni'n dal i ddathlu. Roeddwn i wedi prynu fy anrhegion a'u lapio, ac wedi penderfynu rhoi llyfr am areithiau Nelson Mandela i Dad. Roedd yn hoffi darllen erioed. Fel ei recordiau, mae 'na gelc o lyfrau yn y tŷ – cannoedd, yn llythrennol. Pan oeddwn i'n tyfu i fyny, roedd ei drwyn mewn llyfr byth a hefyd – hanes neu fywgraffiadau yn bennaf, doedd o ddim yn ffan mawr o ffuglen.

Beth bynnag, roeddwn i'n golchi llestri pan ddaeth Dad i'r gegin. 'Pwy brynodd y llyfr 'na, Sime?' meddai.

'Yr un am Nelson Mandela? Fi, Dad.'

'O, mae o'n wych.'

Dau funud yn ddiweddarach, gwaeddodd arna i o'r lolfa. 'Pwy brynodd y llyfr 'ma, Sime?'

Minnau'n stopio'n stond, gan feddwl ei fod o'n tynnu 'nghoes i. 'Dad, fi brynodd o. Dy anrheg Nadolig di 'di o.'

'O, da iawn! Mae o'n wych.'

Dyma fi'n troi'n ôl at y llestri, ond mewn dau funud, roedd o'n ôl yn y gegin. 'Simon, pwy brynodd y llyfr 'ma?'

Erbyn hyn, roeddwn i'n bendant yn meddwl ei fod o'n herian – fel y byddai'n ei wneud mor aml. 'Dad, wyt ti o ddifri? Fi brynodd o i ti. Yn anrheg Nadolig.' Dros yr awr nesaf, mae'n rhaid ei fod wedi gofyn i fi tua deg o weithiau pwy brynodd y llyfr. Dyna pryd roeddwn i'n gwybod bod rhywbeth mawr wedi newid.

Y tro hwn, mi wnes i drefnu apwyntiad efo'r doctor. Roedd yr ychydig ddyddiau hynny dreuliais i gartref wedi dangos i fi bod Mam yn llygad ei lle i fod yn bryderus: doedd ymddygiad Dad ddim yn normal. Roeddwn i'n teimlo'n ofidus iawn wrth ddychwelyd i Dde Affrica. Yn y feddygfa, cafodd Dad ddiagnosis o bwysedd gwaed uchel a'i roi ar gwrs o statinau, yn ogystal â chael ei gynghori i newid ei ddeiet. Roedd yn cymryd ei dabledi yn ddeddfol, dechreuodd fwyta'n well a gwneud yn siŵr ei fod yn cerdded yn gyflym i'r siop i nôl ei bapur newydd bob bore.

Yn Ionawr 2012, bu farw brawd Dad, fy Yncl Ernie. Roedd yn sioc enfawr, y cyntaf o'i frodyr a'i chwiorydd i farw, a chafodd ei daflu oddi ar ei echel. Ar ôl hynny, roedd fel petai wedi colli ei synnwyr o bwrpas a dechreuodd dreulio oriau yn y sied yng nghefn yr ardd. Anaml iawn y byddai'n chwarae unrhyw gerddoriaeth bellach.

Roedden ni'n meddwl ei fod yn hapus yn treulio amser ar ei ben ei hun, yn stwna o gwmpas yn y sied, yn tynnu hen beiriannau'n ddarnau a mynd ag unrhyw fetel i'r iard sgrap yn gyfnewid am arian parod. Doedd o ddim yn bres mawr, ond roedd o'n well na dim. Ond dechreuodd ei ymddygiad fynd yn afresymol, a byddai Mam yn aml yn ffonio yn ei dagrau yn sôn am bethau roedd yn eu gwneud a'u dweud. Llusgodd pethau ymlaen ac erbyn dechrau 2012, er gwaethaf archwiliadau rheolaidd efo'r meddyg teulu, doedd dim byd wedi ei grybwyll am gof Dad.

Pan symudais i'n ôl i'r Deyrnas Unedig o Dde Affrica, y peth cyntaf wnes i oedd mynd adref i weld Mam a Dad. Roeddwn i wedi cael rhybudd gan Mam fod yr ardd gefn yn llawn trugareddau roedd Dad wedi eu casglu ond ei fod yn gwrthod taflu dim byd, na mynd â dim byd i'r iard sgrap. Ces i sioc go iawn o weld yr ardd gyfan yn fôr o sothach – pentyrrau o rwtsh ym mhobman, heb le i droi. Hen beiriannau golchi, byrddau metel, cadeiriau swyddfa wedi eu hel o sgipiau, hen heyrn smwddio, fframiau sychu dillad – byddai'n cadw unrhyw beth efo'r mymryn lleiaf o fetel ynddo – a doedd neb yn cael mynd ar eu cyfyl nhw. Pe bawn i'n trio symud neu gyffwrdd unrhyw beth, byddai'n colli'i limpin yn llwyr.

'Dad, beth am i ni fynd â pheth o'r stwff 'ma i'r sgip a chael gwared arno fo?'

'Paid ti â meiddio cyffwrdd hwnna! Dwi'n mynd â fo i'r lle sgrap.'

'Ond Dad, mae ei hanner o'n blastig – wnei di byth gael y metel allan ohono fo.'

'GAD LONYDD IDDO FO!' A byddai'n gafael yn yr eitem ac yn ei dynnu o fy llaw. 'Cyffyrdda di yn hwnna eto ac mi fala' i chdi,' meddai.

Parhaodd y sefyllfa fel hyn am rai misoedd, ond gwaethygodd y bygythiadau, felly gadawon ni'r sothach lle roedd o. Roedd Dad yn dal i yrru ar y pryd a byddai'n dod adref efo unrhyw sgrap y gallai gael gafael arno fo. Roedd wedi troi'n obsesiwn. O fewn dim, roedd cymaint o sothach yn yr ardd gefn, a Mam wedi cael cymaint o lond bol, bu'n rhaid i ni fynd i'r afael â phethau, doed a ddêl. Roeddwn i'n gwybod y byddai'n drydydd rhyfel byd y diwrnod hwnnw, ond doedd dim dewis. Doedd dim lle yn yr ardd o gwbl – roedd golwg fel tomen sbwriel arni.

Trefnais ychydig o ddyddiau rhydd o'r gwaith a llogi sgip i ni daflu popeth iddi. Yn ôl y disgwyl, aeth Dad yn lloerig pan gyrhaeddodd y sgip. Bob tro y byddwn i'n taflu rhywbeth i mewn, byddai yntau'n gafael ynddo ac yn ei dynnu allan. Roedd yn rhaid i fi ei anwybyddu a dal ati wrth iddo fy ngalw i'n bob enw dan yr haul – roedd y cyfan yn hunllef llwyr ac roeddwn i wir yn meddwl ei fod o'n mynd i 'nyrnu i.

'Dad, dwi'n gneud hyn er mwyn i ti gael mwy o le. Sbwriel 'di hwn i gyd – mi wna i adael unrhyw beth metel arall.'

Aeth oddi yno, dan fytheirio. Yna, ryw hanner awr yn ddiweddarach, daeth yn ei ôl. 'Wyt ti isio help efo rwbath, Sime?' gofynnodd. Dyma fi'n pasio darnau o hen gadeiriau plastig iddo fo. Roedd y sgip yn orlawn – ond o'r diwedd roedd y sothach i gyd wedi mynd – felly hefyd fy nhad cynddeiriog; yn ei le roedd 'na hen ŵr caredig oedd eisiau helpu.

Tua'r un pryd, des i adref un penwythnos i yrru Mam a Dad i Ormskirk, lle roedd hen fôs Mam, Mr Connor, yn dathlu ei ben-blwydd yn 80. Ble bynnag roeddwn i yn yr ystafell, byddai Dad yn amneidio wrtha i am ddod ato, a mynnu 'mod i'n siarad efo gwahanol bobl. Yn y pen draw, mi wnes i ei anwybyddu – roedd yn ymddwyn mor od ac roeddwn i'n teimlo cywilydd. Allwn i ddim torri gair efo neb heb ei glywed yn galw arna i bron ar unwaith: 'Sime, Sime! Ty'd yma!' Roedd o'n ddi-baid.

Maes o law, aeth pawb i mewn i'r un ystafell i ganu 'Pen-blwydd Hapus'. Roeddwn i'n sefyll wrth ymyl Dad, a Mr Connor yn rhoi araith, pan ddechreuodd Dad gwyno'n sydyn nad oedd yn gallu anadlu. Yna trodd at y llenni, gafael ynddyn nhw, eu dal at ei geg a dechrau anadlu drwyddyn nhw. Ymddygiad od iawn. Yna gadawodd yr ystafell a mynd i eistedd yn y car. Ar y pryd, roeddwn i'n meddwl ei fod yn boeth oherwydd bod gormod o bobl yno, ond wrth edrych yn ôl, pwl o banig oedd o'n bendant – wedi ei ysgogi, mae'n debyg, gan y ffaith ei fod o'n methu deall pwy oedd y bobl yn y parti. 'Nhad druan. Roedd y dyn oedd wrth ei fodd efo cynulleidfa ac achlysur cymdeithasol wedi mynd. Rŵan doedd o ddim hyd yn oed yn gwybod pwy oedd yn yr ystafell na pham oedd o yno. Doedd pethau ddim yn iawn, roedd hynny'n bendant, ond bob tro byddai'n mynd at y doctor i gael archwiliad, byddai'n dod adref ac yn dweud doedd dim byd o'i le arno.

Gan fod Dad yn dirywio, penderfynodd Mam y byddai'n syniad da trefnu eu gwyliau arferol i dde Ffrainc i aros yn y garafán am fis rhwng Mai a Mehefin. Roedd hi'n gobeithio y byddai newid cynefin a chyfle i ymlacio yn dod â Dad yn ôl ati. Ond unwaith roedden nhw yn Port Grimaud, dechreuodd Dad gael problemau efo'i lygaid, a byddai'n eu rhwbio'n gyson nes eu bod yn goch a dolurus. Ar y diwrnod cyntaf daeth eu ffrindiau, Derek a Pauline, i garafán Mam a Dad i fynd â nhw i'r archfarchnad, ond gwrthododd Dad fynd ac roedd hynny'n anarferol. Roedd yn mynd yn ofnadwy o rwystredig ar ddim. Un tro, roedd o wrthi'n coginio pan daflodd badell ffrio ar draws yr ystafell, gan fethu Mam o drwch blewyn. 'Twatia hi!' byddai'n gweiddi, a byddai popeth yn hedfan ar hyd y llawr.

Ces i alwad ffôn neu ddwy gan Mam yn sôn bod Dad yn gwrthod gadael y garafán. Roedd o'n swnio i fi fel petai'n dioddef o ryw fath o iselder – roedd ei ymddygiad mor wahanol i'r arfer. Wrth gwrs, roedd o'n gallu mynd i'w gragen, ond roedd y pyliau hyn ar lefel wahanol. Yn y gorffennol, beth bynnag byddai ei hwyliau, byddai bob amser eisiau mynd allan a bod o gwmpas pobl.

Un noson, galwodd Mam i weld hen gwpl roedd hi'n eu hadnabod ar y maes gwersylla a dechreuodd feichio crio wrth sôn am ymddygiad Dad. Hebryngodd yr hen ŵr Mam yn ôl i'w charafán, ond ar ôl iddo fynd, dechreuodd Dad ei chyhuddo o gael affêr efo fo. Roedd ei ymddygiad ymosodol yn waeth nag erioed, cymaint felly nes i Mam gysgu yn lolfa'r garafán, er mwyn gallu dianc yn hawdd petai'n ymosod arni. Ffoniodd fi'r noson honno a dyma'r tro cyntaf i fi glywed dychryn go iawn yn ei llais – roedd hi'n ofni ei gŵr ei hun, a dywedodd fod hyn fel byw efo dieithryn. Nid dyma'r gwyliau roedden nhw'n arfer ei gael, ac dywedodd na fyddai hi byth eto'n mynd efo fo i Port Grimaud.

Ar ôl dod yn ôl i Loegr, daliodd Mam ati i drio cael Dad i fynd at y doctor i gael profi ei gof. Bob tro byddai'n trefnu apwyntiad, byddai Dad yn dod yn ôl a dweud dim byd ond: 'Does dim byd yn bod arna i.' Roedd yn actor gwych, a dim ond yn ddiweddarach y deallon ni y byddai'n mynd i'r feddygfa ac yn adrodd cerddi hir, cerddi roedd o wedi eu hysgrifennu ac yn eu gwybod ar ei gof. Byddai'n sefyll yn yr ystafell aros o flaen y cleifion a staff y dderbynfa ac yn eu hadrodd yn uchel – 'Hypochondriacs' oedd un ohonyn nhw hyd yn oed! Byddai'n mynd i'w apwyntiad ac yn perfformio fel petai'n camu ymlaen i'r llwyfan, meic yn ei law, a byddai pawb yn y feddygfa yn morio chwerthin yn aml. Byddai unrhyw un yn edrych o'r tu allan yn tyngu nad oedd dim o'i le arno fo, ond roedd hi'n stori hollol wahanol gartref. Dwi ddim yn gwybod beth roeddwn i'n meddwl oedd yn bod, ond wnes i ddim meddwl am glefyd Alzheimer.

Yr haf hwnnw, mi wnes i gyfarfod â boi o Birmingham, hanner fy maint a deng mlynedd yn iau na fi. Roedd o'n hyderus ac yn gegog, ac er na ches i fy nenu ato'n syth, disgynnais i dros fy mhen a 'nghlustiau amdano yn y pen draw. Roedd hefyd yn fyfyriwr meddygaeth.

Byddai'n dweud wrtha i, 'Mae angen i ti fynd â fo i weld rhywun, Simon – dydi'r ymddygiad yma ddim yn normal.'

'Ond mae o'n mynd at y doctor, ac maen nhw'n dal i ddweud does dim byd yn bod arno fo.'

'Mae angen i ti gael barn doctor arall. Dwi'n poeni am dy fam. Sut mae hi'n ymdopi efo hyn?'

Ym mis Medi, archebais i docyn trên i fynd i weld Mam a Dad. Rhoddodd Mam rybudd ymlaen llaw i fi fod to'r ystafell gefn yn gollwng a bod angen ei drwsio. Roedd wedi bod fel hyn ers misoedd, mae'n debyg, ond fyddai Dad ddim yn gadael i neb alw i wneud y gwaith gan fynnu y gallai ddatrys y broblem ei hun.

Pan gyrhaeddais adref a gweld y difrod, ces i dipyn o sioc – roedd y to wedi dymchwel i bob pwrpas. Roedd yna fwcedi ar y llawr i gasglu dŵr os oedd hi'n bwrw glaw, ond colli ei limpin wnaeth Dad pan ddywedais i fod angen i ni ei drwsio ar unwaith. Roedd wedi dechrau tresio bwrw ac roedd y dŵr yn arllwys i mewn drwy'r to, felly dyma fi'n gyrru i B&Q a phrynu ychydig o haenau plastig glas ac ychydig o bren i'w dal yn eu lle. Roedd Dad yn sgrechian ac yn fy ngalw i'n bob enw dan haul eto wrth i fi gropian ar y to, a thrio gosod yr haenau plastig yn sownd wrth iddi dywallt y glaw. Daeth un o'n cymdogion draw i helpu, a chafodd yntau sioc hefyd pan ddangosais i gyflwr y to y tu mewn i'r tŷ: 'Roeddwn i wedi gweld bod dŵr yn hel, ond feddyliais i 'rioed ei fod mor ddrwg â hyn.'

Dechreuodd Mam grio ar unwaith, a Dad yn dal i gorddi. Roeddwn i'n wlyb at fy nghroen ac yn cywilyddio fy mod i wedi bod i ffwrdd ac wedi gadael i hyn ddigwydd. Trefnwyd i adeiladwr ddod i drwsio'r to, ond gan fod yr hydref ar y ffordd, roedd hi'n amhosib iddo wneud y gwaith oherwydd ei bod hi'n bwrw glaw byth a hefyd, felly bu'n rhaid i ni ymdopi efo'r haenau plastig am fwy o fisoedd nag ydw i eisiau ei gofio.

Un peth arall i mi sylwi arno'r tro yma oedd nad oedd Dad yn canu yn y tŷ mwyach. Flynyddoedd yn ôl, byddai'n canu yn gyson – waeth pa adeg o'r dydd roedd hi, roedd ganddo gân bob amser. Roedd wedi gosod ei offer yn y lolfa a byddai'n treulio oriau yn morio canu'r clasuron ac yn mynd drwy recordiau roedd wedi eu prynu mewn siopau elusen neu sêls cist car, ond roedd hynny i gyd ar ben. Ar ben hynny, doedden nhw ddim yn mynd i'r clybiau bellach achos doedd Dad ddim eisiau mynd allan. Doedd cerddoriaeth ddim yn gallu ei wneud yn hapus hyd yn oed, a'r cyfan roedd o eisiau ei wneud oedd eistedd yn ei sied a gwneud cwisiau papur newydd. Erbyn mis Awst, pan ofynnais iddo beth roedd o eisiau ar ei ben-blwydd, ei ateb oedd casgliad o lyfrau hyfforddi'r ymennydd. Wrth edrych yn ôl, roedd yn amlwg yn gwneud ei orau glas i gadw ei ben uwchben y dŵr.

Pennod 14

Doedden ni'n gwybod dim am glefyd Alzheimer. Roedden ni'n meddwl ei fod yn golygu bod pobl yn anghofio pethau, a wnaeth o ddim croesi'n meddyliau ni fod ganddo fe unrhyw gysylltiad â'r ffordd roedd Dad yn ymddwyn gartref. Roedd yn gyfnod unig i ni. Wrth i bopeth chwalu o'n cwmpas ni, roedden ni'n dal i drio cael prawf cof addas, a doeddwn i ddim yn gallu deall y rheswm dros yr oedi. Yn y cyfamser, roedd pethau'n gwaethygu a'i byliau cynddeiriog yn amhosib i'w dioddef. Roedden nhw'n taro'n ddisymwth, ac yn llawn emosiwn rhwystredig. Collodd y gallu i hidlo dim byd ac roedd y cyfan oedd yn dod o'i geg yn un ffrwd, wedi ei gyfeirio'n uniongyrchol at y bobl oedd yn ei garu ac eisiau ei helpu fwyaf.

Roedd iechyd meddwl Mam wedi cyrraedd pen ei dennyn. Byddwn i'n cael galwadau ffôn ofnadwy ganddi a hithau'n beichio crio – yn aml pan oeddwn i wrth fy ngwaith. Un tro, cyfaddefodd ei fod wedi dod i'r gegin, yn hollol annisgwyl, ac yn ei dymer wedi ei llusgo allan gerfydd ei gwallt a'i thaflu ar lawr y lolfa. Roedd hyn yn gwbl anghydnaws â'r dyn oedd wedi ei swyno'n llwyr drwy gyflwyno caneuon iddi, dyn oedd wedi bod mor fywiog, yn llawn bywyd a charedigrwydd. Byddai recordiau ar wasgar blith draphlith ar draws y tŷ, dillad wedi eu taflu ym mhobman, ond petaech chi'n meiddio tacluso, byddai'n arwain at ffrae danbaid oherwydd bod rhywun wedi cyffwrdd ei bethau. Roedd Mam yn ei dagrau'n gyson. Doedd hyn ddim fel yn yr hen ddyddiau pan oedden nhw'n dadlau ar dir gwastad – yn sydyn, doedd dim rheolau a doedd dim modd iddi ei heglu hi adref i freichiau ei mam.

'Dwi'n ei gasáu o. Dwi jyst isio iddo fo fynd,' byddai'n igian crio.

Byddwn yn aml yn dod o hyd iddi yn y gegin, yn crio ar ben ei hunan bach. Yna byddai Dad yn dod i mewn.

'Be sy'n bod ar hon? Deuda wrthi am fynd i'r diawl,' taranai.

Roedd yn gyfnod ofnadwy. Roedd o fel anghenfil, a'r gwir plaen oedd 'mod i hefyd wedi dymuno nad oedd o yno – roedd o'n gwneud bywyd pawb yn ddiflas.

Diogelwch Mam oedd yn fy mhoeni i fwyaf, cymaint felly nes i fi alw'r doctor i drio cael apwyntiad er mwyn iddi sôn am yr hyn oedd yn digwydd gartre efo Dad. Roeddwn i wedi cael llond bol ar ei ymddygiad ymosodol a rhyfedd – roedd rhywbeth mawr yn bod, ac roedd y cyfan yn ddychrynllyd. Atgof a dim mwy oedd yr adegau hwyliog efo Dad, ac roedd hi'n amlwg ei fod yn sâl iawn.

Yn ffodus, doedd doctor rheolaidd Dad ddim yno, felly cafodd apwyntiad ei drefnu efo locwm. Es i mewn efo Mam i wneud yn siŵr ei bod hi'n sôn yn onest am yr hyn oedd yn digwydd. Roedd y doctor yn gallu gweld bod rhywbeth o'i le yn syth ar ôl i ni fynd i mewn.

'Mae'n ymwneud â 'nhad,' meddwn innau.

'Mae ei ymddygiad gartref mor ymosodol a dydyn ni ddim yn gwbod beth i'w wneud erbyn hyn.'

'Allwch chi ddisgrifio beth mae o'n ei wneud?' gofynnodd.

'Mae'n iawn y rhan fwyaf o'r amser, wedyn mae o'n gwylltio,' meddai Mam.

'Mam, mae'n rhaid i ti ddeud pob dim sy 'di digwydd. Fydd neb yn gallu dy helpu di os dwyt ti ddim yn deud be sy'n digwydd.'

'Ydy o wedi'ch taro chi?' gofynnodd y doctor.

Dyma Mam yn dechrau crio a doedd dim modd ei chysuro hi. Roedd yn beth ofnadwy i'w wylio.

'Mam, mae angen i ti ddeud be sy 'di bod yn digwydd. Mae pawb yma i helpu.'

'Ry'n ni wedi trio cael profion cof iddo fo, ond mae o'n dod adre bob tro a deud does dim byd o'i le arno fo,' meddai, gan grio.

Erbyn hyn, roedd colur ei llygaid yn llifo'n ddu i lawr ei bochau. Roedd hi mewn cyflwr truenus, ac roedd hi'n anodd credu bod hyn wedi gorfod digwydd.

'Dwi'n poeni'n arw am ddiogelwch Mam,' ychwanegais.

'Gwrandwch, mi wna i drefnu iddo fo ddod mewn eto a gweld be alla i ei wneud.'

Ar ôl i ni adael y feddygfa, eisteddai Mam yn y car yn crio.

'Mam, rwyt ti wedi gneud y peth iawn. Dwyt ti ddim yn gallu mynd ymlaen fel hyn. Dydi hyn ddim yn deg arnat ti. Mae rhywbeth yn bod.'

'Dwi jyst yn teimlo 'mod i wedi mynd tu ôl i'w gefn o,' meddai drwy ei dagrau.

'Dwyt ti ddim – rwyt ti'n gneud hyn i'w helpu o. Ond mae'n rhaid i ti ofalu amdanat ti dy hun.'

Roeddwn i'n brwydro'r dagrau fy hun.

Gwnaethon ni yrru adref ac esgus wrth Dad ein bod ni wedi bod yn siopa. Fel Mam, roeddwn i'n teimlo mor euog – fel pe bawn i wedi bod yn cario clecs amdano fo a'i siomi fel mab. Ond roeddwn i hefyd yn gwybod ein bod wedi dechrau ar gyfnod newydd, a bod angen help arnon ni. Tua wythnos yn ddiweddarach, llwyddodd Mam i gael apwyntiad dwbl i Dad yn y feddygfa, gan esgus bod angen iddyn nhw brofi ei bwysedd gwaed. Dim ond ar ddiwedd yr apwyntiad y trodd y sylw at ei gof. Roedd Dad – yn ôl y disgwyl – yn amddiffynnol, ond gwnaeth y doctor y profion angenrheidiol a dweud y byddai'n trefnu apwyntiad iddo yn y clinig cof.

Chlywson ni ddim siw na miw am fisoedd. Gwnaethon ni ffonio'r doctor dro ar ôl tro, ond yr ymateb oedd ein bod ni ar restr aros a doedd dim angen i ni boeni. Roedd hynny ym mis Hydref – ac ymddygiad Dad gartref yn dal i fynd yn fwy a mwy ymosodol ac anodd i Mam a minnau. Ac roedd hi'n gwbl amhosib gwybod a oedd o'n ymwybodol o'i ymddygiad ai peidio. O leiaf yn yr hen ddyddiau, roedd o'n gwybod pan oedd ei ymddygiad yn hunllefus; roedd o hyd yn oed yn fwriadol anodd weithiau, os oedd o'n flin am rywbeth. Ond roedd ei natur benboeth a threisgar ar lefel gwbl wahanol bellach, a doedd o ddim fel petai'n gallu ei rheoli na'i ragweld.

Yn ffodus, roedd ffrindiau Mam yno ar ei chyfer, ac roedd Edna, ei morwyn briodas, wedi clywed am gyfarfod i drafod dementia yn neuadd y dref, ac awgrymodd fod Mam yn mynd efo hi. 'Roedd y cyfarfod cyfan yn ymwneud â sut roedden nhw'n adeiladu cartrefi newydd i gleifion dementia,' meddai Mam. 'Mi wnes i roi fy llaw i fyny a dweud doedd dim byd o'i le ar adeiladu cartrefi newydd i gleifion, ond bod angen rhoi trefn ar y doctoriaid gynta.' Ar ddiwedd y cyfarfod, siaradodd y cadeirydd â Mam, a gofyn am enw ei doctor. Dywedodd y byddai'n trio prysuro'r broses. Roedd cael Edna yno yn gymorth mawr, ond roedd dyddiau diofal carwriaeth Mam a Dad a dydd eu priodas yn teimlo fel oes arall erbyn hyn. Pan oedd Edna wedi gwylio ei ffrind gorau yn priodi'r dyn a garai, fyddai neb wedi rhagweld mai dyma fyddai pen draw eu carwriaeth.

Tua'r un pryd, roeddwn i'n siarad efo fy mòs yn y gwaith am yr hunllef adre. Roedd ei fam yntau wedi cael dementia hefyd, ac roedd ein sefyllfa ni'n dipyn o sioc iddo – dywedodd fod yr arbenigwr wedi gweld ei fam cwta wythnos ar ôl yr apwyntiad cyntaf efo'r doctor. Roeddwn i'n gwybod ei bod hi'n bryd i fi fynd i'r afael â'r peth, felly dyma ddod o hyd i rif ffôn clinig cof Blackburn a'u ffonio nhw, gan siarad yn y pen draw efo rywun fyddai'n gallu helpu.

'Pryd wnaethoch chi ddweud oedd apwyntiad eich tad?'

'Mis Hydref – dwi'n deall bod 'na giw a rhestr aros ac ati, ond mae hi'n fis Mawrth erbyn hyn a dydyn ni byth wedi clywed dim.' Tawelwch.

'Mae hyn yn ofnadwy. Dylech chi fod wedi clywed rhywbeth erbyn hyn – gadewch i fi weld.'

Mi wnes i roi manylion Dad ac aros iddi chwilio.

'Na. Mae'n ddrwg gen i, does dim byd ar y system.'

Dyma fi'n ailadrodd y wybodaeth, a chynnwys enwau llwyfan niferus Dad.

'Efallai y gallech chi drio Ted McDermott, neu Thomas McDermott, neu Eddie McDermott.'

'Na – mae'n ddrwg gen i. Rhaid i chi fynd yn ôl at eich doctor.'

Roeddwn i'n gandryll. Roedden ni wedi aros bron i chwe mis am ddim byd.

Ffoniais y doctor ar unwaith i gwyno, a chafodd Dad apwyntiad brys i'r clinig cof, ond gwrthododd fynd, wrth gwrs. O'r diwedd, ym mis Mehefin 2013, cadarnhawyd bod dementia arno fo. Roedd wedi cymryd 18 mis i ni gael y cadarnhad hwn ac iddo ddechrau cael meddyginiaeth. A bod yn onest, y cyfan roeddwn i'n ei deimlo oedd rhyddhad rhyfeddol. Unwaith iddo ddechrau cymryd y feddyginiaeth, lleddfodd ei ymddygiad ymosodol fymryn ac roedd modd i Mam ymdopi am ychydig – nes iddo ddechrau gwrthod cymryd y feddyginiaeth, hynny yw.

Roedd balchder a natur styfnig Dad wedi ei helpu i ymdopi ag uchafbwyntiau ac isafbwyntiau perfformio, ond dydi'r nodweddion hynny ddim yn cymysgu'n rhy dda â dementia. Mynnodd Dad ei fod yn rheoli ei dabledi, ond roedden ni'n gwybod yn iawn nad oedd o'n eu cymryd nhw. Roedden ni'n dod o hyd iddyn nhw o gwmpas y tŷ. Byddai gofyn iddo a oedd o wedi cymryd ei dabledi yn ddigon i ysgogi pwl o dymer gwyllt.

Ddydd Nadolig y flwyddyn honno, daeth i lawr yn y bore efo wyneb fel taran. Roedd y dirywiad yn ei gyflwr mewn cwta flwyddyn yn boenus o amlwg. Y flwyddyn flaenorol, ailadrodd cwestiynau roedd o; eleni, roedd yn cwyno am bob dim dan haul. Roedd hyd yn oed yn wfftio'r anrhegion, gan dwt-twtian a'u taflu i'r neilltu. Roedd Mam yn ei dagrau ac roeddwn i'n ei gasáu am ei ymddygiad. Pan wnaethon ni ddweud ei bod hi'n ddydd Nadolig, ei ymateb syml oedd: 'Does affliw o ddim ots gen i pa blydi diwrnod 'di hi.' Roedd pethau'n cael eu taflu aton ni, drysau'n cael eu cau'n glep, Mam yn cael ei gwthio a'i cham-drin. Roeddwn i eisiau ei ddyrnu ond yn amau, pe bawn i'n trio gwneud hynny, y byddai'n llythrennol yn trio fy lladd i.

Y mis Rhagfyr hwnnw, roeddwn i newydd brynu fflat yn Llundain a doedd gen i'r un ddimai goch i'w sbario. Ar ben hynny, doedd fy mherthynas i a John ddim yn wych – roedden ni'n cecru byth a hefyd (patrwm roeddwn i wedi ei etifeddu'n ddi-os gan fy rhieni), er ein bod ni newydd ddod yn ôl at ein gilydd eto. Byddwn i'n mynd i Blackburn a byddai Dad yn bygwth neu'n chwifio'u ddyrnau o hyd ac, i goroni'r cyfan, roeddwn i newydd ddechrau swydd newydd. Yn goron ar y cyfan, torrodd fy nant yn ei hanner pan oeddwn i yn y gwaith, gan arwain at fil deintydd o £500. Roedd fy ngwaith yn dioddef a dim ond rhyw ddeufis roeddwn i wedi bod yn y swydd. Un bore Llun, galwodd y bòs fi i ystafell gyfarfod a rhoi rhestr o'r tasgau roedd hi am i fi eu gwneud erbyn diwedd yr wythnos. Dyna'i diwedd hi. Llenwodd fy llygaid â dagrau ac roeddwn i'n teimlo fel 'mod i'n syllu dros ddibyn. Ar y pryd, doeddwn i'n poeni dim am ddim byd. Roeddwn i wedi cael digon. Eiliad o dawelwch.

'Wyt ti'n iawn?' meddai.

'Ydw. Dim problem,' dywedais yn dawel.

'Wyt ti'n siŵr? Rwyt ti'n edrych fel dy fod ti ar fin crio.'

'Ydw. Nac ydw. Ddim go iawn. Mae popeth fel petai'n mynd o'i le...' Yna dyma fi'n esbonio wrthi beth oedd yn digwydd. Dechreuodd fy llygaid lenwi eto. Roedd hi'n wych. 'Iawn, anadla. Dydi hyn ddim yn bwysig,' meddai, gan wthio'r gwaith o'r neilltu. 'Aeth Mam drwy'r un peth efo Nain. Dwi'n gwbod yn union be sy ar dy blât di.' Roeddwn i'n teimlo'n druenus. Fel arfer, byddwn i'n gallu ymdopi. Ond waeth beth roedd hi'n ei ddweud a faint roedd hi'n trio fy nghysuro i, roeddwn i'n teimlo fy mod i wedi cael fy nharo gan gar. Ym mêr fy esgyrn, mae'n debyg 'mod i'n teimlo doeddwn i ddim yn ymddwyn fel y dyn y byddai Dad am i fi fod. Petai'n gwybod beth oedd yn digwydd, fyddai o wedi bod yn falch ohono i a sut roeddwn i'n delio â phethau? Er fy ngwaetha', roeddwn i'n teimlo mai na fyddai'r ateb.

Yn ôl yn Blackburn, roeddwn i'n poeni fwy a mwy ei fod o'n dal i yrru. Mi wnes i drafod Dad yn defnyddio'r car sawl gwaith efo Mam – doedd o wir ddim yn saff. Bob tro roedden ni'n mynd allan, byddai'r daith yn achosi pryder annioddefol. Byddai'n rhegi ar bob gyrrwr arall ar y ffordd ac roedd teithio yn ei gwmni yn frawychus – sawl gwaith, es i allan o'r car a gwrthod mynd efo fo eto. Dwi'n cofio un digwyddiad, pan oedden ni newydd fod mewn tafarn am ginio Sul – yn sydyn, dyma Dad yn gyrru ar ochr anghywir y ffordd. Roedd Mam a fi'n sgrechian arno i fynd i'r ochr iawn, ond doedd o'n cymryd dim sylw, gan sgrechian yn ôl: 'Dwi wedi bod yn gyrru ers blynyddoedd. Paid â deud wrtha i be i'w neud.' Yn y pen draw, roedd yn rhaid i ni ffonio mecanic a gofyn iddo ddweud wrth Dad nad oedd y car mewn cyflwr digon da i fod ar y ffordd. Roedden ni'n gwybod na fyddai'n gwrando arnon ni a dyna'r unig ffordd o gadw Dad allan o'r car nes i ni allu trefnu apwyntiad efo'r doctor. Roedd hyn yn ddifrifol. Gwnaeth Mam apwyntiad brys efo'r clinig cof, gan esbonio'r sefyllfa, ond gan ofyn iddyn nhw ddweud bod angen iddo roi'r gorau i yrru oherwydd ei olwg. Yn ffodus, doedd hynny ddim yn broblem. Derbyniodd Dad yr eglurhad a wnaeth o ddim gyrru eto; yn lle hynny, byddai'n cerdded i bobman – rhyddhad i bawb. Byddai hynny yn ei gadw'n heini ac yn ei gadw oddi ar y ffyrdd, ac roedden ni i gyd yn falch nad oedd dim byd difrifol wedi digwydd – gallai wedi bod yn ganmil gwaeth. Ond roedd annibyniaeth Dad wedi mynd o'r diwedd, a ninnau wedi gorfod gofyn i bobl ddweud celwydd wrtho fo. Roedd yn teimlo fel diwedd cyfnod go iawn a minnau'n dychryn pa mor gyflym roedd y salwch yn suddo'i grafangau ynddo fo, heb sôn am beth roedden ni'n cael ein gorfodi i'w wneud er mwyn ei gadw fo, a phobl eraill, yn saff.

Un dydd Sadwrn, mi es i ei ag o yn y car i'r siop bapurau newydd oherwydd ei bod hi'n tywallt y glaw. Es i mewn efo fo.

'Bore da, bore da!' gwaeddodd cyn gynted ag yr aeth drwy'r drws.

Roedd gwraig Asiaidd swil efo sgarff am ei phen yn sefyll y tu ôl i'r cownter, a dau ddyn Mwslimaidd barfog yn aros i dalu am eu bara a'u llaeth.

'Iawn, be mae Linda isio eto?' gofynnodd i fi.

'Papur, llaeth, a bisgedi,' meddwn innau.

Edrychodd Dad arna i a dweud diolch mewn acen Bacistanaidd ffug.

'Rŵan, lle ddiawl mae'r papurau?' meddai, eto yn yr un acen.

Roedd gen i gymaint o gywilydd. Erbyn hyn, roedd y ddau ddyn Mwslimaidd yn edrych yn hyll arnon ni. Dyma fi'n rowlio fy llygaid, gystal â dweud mai tynnu coes oedd o, ond doedden nhw ddim yn hapus.

Yn y cyfamser, roedd y wraig y tu ôl i'r cownter yn gwenu, fel petai hi'n rhan o'r jôc.

Mi wnes i afael yn neges Dad a mynd ag o i dalu. Erbyn hyn, roedd y ddau ddyn Mwslimaidd wedi gadael.

'Faint 'di o, musus?' gofynnodd fy nhad.

Dyma'r wraig yn cyfrif pris popeth. '£2.20,' meddai.

'Blydi hel! Dwi'n gobeithio dydych chi ddim yn fy nhwyllo i!' meddai Dad, gan chwerthin.

'Ydy hyn yn ddigon?' Dyma fo'n rhoi dau bapur £20 iddi.

'Paid â phoeni, Dad, mi dala i,' meddwn innau, a rhoi'r newid cywir i'r wraig.

Gadawon ni'r siop.

'Iawn, dwi am gerdded i'r Co-op.'

'Iawn, Dad, gwna di hynny ac mi barcia i rownd y gornel.'

Wrth i Dad gerdded i ffwrdd, rhedais yn ôl i'r siop. Roeddwn i eisiau ei holi hi am ei ymddygiad, yn ogystal ag ymddiheuro amdano. Roedd gen i gymaint o gywilydd.

'Mae'n wir ddrwg gen i. Mae o'n ddryslyd iawn.'

'O, peidiwch â phoeni!' meddai hithau, mewn acen Blackburn gref. 'Mae o'n dod i mewn bob dydd – dwi'n 'nabod Eddie.'

'Sut mae o pan mae o'n dod i mewn?'

'O, mae'n ddryslyd iawn. Dydi o byth yn cofio beth mae o isio, felly 'dan ni'n cerdded o gwmpas y siop nes mae o'n cofio – papur a bisgedi, fel arfer. Mae o'n mynd yn ddryslyd iawn. Ond peidiwch â phoeni, dwi'n cadw llygad arno fo,' meddai.

Roedd clywed hyn yn fy synnu i. Dad druan, wyddwn i ddim pa mor ddryslyd roedd o efo pobl yn gyhoeddus – roedd hi'n amlwg bod gwneud unrhyw beth ar ei ben ei hun yn mynd yn anodd.

Wrth i fi adael y siop, dyma hi'n gweiddi eto, 'Peidiwch â phoeni!' Roeddwn i eisiau ei chofleidio hi – doeddwn i ddim yn gallu credu pa mor oddefgar oedd hi, ond roeddwn i'n gwybod fyddai pawb ddim yn ymateb yr un fath. Roedd dagrau yn fy llygaid wrth i fi yrru i'r Co-op. Fy nhad i oedd hwn, y *Songaminute Man* a allai ganu cannoedd o ganeuon ar ei gof, y dyn a allai hel ei bac am y gig nesaf, yn hyderus bob tro yn ei allu i greu argraff ar y gynulleidfa. Ddylai fo ddim bod fel hyn.

I mewn â fi i'r Co-op wedyn a'i weld yn crwydro o gwmpas eto, yn trio meddwl beth i'w brynu. Gwyliais i o'n gafael ym mhob dim heblaw'r pethau roedd o eu hangen nhw go iawn ac yn mwmian wrtho'i hun. Wrth dalu, dyma Dad yn rhoi ei waled i'r ferch wrth y til. Roeddwn i'n arswydo – roedd o fel plentyn, a thorrodd fy nghalon yn llwyr. Roedd o mor fregus â'r hen bobl y bu'n eu hamddiffyn wrth berfformio'i gigs yn y cartrefi henoed. Doedd gen i ddim syniad beth i'w wneud.

Tua'r adeg yma tarodd Mam ar ei hen ffrind Eileen wrth safle bysiau yn y dref. Roedd Mam ac Eileen yn arfer bod yn agos yn y 60au. Dwi'n cofio hen luniau o Eileen a'i gwallt golau mewn steil cwch gwenyn. Roedden nhw wedi colli cysylltiad a heb weld ei gilydd ers blynyddoedd, ond daeth ffawd â nhw at ei gilydd y diwrnod hwnnw ar adeg pan oedden ni'n fwyaf anobeithiol.

Er eu bod nhw heb weld ei gilydd ers cyhyd, roedd y ddwy'n byw yn agos iawn at ei gilydd. Ychydig ddyddiau'n ddiweddarach, ffoniodd Eileen Mam gan ofyn a fyddai hi'n hoffi mynd efo hi i glwb St Stephen's un noson. Roedden nhw'n cynnal noson meic agored ac roedd hi'n meddwl y byddai'n gwneud lles iddi fynd allan. Yn anochel, gwrthododd Dad fynd, felly aeth Mam ar ei phen ei hun, ond mi aeth efo hi'r wythnos ganlynol a daeth hyn yn drefniant rheolaidd. Yn bwysicach fyth, unwaith roedd o yno, roedd Dad yn methu peidio â chamu i'r llwyfan. Yn sydyn, roedd o'n canu o flaen cynulleidfa eto – roedd o heb wneud hyn ers blynyddoedd.

Diolch i'r ffaith bod Mam ac Eileen wedi taro ar ei gilydd ac wedi dechrau mynd i'r clwb eto, cafodd Dad flas o'r newydd ar fywyd ac aildaniwyd ei angerdd am berfformio. Erbyn hyn, roedd ganddo rywbeth i edrych ymlaen ato bob wythnos a hon oedd yr un noson o seibiant byddai Mam yn ei chael o wallgofrwydd bywyd. Roedd ei weld ar y llwyfan fel teithio yn ôl drwy amser i'w oes aur – roedd o'n hyderus, yn symud efo'r gerddoriaeth, a doedd o ddim yn gwneud yr un cam gwag. Byddai unrhyw un o'r cyfnod euraidd hwnnw wedi dweud – 'Dacw fo Teddy Mac, ar dân ar y llwyfan fel arfer.' Roedd yn cofio bob gair, a'r gynulleidfa, gymaint ag yr oedd hi, yng nghledr ei law. Gallech chi fod wedi clywed pìn yn disgyn wrth iddo ganu 'Here in my heart'. Dyna pryd gwnaethon ni sylweddoli y gallai cerddoriaeth fod yn ffordd allweddol o reoli pethau. Y llwyfan oedd ei le diogel mewn byd oedd yn teimlo'n fwy a mwy brawychus ac estron iddo. Dyna oedd gan Mam a fi mewn golwg pan aethon ni ati i osod y chwaraewr recordiau yn yr ystafell gefn a dod â rhai o'i hen recordiau allan eto. Doedd ein dagrau o ryddhad ddim yn bell pan welson ni ei ymateb – roedd o fel dyn gwahanol. Yn sydyn, byddai'n treulio oriau yn dewis recordiau, yn eu chwarae, yn dewis record arall ac yn canu. Roedd ei lais yn dal i swnio cystal ag erioed. Byddai'n colli ei limpin o dro i dro, ond roedd hi'n amlwg ei fod wedi dechrau mwynhau canu eto. Roedd ei lais bob amser wedi rhoi cymaint o lawenydd i bobl ac wedi bod yn fodd i'w cludo i fyd arall; erbyn hyn, yn ôl pob golwg, roedd fel petai'n gwneud yr un peth iddo yntau.

Pennod 15

Wrth gwrs, dim ond gohirio pethau roedd cerddoriaeth, nid iacháu. Erbyn hydref 2014, roedd y sefyllfa gartref yn gwaethygu. Roedd pyliau cynddeiriog Dad yn mynd yn fwy rheolaidd a thros ben llestri. Un penwythnos, es i weld y ddau. Roedd Mam wedi mynd i'r gwely'n gynnar, gan ei bod hi wedi blino'n lân, ac roedd Dad a fi yn eistedd yn gwylio'r teledu. Roedd popeth yn iawn. Yn sydyn, neidiodd Dad o'i gadair a rhedeg i fyny'r grisiau. Dydw i erioed wedi ei weld yn symud mor gyflym yn ei fywyd. Y peth nesaf, dyma fi'n clywed sgrechian o'r llofft.

'Na, Eddie, stopia! Eddie!'

'Dwi'n mynd i dorri pob asgwrn yn dy gorff di!'

Rhedais i fyny'r grisiau ac i lofft Mam a Dad. Roedd Mam yn eistedd i fyny yn y gwely, ei gwallt ymhob man, a golwg wedi dychryn ar ei hwyneb. Roedd y dillad wedi eu tynnu oddi ar y gwely a Dad yn sefyll yno yn bygwth ni'n dau, fel petai rhyw fwystfil wedi ei feddiannu.

'Beth sy 'di digwydd?' gofynnais.

'Gwna'n siŵr ei bod hi'n cadw allan o 'ngolwg i. Os daw hi'n agos ata i, mi dafla i hi drwy'r ffenest,' meddai. Gwthiodd heibio i fi a brasgamu i lawr y grisiau.

'Wnest ti ddweud rhywbeth wrtho fo? Wnaeth o dy daro di?' gofynnais i Mam.

'Daeth o mewn, gafael yn fy ngwallt i a dechrau ysgwyd fy mhen i...' dywedodd Mam.

Roedd hi mewn sioc. Doedd dim rheswm am ei wylltineb, ac mi barodd am oriau. Yn y pen draw, cytunodd i fynd i'w wely ac arhosodd Mam yn y lolfa. Wnes i ddim cysgu winc y noson honno. Yn y bore, doedd o'n cofio dim o'r hyn oedd wedi digwydd y noson cynt.

Er na chafodd Dad erioed benrhyddid i fynd i'r afael ag unrhyw dasgau pwysig o gwmpas y tŷ, roedd wastad wedi mwynhau stwna a thrio trwsio pethau er mwyn helpu neu i gadw'n brysur. Ond daeth hynny i gyd i ben wrth i'r salwch waethygu ac wrth i bethau fynd yn chwilfriw go iawn. Roeddwn i wedi mynd yno ar benwythnos arall i wneud ychydig o waith yn yr ardd i gadw ar ben pethau ac i wneud rhywbeth ynghylch y cerrig palmant y tu allan i'r drws ffrynt ac o gwmpas ochr y tŷ. Roedd llwydni'n tyfu arnyn nhw ac yn eu gwneud nhw'n llithrig, a minnau'n poeni y byddai Mam neu Dad yn disgyn – y peth olaf roedd ei angen rŵan oedd i un ohonyn nhw dorri coes. Es i draw i B&Q a phrynu hylif glanhau llwydni a brwsh newydd i wneud popeth yn ddiogel. Roeddwn i wedi treulio tua dwy awr yn glanhau a brwsio tu allan i'r tŷ, efo Dad yn sefyll yno drwy'r amser, yn rhythu. Roeddwn i'n gwybod ei fod yn anhapus am rywbeth ond feiddiwn i ddim dweud dim byd, gan fy mod i'n synhwyro y byddai'n mynd amdana i. Roeddwn i ar fin gorffen pan ruthrodd allan o'r tŷ, gafael yn y brwsh a gwthio'i law yn erbyn fy mrest.

'Dos i'r diawl! O'ma. FY NGARDD I 'di hon! Mae gen i fy ffordd fy hun o neud pethau.'

'Dad...'

'Cer o 'ngardd i neu mi dorra i bob asgwrn yn dy gorff di,' ychwanegodd. Erbyn hyn, roedd ei wyneb bron yn cyffwrdd fy un i a'i lygaid yn gwneud iddo edrych fel dyn gwyllt.

Nid bygythiad oedd hyn. Petawn i ddim yn symud ar unwaith, byddai'n fy lladd i.

'Iawn. Gwna fo dy hun,' arthiais arno fo a chau'r drws y tu ôl i fi. Es i mewn i'r lolfa, lle roedd Mam yn cael paned o de.

'Beth sy' 'di digwydd?' meddai.

'Dydw i ddim yn gwbod be dwi 'di neud. Dim ond glanhau roeddwn i, i wneud yn siŵr dydych chi ddim yn llithro...'

Yn sydyn, dyma'r drws yn agor a Dad yn rhuthro i mewn.

'Be wyt ti'n da 'ma? Cer o'ma! Ti'n gwrando? Cer! Cer i'r diawl!'

'Dad, dwi wedi treulio'r penwythnos cyfan yn gneud yr ardd. Pam wyt ti'n flin efo fi?'

'Ti'n gwbod pam dwi'n flin...'

Codais ar fy nhraed.

'Na, Dad – dydw i ddim. Deuda pam wyt ti'n flin efo fi.'

Erbyn hyn, roedden ni'n dau yn edrych ym myw llygaid ein gilydd. Roeddwn i wedi cael llond bol. Roedd o wedi bod yn cwyno ac yn fy mygwth drwy'r penwythnos a dyma'i diwedd hi.

Chwarddodd yn fy wyneb i.

'Cer i'r diawl, dwyt ti'n ddim byd! A ti'n gwbod yn iawn pam dwyt ti'n ddim byd...'

Roeddwn i'n gwybod yn union beth roedd o'n mynd i'w ddweud, ac roedd yn codi arswyd arna i.

'Ty'd o'na 'ta, Dad. Deuda pam dydw i'n ddim byd,' gwaeddais yn ei wyneb.

Gwthiodd ei fys yn erbyn fy mrest.

'Dwi wedi bod â chywilydd ohonot ti ers blynyddoedd,' meddai.

Suddodd fy stumog.

'Wel, ty'd o'na. Deuda wrtha i pam mae gen ti gymaint o gywilydd,' gwaeddais.

Doeddwn i erioed wedi bod mor hy tuag ato yn fy mywyd ac roeddwn i'n gwybod, o ddal ati, y byddai'n fy nyrnu unrhyw funud.

'Dwyt ti'n ddim byd i fi achos be wyt ti. Dwi'm yn gallu sôn wrth neb dwi'n 'nabod amdanat ti. Mae gen i gywilydd ohonat ti, ac mae gen bawb arall hefyd. A dy fam, ond wneith hi ddim deud achos mae hi'n rhy galon-feddal.'

'O, dyna sy'n bod, Dad. Achos 'mod i'n hoyw.'

Er i fi fod mor hy, roedd fy nhu mewn i'n deilchion. Roeddwn i'n teimlo fel petai fy stumog i wedi disgyn drwy'r llawr. Doedd hyn ddim fel Dad. Fel arfer, roedd o'n casáu gwrthdaro am ddim rheswm; os rhywbeth, fo oedd yr un fyddai'n trio adfer yr heddwch, yr un oedd o hyd yn trio cadw'r ddysgl yn wastad, ond roedd y salwch yma'n gwneud iddo fod yn gandryll drwy'r amser.

'Ia, achos dy fod ti'n hoyw. Ac achos na fydd gen i a dy fam wyrion.'

'Ffyc off, Dad!'

Doeddwn i erioed wedi rhegi arno yn fy mywyd.

Aeth hi'n sgarmes rhwng y ddau ohonon ni a bu'n rhaid i Mam ein gwahanu ni.

Brasgamais i fyny'r grisiau yn rhegi gan gau pob drws yn glep y tu ôl i fi. Aeth Dad allan i'w sied yn y cefn.

Daeth Mam i fyny'r grisiau. 'Simon, wyt ti'n iawn?'

'Ydw, dwi'n iawn, Mam,' meddwn i, gan esgus nad oedd o'n fy mhoeni. 'Dwi jyst yn mynd allan am funud. Dwi angen 'chydig o awyr iach. Paid â phoeni, dwi'n iawn.'

I mewn â fi i'r car, bacio i'r ffordd a gyrru at y goleuadau traffig. A dyma nhw'n dod. Môr o ddagrau. Roeddwn i wedi fy llorio'n llwyr. Roeddwn i'n beichio crio, i'r fath raddau fel 'mod i prin yn gallu gweld lle roeddwn i'n mynd. Bachais ar y cyfle cyntaf i droi oddi ar y ffordd fawr, i stad ddiwydiannol Whitebirk.

Doeddwn i ddim yn gallu deall beth oedd yn digwydd. Pan ddes i allan i Mam a Dad gyntaf, fy mhrif bryder oedd y byddai ganddyn nhw gywilydd ohona i a 'mod i'n eu siomi nhw. Roeddwn i wedi cuddio'r gwir am flynyddoedd oherwydd doeddwn i ddim eisiau siomi'r bobl roeddwn i'n eu caru, fel y rhan fwyaf o ddynion hoyw ar y pryd. Pan ddywedais i wrthyn nhw, Dad oedd yr un wnaeth gadw fy rhan i fwyaf. Fo oedd yr un a fyddai'n tawelu'r dyfroedd, a dweud bod rhaid i fi fyw fy mywyd i blesio fy hun. 'I'r diawl â phawb arall, Sime!' byddai'n dweud. 'Ti sy'n gwbod beth sy'n iawn i ti, ond i ti beidio â brifo neb.'

Ond yr eiliad honno, ar ôl iddo fo ddweud yr hyn wnaeth o, roeddwn i'n teimlo mai celwydd oedd y cyfan roedd o wedi ei ddweud. Roedd wedi 'nryllio i'n llwyr. Roedd fy ofn gwaethaf wedi cael ei wireddu, a minnau'n teimlo 'mod i wedi methu gwneud yr un peth oedd yn bwysig i fi – sicrhau bod fy rhieni yn falch ohona i. A'r canlyniad oedd crio – crio fel doeddwn i erioed wedi crio o'r blaen.

Ar ôl i fi dawelu, gyrrais yn ôl i'r tŷ, yn arswydo rhag beth allai fod yn fy nisgwyl. Roeddwn i'n ofni y byddai Dad yn gwylltio'n gacwn eto. Roeddwn i'n teimlo fel petawn i wedi cael fy nharo gan fws, ond roeddwn i'n benderfynol o beidio ag ildio na gadael iddo wybod cymaint roedd ei eiriau wedi effeithio arna i.

Agorais y drws ffrynt a cherdded i'r ystafell gefn.

'Sime? Ti sy' 'na?'

'Ia, Dad.'

Roedd yn rhyfeddol o hapus ac yn siriol. Beth ddiawl oedd yn digwydd?

'Dwi newydd neud paned. Wyt ti isio un?'

Yna tarodd ei ben o gwmpas ffrâm y drws, yn gwenu, heb ofal yn y byd.

'Dwi wedi cael donyts yn Morrisons, os wyt ti ffansi un. Wyt ti wedi bod yn y dre? Oedd hi'n brysur?'

Gallech chi daeru bod trawma'r awr ynghynt erioed wedi digwydd. Allwn i ddim deall y peth. Y cyfan wnes i oedd cario 'mlaen ac esgus bod dim byd wedi digwydd. Dyma beth oedd sefyllfa hollol wallgo'. Ddywedwyd dim mwy am y peth, a daliodd pawb ati i fyw eu bywydau toredig.

***

Roedd Mam yn 70 oed ddiwedd mis Tachwedd, felly penderfynais gynnal parti syrpréis iddi efo gweddill y teulu. Y thema oedd Dynasty yn erbyn Ffrainc – dau o hoff bethau Mam – cyfaredd y teulu Carrington a gwyliau yn Ffrainc. Wnes i ddim dweud wrth Dad gan fy mod i'n gwybod na fyddai'n gallu cadw'r gyfrinach.

Erbyn hyn, roedd gwrthod mynd allan efo Mam yn ddigwyddiad rheolaidd, weithiau hyd yn oed pan oedd y tacsi'n aros y tu allan. Roedd hi'n mynd drwy gyfnod mor ofnadwy ar y pryd, a'r cyfan roeddwn i eisiau oedd trefnu noson iddi hi a neb arall.

Sylweddolais y byddai angen cynllun wrth gefn, rhag ofn i Dad wrthod gadael y tŷ y noson honno, felly gofynnais am help Yncl Colin. Yn sicr ddigon, awr cyn roedden ni i fod i adael, cyhoeddodd Dad oedd ei fod o ddim yn mynd allan. Yr unig beth wnaeth ei berswadio i ddod oedd i fi ddweud ein bod ni'n mynd i fwyty ac y byddai'n cael pryd blasus o fwyd. Doedd ganddo ddim syniad bod Mam yn dathlu ei phen-blwydd, ac mae'n debyg bod hynny'n fendith. Yn ffodus, roedd hi'n noson wych a mwynhaodd Mam bob munud (er nad oedd hi'n cofio rhyw lawer ar ôl i un o fy nghefndryd i roi gormod o Jägerbombs iddi). Daeth pawb yno mewn gwisgoedd Ffrengig – yn gwisgo nionod a garlleg ar gortyn a berets. Aeth Dad ar y llwyfan a chanu ei ganeuon. Am eiliad, roedd popeth yn teimlo'n normal ac ar ddiwedd y noson, dyma ni'n llenwi'r tacsi efo anrhegion Mam, yn falch bod popeth wedi mynd cystal.

Ond drannoeth (sef diwrnod pen-blwydd go iawn Mam) wrth iddi agor ei hanrhegion, dechreuodd Dad ddweud pethau ofnadwy wrthi. Mi wnes i a Mam drio'i anwybyddu. 'Pam maen nhw'n rhoi'r holl gardiau iddi? Fi ydi'r seren! Dydi hi'n ddim byd.' Roedd hi'n eistedd yna efo cannoedd o gardiau ac anrhegion – dwi erioed wedi gweld cymaint o anrhegion ar gyfer un person – ond roedd Dad yn twt-twtian ac yn gwneud sylwadau erchyll. Dwi'n gwybod ei fod yn sâl ond natur y salwch hwn yw ei fod yn chwarae triciau arnoch chi, achos mae'r unigolyn o'ch blaen chi'n edrych yn union fel y gwnaeth o erioed. Rydych chi'n anghofio bod y person yn sâl, a dydych chi ddim yn deall pam mae'n methu rheoli ei ymddygiad. I mi, roedd y ffaith bod Dad yn dal i allu perfformio fel Teddy Mac, ei enw llwyfan lawr yn y canolbarth, fel y gwnaeth y noson cynt, yn greulondeb o'r mwyaf. Roedd o'n dal i wybod sut i wneud hynny ond doedd ganddo ddim syniad sut i ymddwyn yn weddus tuag at ei anwyliaid. Unwaith eto, roedd hi'n anodd peidio â meddwl ei fod o'n gwneud yr ymdrech o flaen dieithriaid ond ddim o'n blaenau ni. Y teimlad arall oedd bod pawb arall yn gweld sioe lwyfan wych Ted, a ninnau'n gorfod glanhau'r llanast gefn llwyfan.

Ar ôl y blynyddoedd trychinebus o dreulio'r Nadolig gartref, y penderfyniad oedd treulio Nadolig 2014 yn fy fflat i yn Llundain. Teithiodd Mam a Dad yno ar Noswyl Nadolig, ac roeddwn i wedi trefnu trip annisgwyl i'r Shard. Dyma ni'n cerdded ar hyd y South Bank a stopio mewn tafarn am wydraid o win ar y ffordd ond roedd Dad yn cwyno am bopeth. Roeddwn i'n gweddïo y byddai ei hwyliau yn newid – y peth olaf roeddwn i ei eisiau oedd Nadolig arall yn cael ei ddifetha. Roedd criw o weithwyr yn cael diod ar ôl gwaith a dyma Dad yn mynd atyn nhw a sgwrsio fel petai'n eu hadnabod nhw ers blynyddoedd. Roedden nhw'n edrych ar ei gilydd efo golwg, 'Am be mae hwn yn rwdlan?' ar eu hwynebau. Roedd Dad yn meddwl mai plant oedden nhw ac roedd tôn ei lais yn cyfleu hynny. Mi wnes i drio'i berswadio i adael llonydd iddyn nhw, rhag ofn iddyn nhw ddechrau gwneud hwyl am ei ben, ond doedd dim yn tycio.

'Ty'd o'na, Dad, ty'd i eistedd efo ni.'

'Dim peryg! Dwi'n siarad efo'r sêr go iawn,' meddai.

'Simon, gad lonydd iddo fo, ddaw o ddim,' meddai Mam.

Felly yn y pen draw, eisteddais i efo Mam, yn cadw un llygad ar Dad, yn gwylio ymddygiad yr hogia o'i gwmpas. Gwnaeth un neu ddau o'r rhai iau drio gwneud hwyl am ei ben, ond diolch byth, siarsiodd y dyn hŷn yn y criw iddyn nhw beidio. Edrychodd draw a gwneud siâp ceg, 'Mae'n iawn.' Roeddwn i mor ddiolchgar iddo am y ddau air syml hynny. Roedd o'n deall yn iawn beth oedd yn digwydd ac yn chwarae'r gêm, a thynnodd fy nhad i'r naill ochr, i ffwrdd oddi wrth weddill y criw, a chael sgwrs iawn efo fo.

'Iawn, dwi'n meddwl bod angen i ni fynd i'w hachub nhw,' dywedais wrth Mam.

Dyma ni'n gwisgo'n cotiau ac yn cerdded draw. 'Iawn, Eddie, 'dan ni'n mynd rŵan,' meddai Mam.

'Iawn, mêt. Well i ti fynd efo nhw cyn iddyn nhw dy adael di yma,' meddai'r dyn. Gwisgodd Dad ei gôt a mynd draw at Mam.

'Diolch am hynna. Mae o'n drysu 'chydig weithiau.'

'Paid â phoeni, mêt. Dwi'n dallt be 'dach chi'n mynd drwyddo fo. Mae fy nhad yng nghyfraith i 'run fath. Dwi'n dallt yn iawn...'

Ysgydwais ei law a cherdded allan – mae'r eiliadau syml hyn o garedigrwydd gan ddieithriaid llwyr yn golygu cymaint. Wrth edrych yn ôl rŵan, roedd Mam a minnau'n teimlo mor unig ac amddifad yn hyn i gyd, ond roedd y pethau bychain, achlysurol y byddai pobl yn eu gwneud weithiau yn achubiaeth ac yn ein helpu i godi allan o'r gwallgofrwydd am gyfnod byr.

Cerddon ni at Bont Llundain ac at fynedfa'r Shard. Ar ôl i ni ddangos ein tocynnau, bu'n rhaid i ni fynd drwy giât ddiogelwch debyg i'r rhai mewn maes awyr, a dilyn y drefn arferol – tynnu popeth allan o'n pocedi, sganio ein cotiau a thynnu ein gwregysau. Wrth gwrs, doeddwn i ddim yn sylweddoli ar y pryd pa mor frawychus byddai hyn i Dad. Roedd hi'n ddrama, a dweud y lleiaf. Gwnes i dreulio pum munud da yn egluro bod rhaid i ni dynnu ein cotiau, yn ogystal â gwagio ein pocedi. Edrychai'r staff ar y ddau ohonon ni fel pe baen ni'n wallgof, gan gilwenu ar ein gilydd. Heb unrhyw syniad am gyflwr Dad, roedden nhw'n meddwl ein bod ni'n ddau ffŵl a dim byd arall. Yn y pen draw, dyma ni'n llwyddo i fynd drwodd a dal lifft i'r llawr gwylio. Unwaith eto, doedd gen i ddim syniad faint byddai bod i fyny mor uchel wedi dychryn Dad. Roedd yn olygfa hyfryd, a'r haul yn machlud ar ddiwrnod clir, felly roedd y ddinas gyfan i'w gweld yn ei holl ogoniant. Ond doedd gan Dad ddim diddordeb. Roedd o'n colli arni bob tro byddai Mam a fi yn camu tuag at y ffenestri, ac roedd o'n gwrthod symud oddi wrth y wal ger y lifft.

'Ty'd o'na, Dad – edrycha ar yr olygfa.'

'Cer i'r diawl. Dwi'n mynd!'

Mynnodd fynd yn syth yn ôl i'r lifft.

Roeddwn i wedi ysu i Mam fwynhau'r profiad heb unrhyw straen, ond roedd yr holl sefyllfa yn hunllef. Roedd Dad yn gweiddi ar bobl eraill o'n cwmpas ni: 'Does dim rhaid i fi edrych allan o ffenestri. Ddim blydi dafad ydw i, fatha'r twats yma!' Unwaith eto, roedd wynebau'r twristiaid a'r staff yn awgrymu mai ni oedd y teulu gwaethaf ar wyneb daear. Yn y pen draw, doedd dim dewis ond rhoi'r ffidil yn y to a mynd, ond gallwn weld y siom amlwg ar wyneb Mam.

Er i'w bywyd droi'n gyfuniad o rwystredigaeth a siom, roedd yr hen ysbryd penderfynol hwnnw o'i dyddiau'n canlyn â Dad yn dal i godi ei ben o dro i dro – roedd eisiau gwyliau arni hi ac roedd hi'n benderfynol o gael gwyliau. Felly, ym mis Mehefin 2015, er gwaethaf pryderon ac amheuon ar fy rhan i, dyma hi'n trefnu gwyliau iddi hi a Dad, yn ôl yn Ffrainc.

'Dwi angen bywyd hefyd, 'sti!' meddai.

Cytunwyd eu bod nhw'n mynd am bythefnos ym mis Mai, ac y byddwn i'n hedfan allan am ryw bum niwrnod yn y canol, rhag ofn i rywbeth ddigwydd.

Ffoniais i Mam ar eu hail noson i weld sut hwyl oedd arnyn nhw ac, er bod un ffrae fawr wedi digwydd yn barod, roedd hi'n swnio'n ddigon digyffro. Mi wnes i hedfan allan a chael fy synnu wrth weld y ddau mewn hwyliau da. Nes i ni fynd am ddiod i un o'r bariau ar y safle, hynny yw. Hwn oedd y bar 'uchel-ael', efo'r holl weinyddion mewn dillad trwsiadus ac ychydig yn hunanbwysig. Roedd hi'n noson braf, felly gwnaethon ni benderfynu eistedd y tu allan.

Y peth cyntaf wnes i sylwi oedd bod Dad yn meddwl bod parwydydd gwydr ym mhobman. Roedd o'n ddryslyd, yn cerdded tuag at fwlch rhwng dau ddarn o bren efo'i fraich allan o'i flaen, fel petai ar fin gwthio drws ar agor. Ac yna dechreuodd pethau.

'Cerwch â fi o'r blydi lle 'ma!' gwaeddodd.

'Eddie, callia,' meddai Mam.

Erbyn hyn, roedd pawb yn edrych tuag aton ni. Roedd Dad yn wyllt, yn trio mynd allan. Yna baglodd dros gadair, gan wneud pethau ganwaith gwaeth. Ciciodd y gadair, a bu bron iddo ddisgyn, yna rhuthrodd allan, gwthio'r drws gwydr dychmygol ac unwaith eto, bu bron iddo ddisgyn. Roedden ni'n edrych yn honco bost.

Aeth pethau o ddrwg i waeth. Yn ystod y dydd, byddai Dad yn iawn – roedden ni'n dau'n mynd am dro ar hyd y traeth ac i'r môr, yn sgwrsio'n braf, ond dyma pryd wnes i sylwi am y tro cyntaf nad oedd o'n gwybod pwy oeddwn i. Gan amlaf, roedd yn dal i 'ngalw i'n 'Sime', ond dechreuodd ddweud straeon wrtha i am Blackburn – straeon am y man lle roedd o'n gweithio ac mai fo oedd yr hynaf o 14 o blant – na fyddai'n eu dweud, mae'n amlwg, petai o'n gwybod mai fi oedd ei fab.

Dechreuodd popeth fynd ar i lawr yn sydyn – gwrthododd gymryd unrhyw feddyginiaeth a byddai'n aml yn fy nghyhuddo i a Mam o drio'i wenwyno. Byddwn i'n cysgu yn y llofft sengl yn y garafán, ond roeddwn i'n gallu clywed Dad yn sarhau Mam pan oedden nhw'n mynd i'r gwely. Y pethau arferol – pethau fel dweud wrthi am fynd i'r diawl neu fynd o'i olwg o; roedd y cam-drin yn ddi-baid ac roedd o'n beth ofnadwy i'w glywed. Byddwn i'n aml yn ei gweld hi'n crio ar ei phen ei hun ac ambell dro, pan fyddwn i'n mynd i'w chysuro hi, byddai Dad wedyn yn ymosod arna i hefyd, gan fy ngalw i'n bob enw o dan yr haul.

Daeth pethau i benllanw pan gawson ni wahoddiad gan eu hen ffrindiau, Alan a Gloria, i far ymhellach ar hyd y traeth – roedd eu merch draw o Lundain ac roedden nhw wedi clywed pethau da am y lle newydd 'ma a'r adloniant oedd yn cael ei gynnig. Gwnaethon ni fwyta yn y garafán a chychwyn cerdded i'r bar tua saith o'r gloch, ond roeddwn i'n gallu synhwyro eisoes bod Dad yn dechrau troi. Roedd o'n cwyno yr holl ffordd ar hyd y traeth nes i ni gyrraedd.

'Be 'di'r adloniant heno?' gofynnais.

'O, dynwaredwr Elvis,' meddai Gloria.

Edrychais ar Mam. Roedd y ddau ohonon ni'n gwybod bod hyn yn mynd i fod yn gamgymeriad enfawr. Yn gyntaf, mae Dad yn casáu dynwaredwyr Elvis, ac o gyfuno hynny efo'i hwyliau gwael, roedden ni'n gwybod bod storm ar y gorwel – roedd o wedi arfer meddwl am y llwyfan fel ei le o. Doedd ganddo fawr o amynedd ar gyfer perfformwyr ail ddosbarth ar y gorau, ond roedd hyn yn mynd i fynd yn ofnadwy o flêr.

'O 'rarglwydd,' meddyliais.

Dechreuodd trac cefndir chwarae, ac allan ag 'Elvis' o gefn y llwyfan.

'Schönen guten Abend'

Oedd, roedd o'n ddynwaredwr Elvis – ond un Almaeneg.

Roedd Elvis yn dawnsio ac yn llamu o gwmpas y llwyfan a'r Almaenwyr yn y gynulleidfa yn morio chwerthin. Roedden nhw wrth eu bodd. Yn y cyfamser, draw ar ein bwrdd ni, roedd Dad yn eistedd a golwg gandryll ar ei wyneb, ar fin ffrwydro.

'Amaturiaid,' mwmiodd dro ar ôl tro. 'Ffycin twat!' ychwanegodd. Yna, 'Na, dwi'n mynd. Ddim adloniant 'di hyn.' Fel mae'n digwydd, o edrych yn ôl, mae'n debyg ei fod o'n iawn. Roedd yn hunllef ac yn y diwedd roedd yn rhaid i ni adael y sioe yn gynnar, gan greu ffwdan enfawr wrth i ni wthio heibio'r holl fyrddau. Roedd Dad fwy neu lai'n cicio'r cadeiriau allan o'r ffordd yn y diwedd.

Erbyn i ni gyrraedd yn ôl i'r garafán, roedd Dad yn bwrw sen i bob cyfeiriad. Casineb pur. 'Dwi'n gwbod be mae'r ddau ohonoch chi'n ei wneud,' gwaeddodd.

'Dad, ty'd o'na. Gan bwyll.'

Roedd hi tua un ar ddeg y nos, ac roedd yn taranu ar dop ei lais. Roedd pawb yn y carafanau eraill yn gallu clywed.

Dechreuodd Mam feichio crio. 'Alla i ddim cario 'mlaen fel hyn.'

'Mae'n iawn – gawn ni drefn ar bethau fory,' meddwn i.

Mi wnes i baratoi gwely i fi fy hun yn y lolfa er mwyn i Mam gael cysgu yn fy llofft i ond roeddwn i'n gallu clywed Dad yn cerdded 'nôl a 'mlaen ac yn mwmian wrtho'i hun yn ei lofft. Doedd gen i ddim syniad beth roedd o'n ei wneud, ond roedd yn swnio fel petai'n agor ac yn cau cypyrddau, yn chwilio am rywbeth. Roeddwn i wedi dychryn – doeddwn i erioed wedi ei weld fel hyn o'r blaen.

Prin roeddwn i'n gallu cysgu, ond fel roeddwn i'n dechrau pendwmpian, dyma ddrws ei lofft yn agor gan roi clec i'r wal. Roedd hi tua thri o'r gloch y bore erbyn hyn ac roeddwn i wedi dychryn yn lân. Er mai 'nhad i oedd o, roeddwn i'n poeni am ein diogelwch ni. Wrth i fi esgus cysgu, roeddwn i'n gallu clywed ei draed yn llusgo o gwmpas y lolfa, yn dal i fwmian wrtho'i hun.

'Ffycin moch! Unwaith dalia i nhw, mi dorra i bob asgwrn yn eu cyrff nhw. Ffycin lladron! Maen nhw'n meddwl 'mod i ddim yn gwbod beth sy'n digwydd.'

Roeddwn i'n teimlo fel plentyn yn deffro yng nghanol y nos, yn meddwl bod anghenfil yn yr ystafell ac yn trio peidio ag anadlu na symud rhag ofn i bethau waethygu. Roeddwn i'n gallu ei glywed o'n agor cypyrddau a droriau ac wedyn yn eu cau'n glep, ac yn poeni y byddai'n cael gafael ar gyllell ac yn ein trywanu ni i gyd. Yn sydyn, stopiodd y llusgo traed a'r mwmian, ac aeth popeth yn hollol dawel. Roedd o'n sefyll uwch fy mhen i.

Roeddwn i'n siŵr ei fod o'n mynd i 'nhrywanu i neu o leia' fy nyrnu i, ond allwn i ddim symud. Byddech chi'n meddwl y byddwn i wedi agor fy llygaid ac wedi trio rhesymu efo fo, ond allwn i ddim. Dad oedd o. Roedd o'n fy ngharu i ac roeddwn i'n gwybod fyddai o ddim yn fy mrifo i – ond yr hen Ted oedd hwnnw, y dyn oedd yn dad i fi cyn y salwch yma. Doeddwn i ddim eisiau cydnabod beth oedd yn digwydd – os oeddwn i'n cadw fy llygaid ar gau, roeddwn i'n gallu esgus nad oedd o yno. Doeddwn i ddim yn teimlo fel dyn rŵan, ond fel plentyn wedi arswydo.

Yna mi gychwynnodd.

'Y ffycin sglyfath!' rhuodd. 'Dwi'n gwbod be rwyt ti 'di bod yn ei neud. Y ffycin sglyfath, y ffycin lleidar!' Roedd ei wyneb fodfedd oddi wrth fy un i.

'Mi. Wna. I. Dorri. Pob. Ffycin. Asgwrn. Yn. Dy. Ffycin. Gorff. Di,' gwaeddodd.

Anaml iawn, os byth, byddai Dad yn dweud 'ffyc', felly roedd ei glywed yn cael ei ddweud efo'r fath ffyrnigrwydd wedi fy arswydo i'n llwyr. Roedd fel petai o wedi cael ei feddiannu gan y diafol. Aeth y sarhad ymlaen am ryw ddeng munud ac yna cerddodd yn ôl i'w lofft yn araf, a chau'r drws y tu ôl iddo. Ac aeth popeth yn dawel.

'Be ffwc sy newydd ddigwydd?' meddyliais. Roedd fy nghalon i'n curo fel gordd wrth i fi orwedd yna'n syllu ar wal y garafán, ddim yn meiddio symud. Wnes i ddim cysgu winc y noson honno. Tua wyth o'r gloch mi glywais i Mam yn deffro, felly dyma fi'n mynd i gael sgwrs sydyn efo hi, i ddweud wrthi beth oedd wedi digwydd. Dechreuodd hithau grio.

'Dwi'n difaru dod ar y gwyliau 'ma,' meddai drwy ei dagrau.

Mi wnes i de a thost iddyn nhw, gan obeithio y byddai Dad yn deffro mewn hwyliau gwell. Pan eisteddodd, roedd yn dawelach o lawer, ond doedd o'n dal ddim yn fo'i hun. Gwrthododd ddefnyddio unrhyw beth roedd Mam yn ei gyffwrdd, a doedd o ddim yn fodlon eistedd wrth ei hochr hi wrth y bwrdd. Prin y gwnaeth o yngan gair. Yn wir, ddywedodd neb air, heblaw am ryw sylw byr am y tywydd. Meddyliais am amseroedd brecwast ar wyliau pan oeddwn i'n fach – yr holl chwibanu a chanu a hwyl. A dyma ni, mewn sefyllfa mor wael doedden ni ddim yn meiddio torri gair hyd yn oed. Beth oedd yn digwydd i ni?

Dyna oedd y drefn am weddill y gwyliau. Roedden ni'n treulio dyddiau ar y traeth, yn cael cinio braf a byddai Dad mewn hwyliau da, ond erbyn min nos, byddai pethau'n newid.

Roedd y tri ohonon ni eisiau mynd adref, ond doedd gen i ddim syniad sut yn y byd bydden ni'n cael Dad yn ôl i Loegr fel roedd hi. Y diwrnod cyn roeddwn i i fod i adael, mi wnes i ffonio Yncl Colin am gyngor.

'Wyt ti'n iawn, 'ngwashi?' meddai.

'Ydw.'

'Sut mae Ffrainc?'

'Ydy, iawn... Heblaw am...' Baglais dros y gair. 'Dad'. Dyma fi'n dechrau crio.

'Wyt ti'n iawn, Sime?'

'Ydw, dwi'n iawn.'

'Ti'm yn swnio'n iawn.'

Eiliad o dawelwch. Roeddwn i wir eisiau dweud wrtho fo beth oedd yn digwydd, ond unwaith eto roeddwn i'n teimlo y byddwn i'n bradychu Dad.

'Dad. Mae o'n ymosodol eto a dwi ddim yn gwbod beth i'w wneud...' Ac yna dyma fi'n ei cholli hi, yn beichio crio ar y ffôn.

Nid dyna oedd y bwriad. Eisiau gair o gyngor oeddwn i, doeddwn i ddim eisiau iddyn nhw feddwl doeddwn i ddim yn gallu ymdopi.

Daeth y cyfan allan. Soniais i wrtho am bopeth oedd wedi digwydd ar y gwyliau.

'Sime, be bynnag mae angen i ti'i wneud, byddwn ni'n dy gefnogi di bob cam o'r ffordd. Os oes angen iddo fo fynd i rywle, mi wnawn ni dy gefnogi di. Paid â phoeni,' meddai.

Roedd meddwl am Dad yn cael ei gludo mewn fan i ysbyty seiciatrig yn ddigon i wneud i fi grio. Eisteddais ym mharc carafanau Port Grimaud efo'r dagrau'n llifo. Nid y ffaith nad oeddwn i'n gwybod beth i'w wneud oedd yn fy mhoeni, ond y ffaith nad oedd neb arall yn gwybod chwaith.

Digwyddodd yr un peth y noson honno eto ac erbyn bore trannoeth, roeddwn i wedi llwyr ymlâdd. Roedd Dad yn union yr un fath dros frecwast ag y bu'r dyddiau blaenorol. Y bore hwnnw, mi wnes i goginio wyau i ni, ond gwrthododd Dad eu bwyta nhw unwaith eto, ac yn y pen draw, dyma fi'n cicio yn erbyn y tresi.

'Dad, be sy'n bod arnat ti? Heddiw 'di fy niwrnod ola' i, ac rwyt ti'n dal i ymddwyn fel hyn.'

'Be wyt ti'n feddwl, dy ddiwrnod ola' di?'

'Dwi'n mynd 'nôl i Lundain heno. Dwi'n gadael amser cinio i yrru i'r maes awyr.'

'Be? Ti'n mynd 'nôl? Pam?'

'Mae'n rhaid i fi fynd i weithio.'

'O, os felly, well i ni gael diwrnod da 'ta.'

Roedd yn union fel petai o'n ôl yn yr ystafell mwya' sydyn, a'r cymylau du wedi eu chwalu. Wn i ddim oedd o wedi sylweddoli mai Simon oeddwn i, ond roedd beth bynnag oedd yn mynd drwy ei feddwl i'w weld yn ei dawelu. Achos 'mod i'n mynd? Pwy a ŵyr! Beth bynnag roedd o, roedd yn dipyn o ryddhad meddwl ein bod ni'n mynd i allu cael mymryn o heddwch ar fy niwrnod ola'. Tra oedd Mam a Dad yn eistedd tu allan, mi wnes i lanhau'r garafán a sgubo'r holl dywod oedd wedi cael ei gario o'r traeth, a theimlo mor anhygoel o drist. Roedd hi wedi dod yn fwy amlwg bod Dad yn diflannu'n raddol, a wyddwn i ddim beth i'w wneud, na beth fyddai'n dod nesaf.

Pennod 16

Mae clefyd Alzheimer yn lleidr – mae'n cipio'r holl olau o fywyd teulu ac yn dwyn normalrwydd. Mae hyd yn oed siâp y gair yn rhoi'r argraff ei fod yn mynd i ymosod arnoch chi. Mae'n lladrata eiliadau gwerthfawr ac atgofion posib. Wrth i ni ymrafael â'r clefyd afiach yma, mae fel petai Dad, Ted McDermott, wedi byw dau fywyd ac yn ddau berson gwahanol. Roedd Ted, y perfformiwr, yn arfer dod yn fyw gyda'r nos, ond rŵan, dyma'r amser sy'n ein dychryn ni fwyaf. Dwi hefyd yn sylweddoli bod Mam a fi wedi brwydro ar ein pennau ein hunain am amser hir – wrth edrych 'nôl, efallai ein bod ni wedi gwrthod derbyn y sefyllfa ac wedi mynnu dal gafael ar yr hen Ted. Pan fyddai'n cael diwrnod da, roedd o'n rhoi mymryn o obaith i ni ac yn gadael i ni esgus bod yr adegau da yn drech na'r adegau gwael.

Roedd yn ymwneud yn rhannol â rheoli, mae'n debyg, a'r ofn o lacio gafael, achos byddai gwneud hynny'n golygu cyfaddef o'r diwedd nad oedd Dad yn fo'i hun mwyach. Roedden ni wastad wedi bod yn deulu mawr a chariadus, teulu oedd yn datrys ei broblemau ei hun, ond er i frodyr a chwiorydd Dad fod yn gefn iddo fo, Mam a fi oedd yn cario baich gofalu amdano fo. Ar ôl colli Hilda a Maurice, roedd hi'n anodd i frodyr a chwiorydd Dad weld eu brawd yn sefyll o'u blaenau ond heb fedru ei adnabod fel y brawd mawr y cawson nhw eu magu yn ei gwmni. Nid hwn oedd y brawd oedd yn eu hamddiffyn nhw, y brawd oedd yn barod i roi bwyd yn ei bocedi er mwyn iddyn nhw rannu ei olud. Weithiau, doedd o ddim yn gallu cofio eu henwau hyd yn oed. Mi wnes i hefyd drio cadw ymddygiad gwaethaf Dad rhagddyn nhw, ac wrth i amser basio, roedd yr holl sefyllfa yn fwrn arna i. Byddai ffrindiau'n gwrando arna i'n mynd ymlaen ac ymlaen ac ymlaen am y gwallgofrwydd yn Blackburn, ond dwi ddim yn siŵr eu bod nhw'n sylweddoli'n union pa mor ymosodol oedd ymddygiad Dad. Y cyfan roeddwn i eisiau oedd i rywun ddweud wrtha i beth i'w wneud a byddwn i'n ei wneud o. Roedd John yn meddwl ei bod hi'n bryd i Dad fynd i gartref, ond roeddwn i'n gwybod yn fy nghalon fyddai hynny ddim yn addas. Roedd o'n dal i fod yno – roedd yna ryw ran o Dad yn dal i fod efo ni – ac allwn i ddim peidio â meddwl am yr ofn llwyr y byddai'n ei deimlo petai'n sylweddoli ei fod yn cael ei gymryd i le diogel. Fyddwn i ddim yn gallu goddef hynny – er ei fod yn dal i fod mor ymosodol, roedd yna eiliadau o garedigrwydd hefyd a oedd, er ein gwaethaf, yn gwneud i ni deimlo'n well. Achosodd yr ansicrwydd nifer fawr o broblemau doeddwn i ddim yn siŵr sut i ddelio â nhw.

 Aeth pethau cynddrwg nes fy mod i, pan fyddwn i'n aros gartref, yn aml yn rhoi fy nghês yn erbyn y drws yn y llofft sbâr rhag ofn iddo ddod i mewn i'r ystafell yn ystod y nos. Roedd ymddygiad Dad mor anwadal, roedd yn fy arswydo i. Weithiau byddai'n hyrddio i mewn ac yn dechrau fy ngalw i'n sglyfath; dro arall, byddai'n dod i'r llofft ond yn sefyll yno'n dawel, a minnau'n deffro, yn dychryn ac yn codi braw ar y ddau ohonon ni.

 'Blydi hel, Sime! Roeddwn i'n meddwl mai rhywun arall oeddet ti.'

 Daeth y cyfan i fwcl pan oedden ni'n methu ymdopi â'r ymddygiad ymosodol a'r cam-drin mwyach, felly dyma fi'n ffonio llinell gymorth y gwasanaethau cymdeithasol. Yn anffodus, doedd neb ar gael i alw heibio tan y dydd Llun, felly'r cyngor a roddwyd oedd i drio cadw Dad yn ddigynnwrf tan hynny, neu ffonio'r heddlu – a allai fod wedi golygu y byddai'n cael ei gymryd i le diogel er ein diogelwch ni. Ar y dydd Llun, ffoniais i'r gwaith, gan egluro y byddai'n rhaid i fi gymryd mwy o amser i ffwrdd oherwydd y sefyllfa gartref. Roeddwn i'n poeni gymaint am Mam – doeddwn i ddim eisiau ei gadael hi yn y tŷ ar ei phen ei hun efo Dad. Roedd y doctor wedi trefnu dod i'r tŷ efo'r gweithiwr cymdeithasol. Ysgrifennais restr fanwl o bethau roedd angen i fi eu trafod pan oedden nhw'n cyrraedd. Roedd hi'n ddydd Llun glawog, Dad yn eistedd yn yr ystafell gefn yn corddi am rywbeth neu'i gilydd. Arhosais yn y lolfa nes i mi eu gweld nhw'n cerdded ar hyd y ffordd. Rhedais allan a'u tynnu i'r ochr y tu ôl i lwyn – roeddwn i'n poeni y byddai Dad yn gweld fy mod i'n siarad â nhw. Gwnaethon ni drafod ei gyflwr a'r hyn oedd wedi digwydd y penwythnos hwnnw. Dechreuais fynd drwy'r rhestr o'r pethau oedd yn digwydd gartref, ac erbyn i fi gyrraedd y trydydd pwynt, roeddwn i'n sylweddoli sefyllfa mor ofnadwy oedd hi. Dechreuodd fy ngwefus grynu a llifodd y dagrau. Doeddwn i ddim yn gallu deall sut roedden ni wedi cyrraedd y pwynt yma. A minnau'n dechrau crio bob tro y byddwn i'n dechrau sôn am y pwynt nesaf, mi wnes i drosglwyddo'r rhestr iddyn nhw.

'Beth bynnag wnewch chi, peidiwch â gofyn dim byd iddo fo am ei gof,' meddwn innau. 'Bydd hyn yn ei ypsetio fo, a bydd yn rhaid i ni ddelio â chanlyniadau hynny drwy'r dydd.'

Roedd Dad yn dal i wadu popeth. Mynnodd mai gan bawb arall roedd y problemau, a'i fod o'n berffaith iawn. Roedden ni'n cael ein cyhuddo o ddwyn ei bres, dweud celwydd wrtho, cuddio ei waled, sôn amdano y tu ôl i'w gefn a hyd yn oed trio'i wenwyno. Roedd popeth roedd o'n ei ddweud naill ai'n sarhad neu'n fygythiad, naill ai ei fod am dorri'n coesau ni neu ein taflu i gamlas.

Mi es i â'r ddau i mewn.

'Helô, Eddie! Ry'n ni'n dod i'ch gweld chi a Linda i wneud yn siŵr bod y ddau ohonoch chi'n gofalu am eich gilydd,' meddai'r weithwraig gymdeithasol. 'Gawn ni ofyn ychydig o gwestiynau i chi?'

Roedd golwg gynddeiriog ar wyneb Dad. 'Croeso i chi ofyn. Ond dwi ddim yn addo'u hateb nhw.'

'Dad, dim ond yma i wneud yn siŵr dy fod ti a Mam yn iach maen nhw,' meddwn i.

'Does dim byd yn bod arna i. Angen edrych ar ben hon sy,' poerodd.

Roedd Dad yn eistedd yn ei gadair freichiau arferol a Mam yn gwneud paned i bawb. Cymerodd y doctor arno ei fod yn gwneud archwiliad corfforol, gan edrych ar ei bengliniau a gwrando ar ei bỳls.

'Iawn, Mr McDermott, sut mae'ch cof chi, yn eich barn chi?'

Bu bron i fi ddisgyn oddi ar fy nghadair. Dim ond rŵan dwi'n sylweddoli roedd yn rhaid iddo ofyn hynny er mwyn gallu gweld ymateb Dad.

'Tsiampion,' arthiodd Dad. 'Am y rhain dylech chi boeni,' ychwanegodd, gan bwyntio ata i a Mam.

Ond roeddwn i'n gallu dweud wrth lygaid Dad bod yr hyn oedd yn digwydd yn ei ddychryn yn lân. Cymysgedd o ddicter, tristwch a dryswch, ac roedd yn brofiad erchyll i'w wylio. Wrth iddo edrych arna i, roeddwn i'n gallu gweld yr ofn yn ei lygaid – ond roeddwn i'n gallu gweld y dicter hefyd – fel petai'n dweud, 'Pam wyt ti 'di gneud hyn?' Roedd Dad ar ei fwyaf bregus, er fy mod i'n gwybod ei fod yn barod i'n lladd ni. Ar ôl ychydig, gofynnodd y weithwraig gymdeithasol a fyddai Dad yn mynd â hi allan i weld yr ardd fel bod Mam yn gallu siarad yn uniongyrchol efo'r doctor. Roedd hi'n anodd i Mam fod yn onest am ba mor ddrwg roedd y sefyllfa, a threuliodd beth amser yn siarad yn bwyllog a cheisio osgoi datgan yn union pa mor galed oedd bywyd erbyn hyn. Roeddwn i'n gwybod ei bod hi'n teimlo ei bod hi'n bradychu Dad, ond ar ôl ychydig o brocio, llaciodd ei thafod.

Un o'r prif broblemau oedd bod Dad yn gwrthod cymryd ei feddyginiaeth, felly'r cam cyntaf oedd ei newid i ffurf hylif, a fyddai'n haws i'w roi. Yna trefnwyd y byddai'r weithwraig gymdeithasol yn dod i'r tŷ bob dydd Mercher i gadw llygad ar bethau, rhag ofn i ymddygiad Dad newid yn sylweddol. Dim ond am bythefnos y digwyddodd hynny, wrth i Mam deimlo bod ymweliadau'r weithwraig gymdeithasol yn ymyrryd â'u trefn arferol. Roedd hynny'n mynd i arwain at lawer o anghytuno rhyngddi hi a fi yn y dyfodol.

Roedd yn gyfnod anodd iawn, ond roedd yn rhaid i fi ddychwelyd i Lundain i fynd yn ôl i'r gwaith. Wrth i fi ddod i lawr y grisiau efo fy magiau, trodd Dad ata i a dweud 'Pam wyt ti'n gwisgo dillad merched?'

Roeddwn i'n methu coelio'r peth. Tynnu coes oedd o? Neu'n drysu? Oeddwn i'n gwisgo fel merch? Roeddwn i wedi drysu'n lân.

Wrth i fi fynd i mewn i'r tacsi am yr orsaf drenau, trodd y gyrrwr ata i a gofyn, mewn acen Indiaidd gref: 'Wyt ti'n hoffi cerddoriaeth, mêt?'

Cyn i fi gael cyfle i ateb, taniodd y chwaraewr CD a chwarae 'Sugar, Sugar' gan yr Archies. Roedd yn baradocs llwyr. Dyna lle roedden ni'n gyrru drwy Blackburn, yntau'n canu mewn Saesneg bratiog a minnau wrth ei ymyl, y dagrau'n llifo. Pan gyrhaeddon ni'r orsaf, gafaelais yn fy magiau o'r cefn ac mi drodd ata i a dweud: 'Edrycha ar ôl dy hun, mêt. Mi ddoi di drwy hyn.'

Roeddwn i wedi taro wal, ac alla i ddim disgrifio pa mor gwbl unig roeddwn i'n teimlo pan gyrhaeddais i'n ôl i'r fflat. Roeddwn i wedi gweld rhif ffôn llinell gymorth clefyd Alzheimer sawl gwaith ond erioed wedi meddwl am ei ffonio – rhywbeth i bobl eraill oedd hyn. Roeddwn i eisiau ffonio fy ffrindiau Nick neu Felipe i drafod beth oedd wedi digwydd gartref, ond doeddwn i ddim yn teimlo y gallwn i wneud hynny eto gan eu bod nhw wedi clywed yr un peth cant a mil o weithiau. Y cyfan roeddwn i eisiau oedd i bopeth ddod i ben. Mae'n swnio'n erchyll, ond roeddwn i eisiau i Dad ddiflannu ac yna byddai ein bywydau ni'n well. Roedden ni i gyd mewn lle tywyll iawn, iawn.

Dyma fi'n codi'r ffôn a deialu'r rhif, a llais benywaidd yn ateb.

'Alla i'ch helpu chi?' meddai.

'Dwi'n ffonio am fy nhad...' cychwynnais, a dechrau beichio crio.

Yr un math o grio'n union â phan ddywedodd Dad 'mod i'n fethiant achos 'mod i'n hoyw. Prin y gallwn i siarad, ac roedd y gwewyr yn gwaethygu bob tro roeddwn i'n trio yngan gair. Dydw i ddim yn siŵr pa mor hir wnaeth hyn bara, ond roedd yn teimlo'n debyg i ddeg munud. Roedd y salwch wedi fy nghuro i o'r diwedd a doedd gen i ddim byd ar ôl i'w roi. Doedd gen i ddim syniad beth roeddwn i'n ei wneud na beth roeddwn i fod i'w wneud. Am faint o amser byddai hyn yn para? Roedd hi'n teimlo fel petawn i'n byw yn uffern. Rhwng ocheneidiau dagreuol, dyma fi'n dweud wrth y wraig ar ben arall y ffôn beth oedd yn digwydd. Roedd dweud 'mod i'n isel fy ysbryd ddim yn dweud ei hanner hi.

'Dwi ddim yn meddwl y galla i wneud hyn ragor,' meddwn i, gan ddisgrifio ymddygiad ymosodol Dad. Dyma hi'n gadael i fi refru amdano, a gwneud dim byd ond gwrando, a deall.

'Rydych chi'n gallu ac rydych chi'n gneud,' meddai. 'Byddai eich tad yn falch iawn ohonoch chi'ch dau.'

Daliodd y ddynes i wrando wrth i fi sôn am bopeth oedd wedi digwydd yn ystod y blynyddoedd diwethaf. Esboniodd beth roedd Dad yn ei brofi – mai'r cyfan oedd ei ymddygiad ymosodol a'i ddicter oedd ei ofn yn amlygu'i hun. Yng nghanol yr holl wallgofrwydd, roedd hi wedi bod yn anodd i fi feddwl am y peth o safbwynt Dad o'r blaen; dim ond gweld ei ymddygiad a'i effaith ar Mam a fi roeddwn i. Wnes i ddim ystyried am un eiliad beth oedd yn gwneud iddo ymddwyn fel hyn, beth oedd yn ei sbarduno, beth oedd yn achosi'r fath gynddaredd. Roedd Dad wedi dychryn ac ar ei ben ei hun, ac mae'n rhaid bod y cyfan yr un mor frawychus iddo fo ag yr oedd i ni. Roedd angen i fi roi fy hun yn ei le o a cheisio gweld pethau o'i safbwynt o. Diolch i'r sgwrs honno, newidiodd fy myd. Rhoddodd hwb i fi a rhoi'r dewrder i fi ddal ati. Doedd gen i ddim syniad beth roeddwn i'n ei wneud ac roeddwn i'n teimlo'n unig, ond doedd hynny'n ddim byd o'i gymharu â sut roedd Dad yn teimlo. Doeddwn i ddim yn mynd i roi'r gorau iddi – roedd Dad yn dal i fod yna yn rhywle, ac roedd ambell ddiwrnod da o hyd pan fyddai'n cofio pwy oeddwn i. Allwn i ddim troi 'nghefn arno fo eto.

Yn ddiweddarach y noson honno, mi wnes i ffonio Mam i weld sut roedd pethau. Roedd hi'n swnio'n drist ac fel petai hi wedi bod yn crio.

Esboniodd ei bod hi wedi mynd i'r llofft i bendwmpian ar ôl i fi fynd. Pan ddeffrodd ryw awr yn ddiweddarach, aeth i lawr y grisiau ac i mewn i'r lolfa. Yno gwelodd Dad, yn crio yn y tywyllwch efo hances dros ei wyneb.

'Be sy'n bod, Eddie?'

'Dwi ddim yn gwbod beth sy'n digwydd,' meddai. 'Dwi'n gwbod 'mod i'n ypsetio pobl ond dwi ddim yn gwbod pam. Dwi'm yn gwbod pam dwi'n gneud pobl yn drist.'

Aeth Mam ato i'w gofleidio.

'A dwi'n gwbod bod hyn ddim yn gneud synnwyr, ond daeth dy fam i mewn yma a dweud wrtha i am beidio â phoeni, ac mai rhywbeth dros dro oedd hyn, ac y byddai popeth yn iawn... a dwi'n gwbod bod hynny heb ddigwydd achos mae hi wedi marw,' meddai Dad. 'Wedyn daeth fy mam i i mewn. A dywedodd hithau'r un peth, a bod dim angen i fi boeni achos mae 'na bobl fydd yn gofalu amdana i. A dwi'n gwbod bod hynny'n wirion achos mae'r ddwy ohonyn nhw wedi marw.'

Wrth i Mam ddweud hyn wrtha i dros y ffôn, roeddwn innau yn fy nagrau hefyd. Roedd yn dorcalonnus. Dad druan. Roedd yr anghenfil cynddeiriog oedd wedi bod efo ni dros y blynyddoedd diwethaf mor ofnus â neb. Doedden ni ddim yn mynd i allu gadael iddo fo gerdded ar hyd y llwybr hwn ar ei ben ei hun.

Digon tebyg fu hi am y pum neu chwe mis nesaf. Byddai Mam a Dad yn mynd i St Stephen's yn aml ar nos Sadwrn fel bod Dad yn gallu canu, a byddwn i'n mynd i fyny bob pythefnos, fel arfer. Byddai'n dal i golli ei dymer ac roedd angen i ni droedio'n ofalus, ond roedd yna dristwch yn Dad bellach. Un diwrnod, roedd Mam yn golchi llestri yn y gegin a Dad ddim yn gallu dod o hyd iddi; yn ddiweddarach, daeth o hyd iddo yn eu llofft yn crio. Roedd yn meddwl ei bod hi wedi ei adael, a'i fod ar ei ben ei hun.

Ar ddechrau 2016, daeth Mam a Dad i ymweld â fi yn Llundain. Cyn gynted ag y gwelais i Mam, roedd yn amlwg ar ei hwyneb ei bod hi wedi blino'n lân ac angen seibiant. Roedd wyneb Dad yn adrodd cyfrolau, a minnau'n meddwl am y penwythnos mewn dychryn.

'Ty'd, Dad, awn ni am dro.'

I ddechrau, roedd o braidd yn amheus am adael y fflat heb Mam, ond yn y pen draw, llwyddais i ddwyn perswâd arno fo i ddod efo fi a rhoi ychydig o lonydd iddi. Nos Iau oedd hi, ac roedd llawer iawn o weithwyr swyddfa o gwmpas yn cael diodydd ar ôl gwaith. Roedd Dad yn sgwrsio am bob dim a dim byd. Roeddwn i'n anwybyddu llawer o'r pethau roedd o'n eu dweud, achos eu bod nhw naill ai'n gelwydd neu'n ymsonau dryslyd. Roedd hi'n noson fwyn o wanwyn, ac es i ag o am dro drwy Borough, i lawr y stryd fawr ac ar hyd y South Bank.

Roeddwn i'n chwilio am dafarn oedd ddim yn rhy brysur neu'n llawn o ddynion meddw swnllyd mewn siwtiau. Roeddwn i'n gwybod na fydden nhw'n deall cyflwr Dad, ac y byddai'r noson yn troi'n bantomeim.

Yn y diwedd, dyma ni'n cyrraedd yr Union Jack, tafarn ychydig o strydoedd i ffwrdd o'r Tate Modern. Mi ddes i o hyd i sedd i ni a mynd at y bar i brynu diodydd. Roedd gwallt hir du gan y llanc y tu ôl i'r bar. Wrth i fi aros, dyma Dad yn ymddangos wrth fy ymyl mwya' sydyn.

'Mae gen ti wallt hyfryd,' meddai Dad wrth y llanc.

Edrychodd hwnnw'n ddryslyd. 'Sori, mêt?'

'Dad!' Triais gau ceg Dad cyn iddo ddweud dim byd arall.

'Beth sy'n bod arnat ti? Mae hi'n bishyn!' meddai Dad wrtha i.

Roedd golwg gandryll ar y barman. Roedd Dad fel petai'n fflyrtio efo fo, ac yn ei hanfod, dyna'n union roedd o'n ei wneud. Roedd hi'n sefyllfa loerig.

Mi wnes i drio tynnu sylw Dad i ffwrdd o'r bar ond trodd yn ôl at y barman gan chwerthin, a phwyntio ata i: 'Edrycha arno fo. Mae arno fo ofn siarad efo merched prydferth fatha ti!'

Roedd y barman yn sefyll yn gegrwth, a minnau am i'r ddaear fy llyncu i. 'Mae'n wir ddrwg gen i. Mae'n meddwl mai merch wyt ti,' meddwn i, gan wneud pethau'n ganmil gwaeth. Wrth i ni gerdded at ein bwrdd, roedd gweddill y bar yn marw chwerthin.

'Wel, o ble rwyt ti'n dod?' meddai, wrth eistedd.

'Blackburn.'

'Na – ond ble rwyt ti'n byw?'

'Dwi'n byw yn Llundain, Dad – lle 'dan ni rŵan,' meddwn i.

'O. Mae'r mab yn byw yn Llundain. Ydy, mae o'n byw yn ymyl Pont Llundain. Wyt ti'n ei 'nabod o?'

Er bod rhan ohona i'n gwybod bod Dad yn anghofio pwy oeddwn i'r rhan fwyaf o'r amser, doedd o erioed wedi siarad â fi wyneb yn wyneb fel pe bawn i'n ddieithryn. Roedd hwn yn dir newydd, a wyddwn i ddim beth i'w ddweud.

'Wyt ti'n ei 'nabod o?' gofynnodd eto. 'Simon ydy'i enw o.'

'Ym... ym, nac ydw. Falla 'mod i,' atebaf yn nerfus, heb wybod yn iawn beth i'w ddweud.

'Mae o'n dod o Blackburn hefyd. Ble rwyt ti'n gweithio?'

'Barnardo's.'

'Ti ddim o ddifri'! Rwyt ti'n gweithio i Dr Barnardo's? Aros di nes i fi ddweud wrth Linda. Mae Simon ni'n byw yn Llundain AC yn gweithio efo Barnardo's!'

Doedd gen i ddim syniad i ble roedd hyn yn mynd â ni, ond allwn i wneud dim ond mynd efo'r llif.

'Efallai dy fod ti'n ei 'nabod o. Mae pawb yn meddwl ei fod o'n dipyn o wlanen, ond mae o'n dallt y dalltings.'

'Be wyt ti'n feddwl?' gofynnais, ond yr hyn oeddwn i eisiau ei ofyn oedd, 'Be? GWLANEN?!'

'Wel, dydi o ddim fel dynion arferol. Ddim fatha ti a fi. Dwi'm yn dallt be sy'n digwydd efo fo. Ond mae o'n iawn. Mae o'n 'nabod ychydig o bobl yn Llundain ac maen nhw'n licio fo. Mae o'n gweithio i Dr Barnardo's. Sgwennu mae o. Efo cyfrifiaduron. Mae o'n edrych yn debyg i fi, ond mwy o anian ei fam.'

Roedd popeth yn un gybolfa. Pytiau o wirionedd yn gymysg â beth bynnag oedd yn digwydd yn ei ymennydd.

'Sut un 'di Linda?'

'Wel, mae Linda yn meddwl yn ofalus am bethau cyn gneud dim byd. Mae ganddi ben da ar ei sgwyddau. Mae o'n debyg iddi hi. Dwi'n mynd amdani heb feddwl dim.' Oedodd a chymryd llymaid o'i beint. 'Na, mae Linda yn dallt be mae hi'n ei neud. Mae hi'n cymryd oes pys i wneud penderfyniad, ond unwaith mae hi wedi ei neud o, mae'n rhoi ei bryd arno fo.

Dwi'n gadael iddi hi roi trefn ar bob dim. Fyddwn i ar goll yn llwyr hebddi – mae hi'n angyles.'

'Ble wnaethoch chi gyfarfod?'

'O, yn Blackpool, adeg y Flwyddyn Newydd sawl blwyddyn yn ôl. Roeddwn i'n gweithio yno, yn trefnu'r adloniant. Roeddwn i'n cerdded drwy ddrysau tro a hithau ar yr ochr arall, ac ro'n i'n gwbod mai hi oedd yr un i fi.' Eisteddais yno'n dawel efo dagrau'n powlio i lawr fy wyneb wrth iddo sôn am ei fywyd efo Mam a'i fab. Roedd o mor falch ohona i ac yn caru Mam gymaint. Doeddwn i erioed yn fy mywyd wedi clywed Dad yn dweud hynny. A minnau'n meddwl nad oedd o'n malio dim, ond dyma fo, yn disgrifio fi, ei fab, yn fanwl, gyda'r fath falchder yn ei lais.

Soniodd amdano bob amser yn herian ei fab. 'Pan oedd o'n tyfu i fyny ac yn sôn am hyn a'r llall, byddwn i'n dweud y gwrthwyneb,' chwarddodd.

'Pam oeddet ti'n gneud hynny?'

'Doedd o ddim yn mynd i ddysgu fel arall...'

Cymerais anadl ddofn. Yr holl blydi dadleuon lle byddwn i'n brasgamu allan, yr holl ddrysau hynny gafodd eu cau'n glep. Doeddwn i erioed wedi deall pam oedd yn rhaid iddo fod mor anodd; doeddwn i ddim yn meddwl bod Dad yn fy neall i. Ond wrth gwrs mi roedd o, roedd o *yn* fy neall i'n llwyr, a hyd yn oed efo fy holl meiau a ffaeleddau, fo oedd y dyn balchaf ar wyneb daear o fy herwydd i. A'r funud honno, dyna'r cyfan roeddwn i wir angen ei wybod.

Dyma ni'n gorffen ein diodydd a mynd allan drwy ystafell ochr oedd wedi ei llogi ar gyfer cyfarfod preifat.

'Wna i roi cân i chi,' gwaeddodd Dad wrth i ni wthio drwy'r dorf ddryslyd.

'Mae'n ddrwg gen i, digwyddiad preifat 'di hwn. Mae'n rhaid i chi adael.'

'Mae'n iawn, mynd drwodd ry'n ni,' meddwn i. 'Allwn ni ddim mynd allan y ffordd arall.'

'Enwch gân ac mi wna i ei chanu hi,' meddai Dad.

'ESGUSODWCH FI. Wnewch chi adael, os gwelwch yn dda?' bloeddiodd un wraig arnon ni.

'Dewch o'na, musus!' meddai Dad, gan bwyntio'i fys at y wraig. 'Enwch gân ac mi wna i ei chanu hi! Dewch o'na!'

'Digwyddiad preifat ydi hwn, diolch yn fawr,' meddai'r wraig.

'Ty'd, Dad,' meddwn i, a rhoi fy mraich o'i gwmpas. Baglodd ychydig o weithiau dros ambell fag a chadair, ond llwyddon ni i fynd allan yn y pen draw a cherdded yn ôl i'r fflat, lle roedd Mam yn gwylio'r teledu. Aeth Dad i mewn i'r ystafell arall, wedi blino'n lân ar ôl yr antur.

'Popeth yn iawn?' gofynnodd hi.

'Ydy.'

'Be sy'n bod? Rwyt ti'n edrych fel taset ti ar fin crio. Ydi o wedi dy ypsetio di?'

'Na'di. Ddim o gwbl,' atebais.

Ar ôl i Dad orffen yn yr ystafell ymolchi, i mewn â fi. Roedd Mam yn iawn – roeddwn i'n agos at ddagrau. Roeddwn i'n teimlo mor flin drosto fo. Dagrau pethau oedd ei fod yn cilio'n raddol bach, a doeddwn i ddim eisiau i ragor ohono ddiflannu.

Pennod 17

Erbyn mis Mawrth 2016, roedd y gerddoriaeth yn ôl ac yn rhan annatod o drefn ddyddiol Dad. Bob penwythnos y byddwn i'n dod adref, roedd o'n chwarae ei gerddoriaeth yn yr ystafell gefn, lle roedden ni wedi gosod ei chwaraewr recordiau. Un diwrnod roeddwn i'n gwrando y tu allan i'r drws wrth iddo floeddio canu 'Mack the Knife' – ond yn sydyn iawn, cymysgodd ei eiriau'n llwyr. Gwnaeth o drio bwrw 'mlaen â'r gân, ond roedd y geiriau yn un cawdel. Fel arfer, os oedd o'n anghofio geiriau, byddai'n cynnwys rhywbeth tebyg a llwyddo i ddal ati, ond roedd o wedi cawlio go iawn y tro hwn. Llwyth o eiriau digyswllt oedd â wnelo dim oll â'r gân. Roedd yn ddigon i sobri dyn wrth feddwl, ar ryw adeg yn y dyfodol, mai dyma'r norm ac na fyddwn i'n gallu clywed fy nhad yn canu fel yr arferai wneud. Yna dyma fi'n dychmygu'r tŷ yn dawel – heb unrhyw gerddoriaeth na sŵn llais Dad. Er bod gen i gymaint o gywilydd o'i ganu pan oeddwn i'n iau, roeddwn i'n gwybod bod ei lais yn golygu popeth i bob un ohonon ni; dyna pwy oedd o. Tybed oedd o'n gwybod ei fod wedi cymysgu'r holl eiriau a'i deimladau wrth drio canu'r gân hon oedd yn dal cymaint o atgofion iddo. 'Mack the Knife' oedd cân Dad – ei arwyddgan – rŵan doedd o ddim hyd yn oed yn gallu cofio'r geiriau roedd wedi eu canu gannoedd o weithiau o'r blaen.

Sylweddolais fod rhaid i ni gael cofnod o lais Dad tra oedden ni'n gallu, felly penderfynais y byddwn i, fel ei anrheg Nadolig, yn mynd ag o i stiwdio a'i recordio'n canu. Roeddwn i'n gwybod bod amser yn brin a bod angen gwneud rhywbeth ar fyrder os oeddwn i eisiau gallu chwarae ei gerddoriaeth yn y dyfodol. Y dasg nesaf oedd gwneud rhywfaint o waith ymchwil a llunio rhestr fer o dri lle. Esboniais am gyflwr Dad a'i bod yn bosib y byddai angen delio â rhywfaint o ymddygiad ymosodol. Dywedodd y ddwy stiwdio gyntaf nad oedden nhw'n siŵr y byddai'n werth chweil, ac erbyn i fi ffonio'r trydydd lle, roeddwn i'n dechrau amau'r syniad fy hun. O'r diwedd, dyma siarad efo dyn o'r enw Seamus o stiwdio recordio Shamrock yn Blackburn. Esboniais i'r sefyllfa'n fanwl: 'Roedd fy nhad yn arfer canu yn y clybiau – mae o tua 80.'

'Sut un 'di o? Frank Sinatra, Al Martino?'

'Ia! Sinatra, Al Martino, mae o'n gwbod pob math o ganeuon, ond dyn Sinatra 'di o yn y bôn. Ond mae'n rhaid i fi ddweud ei fod o'n byw efo clefyd Alzheimer a bod y peth lleiaf yn gallu ei wylltio fo. Dwi isio i chi wybod achos gallai hi fod yn sesiwn eitha anodd,' meddwn i.

'Dio'm yn broblem, peidiwch â phoeni. Pa ddyddiau oedd gennych chi mewn golwg?'

Dyma fi'n cynnig rhestr o ddyddiadau ac archebu lle. O'r diwedd, roedden ni'n mynd i allu creu atgofion da.

Mi wnes i gasglu rhai o hen draciau cefndir Dad a'u golygu, a thorri'r traciau i'r gwahanol ganeuon. Doedd gen i ddim syniad beth oedd ar y disgiau cyn dechrau, ond roeddwn i'n falch o glywed bod yr hen ffefrynnau yno: 'Here in my heart', 'I won't send roses', 'Lonely is a man without love'.

Ychydig wythnosau'n ddiweddarach, dyma fi'n mynd adref a chwarae'r traciau i Dad. Goleuodd ei wyneb.

'Dyma'r pethau dwi'n eu canu.'

'Dwi'n gwbod, Dad.'

Roedd o eisiau eu chwarae drwy'r dydd dro ar ôl tro, ac allwn i ddim peidio â gobeithio ei fod yn cael dihangfa i amser gwell, ymhell i ffwrdd o bryder ei broblemau cof. Roeddwn i'n edrych 'mlaen at y recordio ac yn gwybod y byddai ei frodyr a'i chwiorydd hefyd – roedd llais Dad wedi bod wrth galon y teulu ers blynyddoedd a rŵan, byddai pawb yn gallu gwrando arno unrhyw bryd. Ond ar ddiwrnod y recordio, deffrodd mewn hwyliau ofnadwy. Roeddwn i'n gallu dweud y byddai'n hunllef o ddiwrnod.

'Welwn ni sut aiff hi, Simon. Os nad 'di pethau'n gweithio allan, o leiaf mi wnaethon ni drio,' meddai Mam, gan drio tawelu fy meddwl.

Roedd golwg wyllt ar ei wyneb amser brecwast, a feiddiais i ddim dweud 'run gair, gan ei fod yn mynnu twt-twtian ac ysgwyd ei ben ar beth bynnag fyddai'n cael ei ddweud. Doedd o ddim yn fodlon bwyta dim byd roedd Mam wedi ei gyffwrdd, nac yfed y te roedd hi wedi ei dywallt, gan fynnu ei bod hi'n trio'i wenwyno.

Roedd ei berswadio i wisgo trowsus gwahanol yn amhosib. A dweud y gwir, roedd y weithred syml o newid ei drowsus am un glân yn golygu bod Mam a minnau'n gorfod dioddef awr o sarhad geiriol. Wrth i fi ei wylio yn rhefru am ei ddillad, allwn i ddim peidio â chofio'r holl weithiau i fi ei wylio yn paratoi ar gyfer ei berfformiadau, a chymaint o ffŷs roedd 'na ynghylch ei olwg. Erbyn hyn, prin roedd o'n newid ei ddillad o gwbl. Yn waeth byth, fin nos, roedd wedi dechrau eu cuddio dan ei obennydd fel nad oedd Mam yn gallu cael cyfle i'w golchi nhw hyd yn oed. Roedd y dyddiau lle byddai'n treulio amser yn smwddio plyg yn ei drowsus wedi hen fynd; rŵan, byddech chi'n fwy tebygol o weld ei drowsus mewn pelen, wedi ei guddio rywle.

O'r diwedd, gwnaethon ni lwyddo i fynd i mewn i'r car. Roedden ni wedi dweud wrth Dad ein bod ni'n mynd ag o i dŷ ffrind oedd yn mynd i recordio'i lais, ond doedd hynny ddim wir wedi creu unrhyw argraff arno. 'Dwi'n ganwr proffesiynol, dwi'm yn canu am ddim,' meddai.

'Dad, ni ddylai fod yn ei dalu fo, achos mae o'n gneud ffafr efo ni.'

Feiddiwn i ddim dweud wrtho ein bod ni'n talu rhywun i'w recordio fo'n canu.

'DIO'M OTS GEN I – cyn belled â'u bod nhw'n FY NHALU I,' arthiodd.

Doedd dim pwynt trio esbonio. Roedd hi'n haws plygu i'w ewyllys pan oedd pethau fel hyn.

Fodd bynnag, unwaith y daethon ni i stiwdio Seamus, buan iawn y daeth y perfformiwr i'r fei.

'Dad, dyma Seamus. Mae o'n ffrind i fi ac mae o'n mynd i dy recordio di'n canu heddiw.'

'Bonjour, monsieur!' meddai Dad yn frwdfrydig.

Roedd Seamus wedi ei eni a'i fagu yn Blackburn, dros chwe throedfedd o daldra ac yn sefyll fel tŵr uwch ein pennau ni.

'Iawn 'ta. Dwi'n paentio'r stiwdio ar hyn o bryd, felly ry'n ni'n mynd i recordio heddiw yn yr atig, i bob pwrpas,' meddai.

'O Iesu! Be dwi wedi ei wneud?' meddyliais. 'Mae hyn yn mynd i fod yn DRYCHINEBUS.'

Aeth pawb i fyny'r grisiau. Brasgamodd Dad ar y blaen gyda Mam yn ei ddilyn, yn cario bag plastig glas yn llawn hen CDs, cerddoriaeth, potel o ddŵr a geiriau i rai caneuon rhag ofn bod angen procio ei gof. Aeth Seamus â ni i'r atig ac eglurodd lle dylai Dad gyfeirio ei lais a pha glustffonau oedd yn cyfateb i ba feicroffon.

'Na, na! Dydw i ddim yn rhoi dim byd ar fy mhen. Bydd fy ngwallt i fel nyth brain a dwi'n GANWR PROFFESIYNOL.'

'Ond, Dad, fyddi di ddim yn clywed y gerddoriaeth os nad wyt ti'n defnyddio'r clustffonau.'

'DIO'M OTS GEN I. DWI'N GWBOD BE DWI'N NEUD A DWI DDIM YN RHOI'R PETHA' YNA AR FY MHEN!'

'Dad, edrycha – dwi'n gwisgo nhw a dwi'n gallu clywed y gerddoriaeth i gyd. Rho gynnig arni i weld wyt ti'n gallu'i chlywed hefyd.'

Aeth hyn ymlaen am tua deng munud cyn iddo gytuno yn y pen draw i'w gwisgo.

Cerddais i'n ôl i'r ystafell gymysgu a dweud wrth Seamus y bydden ni'n mynd drwy'r caneuon ar y CD a gweld sut hwyl bydden ni'n ei gael.

Y gân gyntaf oedd 'Beyond the sea'. Yn sydyn, ar ganol y gân, dyma Seamus yn stopio'r trac cefndir.

'BE DDIAWL SY'N DIGWYDD? MAEN NHW WEDI STOPIO'R MIWSIG. FI YDI'R CANWR! BLE MAE O?'

Roedd. Hyn. Yn. Hunllef.

'Helô, Eddie – gadewch i ni fynd yn ôl ychydig o fariau a recordio'r pwt bach yna eto,' meddai Seamus lawr y lein.

'BE DDIAWL MAEN NHW'N NEUD? DWI'N GANWR PROFFESIYNOL! DWI DDIM ANGEN Y TWATS YMA'N DEUD WRTHA I BE I NEUD!' Tynnodd ei glustffonau oddi ar ei ben.

Rhedais yn ôl i'r stiwdio gymysgu. 'Hei, Seamus, allwn ni ddim ailddechrau caneuon – bydd o'n mynd yn benwan. Dwi'n meddwl mai'r peth gorau yw chwarae'r gân drwyddi a gweld beth gallwn ni neud.'

'Ti'n iawn. Fy mai i, mi wnes i anghofio popeth. Fel arfer, bydden ni'n mynd yn ôl ac yn ailrecordio pethau.'

Dechreuodd Seamus y trac eto.

'Iawn, Seamus – 'dan ni'n barod rŵan,' gwaeddais i mewn i'r meic. Dechreuodd y gerddoriaeth.

'Linda, pa gân 'di hon?'

'Beyond the sea.'

'Alla i ddim diodda'r gân yna. Fel arfer, dwi'n chwarae efo band yn St Stephen's, maen nhw i gyd yn taflu'u hunain ata' i yn y fan honno.'

Dyna pryd dechreuais i boeni bod hyn yn boenus i Dad, fel petai'n sownd rhwng dau fyd, ond dim ond hanner dyn ym mhob un ohonyn nhw. Wrth ei wylio yn canu ei hen ganeuon, dwi'n meddwl 'mod i wir wedi deall yr arswyd a'r dychryn oedd yn rhan o'i fywyd erbyn hyn. Mae'n rhaid ei fod yn teimlo nad oedd yn perthyn yn unlle, bod ei fywyd wedi cael ei droi'r tu chwith allan. Yn ei ben, roedd o'n dal i fod yn seren. Roedd y salwch wedi dwyn ei natur gyfareddol a gadael rhyw fath o fwystfil yn ei le. Roedd y llanc tawel hyderus, a fyddai'n gwneud unrhyw beth i unrhyw un, wedi mynd. Rŵan, hunllef oedd yno, dim byd ond hen ddyn ymosodol a thrahaus.

'Eddie, mae Simon wedi prynu hwn i ti'n anrheg, ac ry'n ni'n dy recordio di er mwyn i ni allu rhoi CD i dy frodyr a dy chwiorydd i gyd,' meddai Mam.

'O, iawn 'ta. Chwaraewch y miwsig.'

'Bydd angen i chi wisgo'r clustffonau.'

'DWI'N GANWR PROFFESIYNOL. DYDW I DDIM YN MYND I'W GWISGO NHW.'

Allan â fi o'r ystafell recordio ac i'r ystafell gymysgu. 'Mae'n wir ddrwg gen i,' dywedais wrth Seamus. 'Mae hwn yn glamp o gamgymeriad. Mi af i'n ôl i mewn i weld fedra' i ei gael o i wisgo'r clustffonau ac wedyn gweld beth sy'n digwydd – mi wna' i weiddi pan fydd o'n barod.'

'Dad, edrycha, os wna i roi'r rhain ar fy mhen, dwi'n gallu clywed y band yn chwarae.'

'Wyt ti?'

'Ydw... Pam na roi di gynnig arnyn nhw?'

'Os dwi'n rhoi nhw ar fy mhen, dwi'n gallu clywed y miwsig?'

'Wyt.' Roeddwn i'n gweddïo y byddai Seamus yn gwrando ac yn barod.

'O, iawn.'

Eiliad o dawelwch.

'WAW, mae hyn yn anhygoel! Linda, gwranda ar hyn. Rho'r rhain ar dy ben ac rwyt ti'n gallu clywed y gerddorfa.'

'Dwi'n gwbod, dwi'n gwisgo nhw'n barod,' meddai Mam.

'Be? Dwi'm yn gallu dy glywed di. Be ddeudodd hi? Dwi'm yn gallu dy glywed di. Hisht, dwi'n trio gwrando ar y miwsig.'

Yna trodd tuag at y wal, efo gwên fawr ar ei wyneb, a gweiddi: 'Gwych, hogia! Y miwsig gorau i fi ei glywed ers blynyddoedd.'

Aeth at y meic a dechrau canu, ond wrth i'r hud ddechrau llifo, dychwelodd y dicter a ninnau'n ôl ble dechreuon ni.

Roedd gen i gymaint o gywilydd, a dechreuais ymddiheuro i Seamus am wastraffu ei amser.

'Roedd hi ganddo fo. Tasa fo ond wedi dal ati...'

'Iawn. Rhown ni un cynnig arall arni ac os na fydd yn gweithio'r tro yma, rhown ni'r gorau iddi.'

Yn ôl â fi i'r ystafell yn yr atig, lle roedd Dad yn dal i refru.

'Dad, os gwnei di wisgo'r rhain ar dy ben, byddi di'n gallu clywed y miwsig.'

'O, bydda i? Gwych!

'Eddie, ry'n ni'n mynd i chwarae "Beyond the sea" felly mi gei di ganu pan wyt ti'n teimlo fel gneud.'

'Iawn, bòs!'

Dechreuodd y gerddoriaeth. Erbyn hyn, roedd fy mhen yn fy nwylo. Roedd awr o'r sesiwn wedi mynd heibio eisoes, a minnau'n laddar o chwys, wrth feddwl am yr holl bres roeddwn i'n ei wastraffu.

Ond yn sydyn fe lwyddodd i ganu'r pennill cyntaf ac yna'r ail ac roeddwn i'n edrych ar yr hen beiriant tâp oedd gan Seamus yn mynd rownd a rownd ac yn gweddïo, 'Plis dos drwy'r gân hyd at y diwedd'.

BŴM! Roedd o wedi ei gwneud hi. 'Gwych,' meddyliais.

Dechreuodd y gân nesaf.

'Mi wnawn ni drio gadael iddo fo fynd cyn belled ag y gall o,' meddai Seamus.

Roedd Dad yn llwyddo i ganu pob cân roedden ni'n ei chwarae. Byddai'n anghofio ambell air yma ac acw, ond roedd yn cael hwyl go iawn. 'Be sy nesa'?' gwaeddodd i lawr y meic. Roedd y perfformiwr yn ei ôl, ac roeddwn i'n teimlo mor hapus fy mod i wedi llwyddo i recordio'i lais o'r diwedd.

'Cerddorion proffesiynol go iawn,' gwaeddodd dros ei ysgwydd, gan feddwl bod band y tu ôl iddo.

Gwnaethon ni tua phymtheg cân yn ddi-dor yn y sesiwn gyntaf, ac roedd Dad yn hael ei ganmoliaeth ar y diwedd: 'Mae gen ti gerddorion gwych. Be 'di dy enw di? Seamus. Cerddorion gwych. Dylech chi ddod i St Stephen's un noson. Mi drefna i gig i chi. Maen nhw'n croesawu'r cerddorion gorau. Bydden nhw wrth eu bodd...'

Ryw wythnos yn ddiweddarach, ar ôl golygu'r gwaith recordio, anfonodd Seamus nhw ata i a doedden nhw ddim yn ddrwg – roedd llawer o gamgymeriadau bach, ond roedden nhw fwy neu lai'n iawn. Roeddwn i'n dechrau teimlo'n fwy positif am logi sesiwn arall, yn enwedig wrth i ben-blwydd Dad yn 80 agosáu. Roeddwn i'n gwybod bod amser yn brin o ran Dad a bod pethau'n newid yn gyflym, ac roeddwn i eisiau rhoi un diweddglo mawr olaf iddo fo a'r teulu. Pendroni roeddwn i sut i ail-greu noson lle gallai Dad ganu o flaen pawb. Beth am ddod â Sioe Eddie Carter yn ôl? 'Mae hi'n dipyn o risg,' meddai Mam. 'Ond dylen ni roi cynnig arni.' Ond pan soniais i wrth y teulu a'i ffrindiau, roedden nhw'n bryderus: 'Simon, cofia fod dy dad yn sâl. Gallai hyn fod yn straen mawr arno fo. Be am drefnu pryd o fwyd neis iddo fo ar ei ben-blwydd yn lle hynny?'

Efallai eu bod nhw'n iawn. Roeddwn i rhwng dau feddwl am dipyn, nes penderfynu'n derfynol: y dewis oedd rŵan neu ddim o gwbl.

Mi wnes i logi'r ystafell i fyny'r grisiau yn St Stephen's a dechrau meddwl am y thema. Yna ces i agoriad llygad – os oedden ni'n ei recordio yn canu, beth am ei droi'n barti lansio albwm? Roeddwn i eisiau rhoi rhywbeth yn ôl i'r Alzheimer's Society am ei help y flwyddyn flaenorol a phenderfynais ddefnyddio pen-blwydd Dad i godi arian hefyd. Dim ond llond llaw o weithiau roeddwn i wedi ffonio'r llinell gymorth, ond roedd wedi helpu bob tro. Roedd wedi dangos nad oedden ni ar ein pennau ein hunain, a'n bod ni'n gallu bod yn gefn i Dad. Doeddwn i ddim yn gallu cofio sawl noson roeddwn i wedi eu treulio yn pori drwy ei fforymau yn chwilio am gyngor ar sut i ddelio â chyflwr Dad. Pan oedd pethau ar eu tywyllaf, roedd yn achubiaeth. Roeddwn i'n meddwl y byddai'n syniad braf petai unrhyw un a fyddai'n cyfrannu i'r casgliad ar y noson yn cael copi o CD Dad.

Aeth y gwahoddiad allan: 'Parti Pen-blwydd 80 a Lansio Albwm Teddy Mac'. Roedd y noson am fod yn llwyddiant ysgubol neu'n fethiant enfawr – hyd yn oed petai Dad yn cytuno i ddod yno ar y noson. Roedd yn dal i fynd drwy gyfnod o ddweud ar y funud olaf nad oedd am fynd allan, gan adael Mam yn ei dillad crand heb unman i fynd. Os oedd hi'n crefu arno i ddod, byddai'n aml yn ei bygwth yn gorfforol. Hyd yn oed os oedd Mam yn llwyddo i'w gael allan o'r tŷ, gallai ddifetha pethau drwy fynd yn genfigennus a chodi twrw. Roedd hynny'n dderbyniol, fwy neu lai, pan oedden nhw'n iau, ond roedd natur chwerw ei ymddygiad bellach yn codi arswyd ar bobl. Gan eu bod nhw'n dal i fynd i St Stephen's bob wythnos, ar y cyfan, roeddwn i'n gobeithio y byddai'n fwy tebygol o fynd i le cyfarwydd, ac y byddai'n teimlo'n ddiogel ar y noson.

Erbyn dechrau mis Mehefin, roeddwn i wedi casglu mwy o draciau cefndir Dad ac wedi gwneud rhestr o'i hoff ganeuon. Mi wnes i eu trefnu yn ôl caneuon y gallai Dad eu canu o'r dechrau i'r diwedd, ac yn y pen draw, llunio rhestr o 15 cân. Aeth Mam, Dad a fi yn ôl i stiwdio Seamus, ac roedd Dad yn ei hwyliau. Aeth drwy'r caneuon mewn dim o dro. Ar ôl hynny, aethon ni am dro yn y car o gwmpas dyffryn afon Ribble, a chwarae'r caneuon roedden ni newydd orffen eu recordio. Roedd Dad yn canu heb ofal yn y byd. Doeddwn i ddim wedi ei weld mor hapus â hyn ers misoedd. Wrth i ni gyrraedd Whalley, dechreuodd 'Quando, quando, quando' chwarae. Roedd hi'n un o ffefrynnau Dad, felly roedd y geiriau'n gyfarwydd, a dyma ddechrau canu. 'Chwaraea hi eto!' meddai. Mae'n rhaid ein bod ni wedi ei chanu bedair neu bum gwaith ar ôl ei gilydd. Erbyn i ni agosáu at dop y bryn, roedd Dad yn morio canu a Mam a fi yn y seddi blaen, yn chwerthin am ben y newid llwyr yn ei bersonoliaeth. Roeddwn i eisiau ei recordio. Roedden ni wedi cael misoedd mor wael, ac roedd hon yn ennyd hapus brin oedd yn haeddu cael ei chofnodi. Roedd ffenestri'r car ar agor, y gerddoriaeth yn taranu a ninnau'n canu 'Quando' am y chweched tro.

Mi wnes i osod fy ffôn o'n blaenau ni a dechrau recordio.

'Rŵan!' meddai, yr arwydd i ni ddechrau canu.

Roedd yn adeg mor hapus, a thu ôl i'r sbectol haul, roedd dagrau'n cronni yn fy llygaid. Ar ôl yr holl dywyllwch, daeth teimlad o oleuni a normalrwydd o'r diwedd. Edrychais i ar Mam ac roeddwn i'n gallu dweud ei bod hi'n teimlo'n union yr un fath.

'Gwych!' meddai, ar ôl i ni orffen. 'Dylen ni fod wedi recordio honna!'

Dechreuodd y gân nesaf – 'Beyond the sea'. Roedden ni'n cael cymaint o hwyl efo Dad nes i ni fynd allan o'n ffordd ar hyd Sunnybower Drive er mwyn cael mwy o amser i ganu. Ar ôl i ni gyrraedd adref, roedd Dad wedi blino'n lân ond mewn hwyliau gwych. A dweud y gwir, roedd o ddeg gwaith hapusach. Y noson honno, aethon ni i St Stephen's ac roedd o fel dyn newydd – roedd y gwgu wedi mynd a'r natur ymosodol wedi cilio. Roedd fel petai'n rhydd o'r holl bwysau a fu arno, a'r gerddoriaeth wedi dod â'r Ted hamddenol a hapus yn ôl, enaid y parti, y dyn caredig a fyddai'n helpu pawb, y Ted roedd pawb wrth eu bodd ag o. Llwythais y fideo i Facebook a mynd i'r gwely. Roedd hi'n noson dawel a phawb yn cysgu'n dda, ac erbyn i fi ddeffro, sylwais fod dros 40 wedi hoffi'r fideo (roedd hyn yn dipyn go lew, i fi). Un sylw oedd, 'Mae hyn yn orfoleddus.'

Y prynhawn hwnnw, aeth Dad a fi yn y car i lawr i Tesco i brynu llaeth a bara i Mam. Roedd hi'n ddiwrnod poeth, felly roedd y ffenestri ar agor unwaith eto. Roedd rhai o hen CDs Dad yn y car, achos 'mod i wedi meddwl y byddai'n mwynhau canu ar y ffordd. Mi wnes i ddod ag ychydig o Blu Tack hefyd, i atal y ffôn symudol rhag cwympo wrth i fi ffilmio – roeddwn i'n gwybod y byddai'r eiliadau hyn yn werthfawr un diwrnod, ac roeddwn i eisiau cofnodi cymaint ohonyn nhw ag y gallwn i.

Rhoddais y CD yn ei lle, gwasgu'r botwm chwarae, ac i ffwrdd â ni. Roeddwn i'n gallu gweld y newid yn Dad ar unwaith. Y gân gyntaf oedd 'Let there be love', a dyna lle roedden ni, yn canu nerth ein pennau wrth yrru.

Roedden ni'n gyrru lawr Cornelian Street yn canu 'On the street where you live', ac mae'r gân yn cynnwys y llinell: 'there's nowhere else on earth that I would rather be.' Yn syth ar ôl canu'r geiriau hynny, dyma fi'n stopio canu – yr eiliad honno, doeddwn i ddim eisiau bod yn unman arall. Roeddwn i'n canu efo Dad, ac roedd o'n hapus. Roeddwn i wedi anghofio popeth am glefyd Alzheimer, y trais, y bygythiadau a'r gofid. Yr eiliad honno, roedd popeth yn y byd yn iawn; roedd canu fel hyn yn dod â llawenydd go iawn i Dad. Daeth hi'n amlwg yn fuan fod pobl eraill yn teimlo'r un peth, oherwydd bod mwy a mwy wedi dechrau hoffi'r fideos ar-lein. A dyna sut y crëwyd y dudalen Facebook ac yr ychwanegwyd dolen o dan bob fideo i dudalen JustGiving, lle gallai pobl roi arian i'r Alzheimer's Society. Os dwi'n onest, roedd hi'n wych gallu rhoi rhywbeth yn ôl, ond y wefr fwyaf oedd gweld Dad yn hapus eto a gallu rhoi llwyfan i'w lais. Roeddwn i bob amser wedi teimlo iddo colli sawl cyfle, ac efallai mai dyma byddai ei gyfle olaf i gael sylw go iawn.

Pennod 18

Mi wnes i osod nod i fy hun i godi £1,000. Roedd hynny'n ymddangos yn swm taclus fel targed, ond wnes i erioed freuddwydio y bydden ni'n llwyddo. Doeddwn i ddim yn siŵr o hyd ai dyna'r peth iawn i'w wneud. Roedd Dad yn sâl, ac mae'n bosib nad ei roi ar-lein i'r byd ei weld oedd y peth gorau iddo. Roeddwn i'n cwestiynu a fyddai eisiau hyn ac yntau'n sâl ac yn gwybod ei fod yn digwydd. Ond yn y pen draw, mi wnes i resymu mai rhannu ei gerddoriaeth oedd ei ddyhead mwyaf erioed. Mi wnes i lanlwytho'r fideo a mynd i'r gampfa. Erbyn i fi ddod allan, roedd 30 wedi hoffi'r fideo, a dau ffrind wedi cyfrannu. Roedden ni wedi cyrraedd tua £50 o fewn awr. Yn bwysicach fyth, roedd pobl wedi dechrau rhannu'r fideos efo'u ffrindiau – roedd cerddoriaeth Dad yn cyrraedd pobl.

Drwy gydol y mis nesaf, bob pum diwrnod, byddwn i'n lanlwytho fideo arall ohona i a Dad yn canu. Erbyn diwedd mis Mehefin, roedd 150 wedi hoffi'r dudalen. Yn sydyn, ar ôl i fi bostio 'Volare', neidiodd y ffigur hwnnw i fwy na 500. Erbyn hynny, roeddwn i'n gwybod fy mod i'n gwneud y peth iawn. Roedden ni wedi codi £500 erbyn hyn, ac nid dim ond ffrindiau oedd yn cyfrannu. Roedd dieithriaid llwyr yn rhoi arian hefyd. Dechreuodd negeseuon preifat ddod i mewn gan bobl ledled y byd...

'Dwi'n falch iawn o'r hyn rydych chi'n ei wneud ac mae'n codi fy hwyliau rhyw fymryn. Ar hyn o bryd, dwi'n eistedd efo Nain yn yr ysbyty gan ei bod hi wedi bod yn dioddef yn ddrwg efo dementia. Rydyn

ni'n chwarae caneuon eich tad iddi. Diolch am fod efo ni ar adeg mor anodd...'

'Mae fy mab yn awtistig, a doedd e ddim yn hoffi cerddoriaeth nes iddo weld fideos o'ch tad yn canu. Rydych chi wedi datgloi rhan ohono sydd wedi bod ynghudd am y saith mlynedd diwethaf...'

'Pan oeddwn i allan yn siopa, roeddwn i'n sefyll yn ymyl dynes oedd yn hymian "Volare" a dyma'r ddwy ohonon ni'n dechrau chwerthin a sôn am eich tad. Rydych chi'n dod â hapusrwydd i gymaint o bobl.'

'Roeddwn i'n ofnadwy o isel y diwrnod y gwelais i chi a'ch tad, a chododd fy nghalon yn syth ar ôl gwylio'r fideo...'

'Y cyfan dwi eisiau ei ddweud, hyd yn oed yn yr eiliadau hynny o ansicrwydd, yr eiliadau heb eglurder go iawn, yw bod eich tad yn fythol falch ohonoch chi fel mab.'

Yn ystod y mis nesaf, bob tro byddwn i'n mynd i Blackburn, byddwn i'n mynd â Dad allan am dro ac yn recordio ambell gân. Dwi'n cofio'r diwrnod wnaethon ni recordio 'Quando' fel ddoe. Roeddwn i wedi mynd ag o allan i ddyffryn afon Ribble eto. Roedd hi'n ddiwrnod cynnes, felly roedd y ffenestri ar agor a'r ddau ohonon ni'n canu nerth ein pennau. Pan gyrhaeddon ni Clitheroe, roedd Dad eisiau gyrru o gwmpas canol y dref dro ar ôl tro fel bod pobl yn gallu ei glywed o. Mae'n rhaid ein bod ni wedi mynd ar hyd y stryd fawr dair neu bedair gwaith i gyd. Dwi'n cofio i ni weld grŵp o lanciau y tu allan i dafarn, a'r pedwerydd tro i ni eu pasio, roedden nhw i gyd yn bloeddio. Chwifiodd Dad ei law a dal i ganu. Doeddwn i ddim wedi ei weld fel hyn ers blynyddoedd; roedd y dyn hwyliog, hyderus yn ôl. Wrth i fi dynnu i mewn i faes parcio Sainsbury's, dechreuodd 'Quando' eto. Mi wnes i barcio ac roeddwn i ar fin diffodd y CD pan waeddodd Dad, 'Gad i ni'i gorffen hi!' a dyma fi'n meddwl, 'I'r diawl, pam ddim...' Mae gweddill y stori'n gyfarwydd. Ar ôl hynny gwnaethon ni yrru adref i Sunnybower ac, am y tro cyntaf ers cyn cof, roeddwn i'n teimlo cysylltiad ag o.

'Y tro nesa' byddi di fyny, dwi'n mynd i gael gafael ar y traciau cefndir i gyd ac mi wnawn ni sioe i lawr yn St Stephen's,' meddai Dad.

Yn ddiweddarach y prynhawn hwnnw, mi wnes i wrando ar rai o draciau cefndir y caneuon roedd o'n mynd i'w canu yn ei barti pen-blwydd. Doeddwn i ddim eisiau ei roi mewn sefyllfa lle byddai ar y llwyfan ac yn anghofio'r geiriau. 'Dad, wyt ti jyst isio mynd drwy'r caneuon yma efo'i gilydd?'

'Nadw.'

'Pam ddim? Rwyt ti wedi bod yn canu drwy'r dydd...'

'Na, dwi'n ganwr proffesiynol. Dwi ddim yn canu i neb heb gael fy nhalu.'

'Ond Dad, fi sy' 'ma. Dim ond isio mynd drwy un neu ddwy o'r caneuon.'

'DWI DDIM YN CANU I NEB SY DDIM YN FY NHALU I. DWI'N GANWR PROFFESIYNOL,' rhuodd.

Yna, am y 40 munud nesaf, bu Dad yn rhefru am fod yn ganwr proffesiynol, a ninnau'n ddim byd a'i fod yn methu ein dioddef ni. Dyma lle roeddwn i'n trio gwneud yn siŵr bod popeth yn iawn ar gyfer ei barti o, a minnau'n cael fy mhledu gan sylwadau sarhaus ac ymddygiad ymosodol. Mi wnes i ei cholli hi'n llwyr.

'IAWN, DAD, ANGHOFIA FO.' Dyma fi'n brasgamu am y lolfa a chau'r drws yn glep y tu ôl i fi.

Roeddwn i wedi gwneud y peth hollol anghywir. Dylwn i fod wedi rheoli fy nhymer, gan mai'r peth nesaf wnaeth o oedd trio fy nhaflu allan o'r tŷ. Gafaelais yn allweddi'r car a mynd am dro, a pharcio mewn cilfan. Codais y ffôn a dechrau rhefru ar fy ffrind Nick: 'Pam ydw i'n rhoi CYMAINT o amser ac egni i'r dyn 'ma, a'r cyfan dwi'n ei gael yn ôl 'di sarhad?'

'Si, ti'n gneud rhywbeth anhygoel. Ddim ei fai o 'di hyn.' Roedd Nick bob amser yn llwyddo i 'nhawelu i.

Cyn cychwyn yn ôl, dyma fi'n ffonio'r tŷ i weld sut roedd pethau. Dad atebodd. 'Simon? Ti sy' 'na. Diolch i Dduw! Ble rwyt ti? Mae 'na DWAT yn aros efo ni. Mae o'n dod yma'n meddwl ei fod o'n gwbod sut i ganu, yn dweud wrtha i be i'w neud, yn ponsian ar hyd y lle. Mae o wedi mynd rŵan, ond y tro nesa' wela i o, dwi'n mynd i'w waldio fo.'

Roeddwn i wedi dychryn yn llwyr. Roeddwn i'n gallu gweld bod dychymyg Dad yn rasio. Erbyn i fi ddod adref, roedd o'n rhefru am Mam. 'Dwi'n gwbod be mae hi 'di bod yn ei neud. Mae hi wedi bod yn ei chael affêr efo'r TWAT 'na sy 'di bod yn aros yma. Dwi'n gwbod…'

'Dad, fyddai Mam byth yn gneud hynny. Mae hi'n dy garu di.'

'O byddai, mi fyddai hi! Dwyt ti'm yn gwbod sut un 'di hi.'

Roedd o'n strancio go iawn. Dywedais wrth Mam am fynd i eistedd yn y car. 'Os ydi hi'n dod 'nôl i'r tŷ 'ma, mi dafla i hi drwy'r ffenest 'na. Mae hi'n gwadd y TWAT 'na i'r tŷ o hyd. Dwi'n ganwr proffesiynol. Dwi'm angen TWATS fel 'na yn dod yma i ddeud wrtha i be i'w neud. Mae gen i FILOEDD o ffans yn ciwio i 'ngweld i'n canu. Gofynna i unrhyw un o 'mrodyr a chwiorydd, ac mi ddeudan nhw wrthat ti.'

Erbyn hyn, roeddwn i'n agos at gyrraedd pen fy nhennyn. Roeddwn i wedi gwneud paned o de iddo fo, ond roedd yn dal i fod yn gandryll. 'Dad, dwi angen deud rwbath wrthat ti…'

'Be?'

'Ty'd i eistedd fan hyn efo fi. Mae o'n bwysig.'

'Dydw i ddim yn mynd i eistedd. Gwna'n siŵr fod y ddynes 'na ALLAN O 'NGOLWG I.'

'Dad, plis. Dwi angen deud rwbath wrthat ti.' Eisteddodd Dad ar fraich y soffa.

'Dad, edrycha yn fy llygaid i. Ti'n gwbod na fyddwn i'n deud celwydd wrthat ti, yn dwyt?'

'Ydw, dwi'n gwbod na fyddet ti byth yn dweud celwydd wrtha i. Rwyt ti'n hen foi iawn.'

'Wel, wyt ti'n cofio'r boi yna oedd yma o'r blaen, yr un ddechreuodd weiddi?'

'Os daw o yma eto, mi wna i ei ffycin falu fo!'

'Dad, fi oedd o.' Erbyn hyn roedd fy ngwefusau'n crynu, a dagrau'n cronni yn fy llygaid.

'Nage ddim, Sime – fyddet ti byth yn siarad efo fi fel 'na. Dwi'n dy 'nabod di.'

'Dad, fi oedd o. A dwi'n sori. Ddylwn i ddim fod wedi gweiddi. Es i'n flin achos 'mod i isio i bob dim fod yn iawn.'

'Sime – na. Dwi'n gwbod be mae hi'n neud. Mae'r ddau ohonyn nhw'n cael affêr. Mae hi bob amser yn cymryd ei ochr o. Dwi'n ffycin ganwr proffesiynol. Dwi ddim angen twats fel'na o gwmpas y lle.'

'Dad, dwi'n sori. Fi oedd o...'

Erbyn hyn, roeddwn i fwy neu lai'n erfyn arno fo, ond doedd dim yn tycio. Rhuthrodd allan o'r ystafell a chwarae ei gerddoriaeth. Gwnes i baned arall o de iddo fo a mynd allan at Mam.

'Dwi'n meddwl ei fod o wedi tawelu ychydig, ond bydda'n ofalus. Cadwa allan o'i ffordd o am ychydig ac mi af i â fo am dro yn y car.'

Roedd hi'n amlwg bod Mam wedi bod yn crio, ac roeddwn i'n teimlo'n ofnadwy ei bod hi'n gorfod eistedd tu allan yn y car. 'Cer yn syth i fyny'r grisiau ac af i â fo allan.' Wrth i ni'n dau gerdded i mewn drwy'r drws, roedd o'n sefyll yna.

'CER Â HI O 'NGOLWG I. DWI'N DEUD WRTHAT TI, BYDD HI'N MYND DRWY'R FFENEST 'NA.'

Rhedodd Mam i fyny'r grisiau ac aeth Dad yn ôl at ei gerddoriaeth.

'Dad, wyt ti isio paned arall o de?'

'O, diolch, Sime. Wyt ti'n cael un?'

Mae'n rhaid mai hon oedd y bumed paned o de mewn dwyawr. Ar ôl iddo dawelu ychydig, dyma ni'n mynd allan am dro yn y car. Y funud yr eisteddon ni yn y car, dechreuodd eto. 'Ti'n gweld faint o drafferth ydi hi, Sime, dim ond poeni amdani hi ei hun mae hi...'

'Dad, mae Mam yn dy garu di. Ti'n gwbod hynny.'

Er i fi wneud fy ngorau i'w dawelu, roedd o'n mynd yn fwy a mwy ymosodol. Roedd o'n lladd ar Mam yn ddi-baid, a doeddwn i ddim yn gallu dioddef mwy. Pam na allai o gau ei geg?! Mi wnes i dynnu i ochr y ffordd achos 'mod i'n crio cymaint.

'Oi! Be sy'n bod? Pam wyt ti'n crio, Sime?'

Erbyn hyn, roeddwn i mewn gwewyr go iawn: dagrau, snot, y cwbl lot.

'Sime, ty'd o'na, be sy'n bod?'

'Ti sy'n mynnu bygwth Mam, a'r cyfan mae hi'n neud 'di trio dy helpu di! Mae hi bob amser yn cadw dy gefn di, mae hi'n dy garu di, a'r cyfan rwyt ti wedi ei neud am y ddwy awr ddiwethaf ydi lladd arni hi.'

'Fyddwn i byth yn ymosod ar dy fam. Hi 'di'r wraig orau ar y ddaear. Dwi'n ei charu hi, fyddwn i byth yn ei brifo hi.'

'Ond Dad, mi *rwyt* ti. Rwyt ti'n mynnu deud dy fod ti'n mynd i'w thaflu hi drwy'r ffenest!'

'Dydw i erioed wedi dweud hynny. Os gwneith rhywun gyffwrdd pen ei fys ynddi hi, mi waldia i nhw. Oes 'na rywun wedi dy ypsetio di? Sime, os oes 'na rywun yn dy ypsetio di, gad i fi wybod ac mi setla i nhw.'

Doedd hi ddim yn bosib trafod hyn.

'Dad, wnei di addo fyddi di ddim yn bygwth Mam pan awn ni'n ôl?'

'Am be ti'n sôn? Dwi byth yn bygwth Linda, dwi'n ei charu hi.'

'Iawn, wel, anghofiwn ni bethau 'ta...'

Yna 'nôl â ni i Sunnybower. Roedd Mam wedi paratoi te, ac roedd popeth yn normal. Roeddwn i'n teimlo fel bod rhywun wedi fy nyrnu i. Roedd y cyfan mor blydi anodd a doedd gan Dad ddim syniad o'r holl ofid roedd o wedi ei achosi y diwrnod hwnnw.

Tua'r adeg yma, roedd rhai o'r fideos ar y dudalen wedi cael eu gwylio dros 200 o weithiau; roedd yn anhygoel bod pobl o bob cwr o'r byd yn mwynhau llais Dad. Roedd hen ffrind prifysgol – Rob, ei wraig Roya a'i deulu – yn ymweld o Awstralia. Un dydd Sul, mi es i ymweld â nhw. Roeddwn i wedi postio fideo ar y dudalen y bore hwnnw a thra oeddwn i ar y trên, dechreuodd negeseuon lifo i mewn. Roeddwn i wedi ymgolli cymaint yn ymateb i bobl a chlywed eu straeon nes i fi fethu dod oddi ar y trên yn yr orsaf gywir, gan ychwanegu awr at y daith. Roedd rhywbeth yn digwydd a doeddwn i ddim yn gallu stopio meddwl am yr holl negeseuon oedd yn ymddangos ar y dudalen. Roedd pobl yn gofyn am gyngor, yn rhannu eu straeon eu hunain – doeddwn i erioed wedi profi peth fel hyn o'r blaen.

Yn y cyfamser, roeddwn yn dal i drefnu pen-blwydd Dad, ac ar ôl cael y traciau gan Seamus, mi es i â nhw at fy ffrind agos Nick i'w golygu nhw. Roedd Nick yn bianydd ac roedd wedi cynhyrchu ei gerddoriaeth ei hun.

Mae'n rhaid ein bod ni wedi yfed galwyni o de ac, wrth i ni fynd drwy'r darnau lleisiol, roedd Nick wedi ei blesio. 'Mae gan dy dad lais anhygoel – i feddwl ei fod o'n dal y nodau 'na yn ei oed o,' meddai. Yn olaf, roedd y darnau'n barod i'w hanfon at Seamus er mwyn iddo allu creu copïau. Roeddwn i eisoes wedi creu'r gwaith celf ar gyfer parti Dad gan ddefnyddio *#Songaminute* fel teitl yr albwm (yr hashnod roeddwn i wedi ei ddefnyddio ar yr holl fideos) a galw Dad yn 'Teddy Mac'. Roeddwn i hefyd wedi dod o hyd i hen lun o Dad o'i gyfnod yn Butlin's. Roedd yn grychiadau byw, a minnau wedi sgriblo drosto efo pìn ffelt gwyrdd pan oeddwn i'n fach, ond byddai'n gwneud y tro'n iawn efo ychydig o olygu.

Erbyn 19 Gorffennaf, roedd y dudalen wedi ei hoffi 700 o weithiau, a'r targed codi arian o £1,000 wedi ei gyrraedd. Roedd yn deimlad anhygoel. Roedd y parti yn prysur agosáu a'r un peth roeddwn i'n methu aros i'w wneud oedd dangos fersiwn derfynol o'r CD i Mam. Doedd Dad ddim yn gallu diolch iddi, achos fyddai o byth yn gwybod am beth roedd o'n diolch, ond anrheg oedd hon iddi hi am bopeth roedd hi wedi ei wneud drosto fo. Ar flaen y CD roedd y geiriau: 'I Linda, ein craig'. Pan roddais i'r CD i Mam, dyma hi'n darllen y rhestr caneuon yna troi'r casyn drosodd. Ebychodd, yn agos at ddagrau – 'O, Simon! Y peth gwirion...' – wedyn rhedeg at Dad i ddangos iddo. 'Edrycha, Eddie, y CD ohonot ti'n canu,' meddai. 'O ia,' meddai heb iot o ddiddordeb. Prin yr edrychodd arno cyn ei roi ar y bwrdd.

Y diwrnod hwnnw, mi wnes i lanlwytho'r fideo 'Quando, quando, quando' i Facebook. Dyma fy hoff glip ohonon ni, ac roeddwn i'n meddwl ei fod yn addas iawn ar gyfer ei ben-blwydd. Roeddwn i wedi treulio'r diwrnod efo Felipe, cyfaill da i fi, yn cael trefn ar bethau ar gyfer y parti y noson honno. Ond y munud wnes i gyrraedd adref, gallwn ddweud bod rhywbeth o'i le – roedd Mam yn y gegin, yn crio: "Dio ddim yn mynd.'

Roeddwn i'n gallu ei glywed yn taflu pethau o gwmpas yn y llofft. 'DWI'N GWBOD LLE DWI'N RHOI PETHA AC MAE HI'N MYNNU SYMUD POB BLYDI DIM. DWI'N GANWR PROFFESIYNOL AC ALLA I DDIM DIODDA'R BLYDI AMATURIAID 'MA O 'NGHWMPAS I.' Es i fyny'r grisiau a gweld ei fod yn hollol gynddeiriog. Roedd fy stumog yn corddi. Roeddwn i wedi gwneud camgymeriad enfawr ac roedd heno yn mynd i fod yn hunllef. Roedd yn tynnu popeth allan o'r cwpwrdd dillad, yn gwrthod gwisgo dim byd, yn taranu am fod yn ganwr proffesiynol efo dim byd ond 'BLYDI TWATS' o'i gwmpas. Roedd o'n ofnadwy.

Ond yna, cyn gynted ag y dechreuodd y pwl, tawelodd. Tynnais i ei sylw drwy ei gyflwyno i fy ffrind Felipe a llwyddo i'w berswadio i wisgo'i ddillad glân a brwsio'i wallt. Gwnaethon ni ei atgoffa mai nos Sadwrn oedd hi, felly roedd rhywbeth yn digwydd yn St Stephen's, a'i fod o wedi cael gwahoddiad. Tawelodd yn raddol a mynd i mewn i'r car. Roeddwn i'n dal fy ngwynt yr holl ffordd yno, yn aros am y ffrwydrad nesaf. Dyma ni'n cyrraedd a pharcio, a minnau'n esbonio beth oedd yn mynd i ddigwydd. 'Pwy sy'n mynd i fod 'ma a pham ydw i yma? Ddim fy mharti i 'di o,' meddai. Yn y pen draw, llwyddodd Felipe i'w berswadio i ddod i mewn ac eistedd yn ei sedd; pan welais i o'n eistedd wrth y bwrdd, gallwn deimlo dagrau yn fy llygaid – ddylai pethau ddim bod mor galed â hyn, ond mi roedd hi.

Cododd cymaint o bobl i ganu ac, yn olaf, cododd Dad ei hun. Unwaith neu ddwy, methodd symud efo'r gerddoriaeth, felly mi es i ar y llwyfan i ymuno efo fo. Dydw i ddim yn berfformiwr, ond roedd yn rhaid i fi gamu i'r adwy. A dyna lle roedden ni, yn canu ar y llwyfan efo'n gilydd – rhywbeth nad oedden ni erioed wedi ei wneud o'r blaen. Roeddwn i'n canu'n llon, ac yn gwybod yr holl eiriau i'r caneuon oedd fel arfer yn gwneud i fi wingo. Roeddwn i wrth fy modd – ac roedd yntau hefyd.

Doedd gan Dad ddim syniad o hyd mai ei barti o oedd o, hyd yn oed pan ddaeth y gacen pen-blwydd allan. Llwyddais i gael pawb at ei gilydd ar gyfer un llun o'r criw anferth, ond yng nghanol popeth, dyma Dad yn pwyso ymlaen, a gwthio'i fraich i'r gacen. 'Y gacen!' gwaeddodd Mam wrth i'r DJ dynnu'r llun.

Cafodd y canhwyllau i gyd eu cynnau wrth i ni sefyll o gwmpas yn canu 'Pen-blwydd hapus' iddo. 'Paid â chrio, Ted!' gwaeddodd rhywun arno. 'Crio? Dwi byth yn crio!' dywedodd Dad. 'Mae gen i saith brawd a chwe chwaer. Dydw i ddim yn crio!' Edrychais o gwmpas a gweld ei chwaer, Anti Jane, efo dagrau'n powlio i lawr ei hwyneb. 'Roedd ganddo gymaint o falchder yn ei lygaid yr eiliad honno,' meddai wrtha i wedyn. 'Alla i ddim stopio crio bob tro dwi'n meddwl am y peth.' Roedd Dad yn cofio'i deulu y noson honno, ac roedd bod yno i weld hynny yn brofiad a hanner.

Ar ddiwedd y noson, daeth Gill, cyn-gymdoges i Mam a Dad, ata i yn ei dagrau. 'Rwyt ti wedi gneud peth anhygoel. Byddai mor falch ohonot ti,' meddai, gan sychu ei llygaid. Roedd stori Dad fel petai'n cyffwrdd pobl, nid dim ond y rhai oedd yn yr ystafell efo ni. Erbyn drannoeth, roedd ei fideos wedi codi £1,500. Roedd gen i hen ffrind, Alex, oedd yn rhedeg *The Memo* – gwefan newyddion technegol. Yr wythnos honno, rhoddodd stori ar ei wefan a'i phostio ar ei dudalen Facebook. 'Mae hyn yn mynd i fod yn ENFAWR,' meddai. Feddyliais i ddim mwy am y peth.

Am weddill yr wythnos, mi wnes i dreulio'r rhan fwyaf o fy amser rhydd yn ateb y negeseuon a ddaeth gyda'r fideos. Roedd cymaint ohonyn nhw ac mi roddodd gymaint o gysur i fi wybod bod pobl eraill yn deall beth roedden ni'n mynd drwyddo. Y dydd Gwener hwnnw oedd fy niwrnod olaf yn y gwaith cyn i fi gymryd pythefnos o wyliau er mwyn cael seibiant dros yr haf. Roeddwn i mewn cyfarfod trosglwyddo pan ddechreuodd fy ffôn ganu'n ddi-baid.

'Mae rhywun yn boblogaidd,' meddai fy mòs.

'Mae Si wedi rhoi ambell fideo o'i dad yn canu ar-lein. Dwi'n meddwl eu bod nhw'n mynd yn feirol,' meddai Ellie.

'Ddim go iawn – maen nhw'n cael eu rhannu dipyn. Ry'n ni'n codi arian ar gyfer yr Alzheimer's Society...'

Erbyn hynny, roedd cyfanswm y rhoddion wedi neidio i £10,000, ac roedd fy ffôn yn swnian bob ychydig o eiliadau i ddynodi hysbysiad newydd arall. Roedd y peth yn lloerig – £20, £10, £50 ar y tro.

Ychydig ddyddiau'n ddiweddarach, mi wnes i hedfan i Sbaen am wyliau. Roedd mwy a mwy yn gwylio'r fideos, ac erbyn hyn roedd yr Alzheimer's Society wedi cysylltu â ni.

Pan wnes i gyrraedd Sbaen a mewngofnodi i'r dudalen, sylwais i fod y ffigurau gwylio wedi neidio'n aruthrol eto. Ffoniais Mam a Dad i wneud yn siŵr bod popeth yn iawn. Bob tro y byddwn i'n gadael Blackburn, roeddwn i'n gwneud hynny gan deimlo'n ofnadwy o euog am beidio â bod yno tra oedden nhw'n gorfod delio â'r cyflwr erchyll hwn.

'Simon, mae angen gwyliau arnat ti. Mae dy dad yn iawn a dwi'n gallu ymdopi – mwynha dy hun. Mae angen seibiant arnat ti...' dywedodd Mam, ar ôl i fi benderfynu mynd.

Erbyn naw o'r gloch fore trannoeth, roeddwn i'n gorwedd yn y gwely, yn teimlo'n sâl ar ôl mynd dros ben llestri'r noson cynt, pan ffoniodd fy ffrind Brad.

'SIMON, rwyt ti ym MHOBMAN.'

Dechreuais gael ceisiadau i roi datganiad gan y BBC, ITV a Sky. Erbyn hyn, roedd y cyfan yn tyfu fel caseg eira. Roeddwn i'n meddwl y byddai'r cyfan drosodd erbyn yr wythnos ganlynol, felly roeddwn i eisiau manteisio ar bob cyfle a fyddai'n codi. Ac roeddwn i'n poeni y byddai pobl yn adnabod Dad yn y stryd ac yn ei ddrysu – ac y byddai Mam yn gorfod ymdopi efo hynny ar ei phen ei hun. Penderfynais ddod adre'n gynnar o'r gwyliau.

Erbyn i fi lanio, roedden ni wedi codi bron i £30,000 ac roedd y BBC wedi cysylltu â fi. Roedden nhw eisiau anfon rhywun i wneud cyfweliad ar gyfer rhaglen y noson honno. Doeddwn i ddim yn siŵr. Roedd Dad yn dal i fod yn eitha mympwyol. Pan fyddai rhywun yn gofyn cwestiwn iddo, byddai'n rhoi atebion hurt, a byddai hyn yn aml yn sbarduno ymson hirfaith. Roedd yn rhaid i fi ystyried oedd hi'n deg i fi sôn am salwch Dad ar y teledu. Doeddwn i chwaith ddim eisiau ei ddrysu a gwneud iddo feddwl pwy oedd yr holl bobl oedd yn galw heibio'r tŷ. Ond er gwaethaf hynny, petai o yn ei bethau, dwi'n gwybod mai fo fyddai'r cynta' i ddweud wrthon ni am fynd amdani.

Erbyn y prynhawn, roedd gohebydd ar *BBC North West Tonight* wedi cyrraedd. Canodd Dad ambell gân cyn cael cyfweliad cyflym, ond roedd hi'n amlwg bod llawer o'r hyn roedd o'n ei ddweud yn stori wneud: er enghraifft, ei fod yn fab i filiwnydd oedd yn berchen ar ddwsinau o ffatrïoedd yn yr Ardal Ddu!

Wnaethon ni ddim gwylio'r adroddiad ar y newyddion y noson honno oherwydd ein bod ni'n poeni y byddai'n drysu Dad. Fore trannoeth, roedd hi'n ôl i'r drefn arferol i Mam a Dad, ond eu bod nhw'n gorfod codi'n gynnar i ddal bws i ganolbarth Lloegr ar gyfer pen-blwydd Dad. Ond roedd yn gwrthod gwisgo'i ddillad na gadael i neb ei helpu. Roedd o'n edrych fel Worzel Gummidge ac mewn hwyliau ofnadwy. Gadewais i nhw yng ngorsaf fysiau Blackburn a ffarwelio, gan edrych ymlaen at gael ychydig o ddyddiau i fi fy hun.

Tua deng munud yn ddiweddarach, wrth i fi gyrraedd y tŷ, dyma Mam yn fy ffonio i: 'Dydy ei ddannedd gosod o ddim i mewn.' Rhuthrais o gwmpas y tŷ, yn trio meddwl lle byddai wedi eu cuddio nhw, ond allwn i mo'u gweld nhw yn unman.

Dyma fi'n ei ffonio hi'n ôl.

'Edrycha o dan y fatres.'

Mi wnes i chwilio o dan bob un gwely, ond heb lwc. Wedyn dyma fynd i lawr y grisiau a thynnu'r clustogau ar y soffa – yno, roedd eitemau o ddillad Dad wedi eu cuddio'n gwbl ar hap, yn ogystal â'i ddannedd wedi eu lapio mewn hances bapur. Llwyddais i gyrraedd yr orsaf efo eiliadau i sbario, wrth i Mam a Dad fynd ar y bws. Efallai fod gan y byd a'r betws ddiddordeb yn ein fideos, ond roedd angen delio â heriau beunyddiol byw efo clefyd Alzheimer o hyd, dosbarthu dannedd gosod yn eu plith!

Y noson honno, mi es yn ôl i Lundain, gan fod rhaid i fi ddychwelyd i'r gwaith yr wythnos ganlynol. Prynais bitsa yn Sainsbury's, gwylio ychydig o deledu ac yna mynd i'r gwely, gan roi fy ffôn i wefru dros nos.

Yn y bore, deffrais tua wyth o'r gloch a'r peth cyntaf wnes i, yn ôl fy arfer, oedd gafael yn fy ffôn. Er 'mod i rhwng cwsg ac effro, dyma fi'n codi ar fy eistedd ar unwaith pan welais i nifer yr hysbysiadau gan Facebook.

Mae'n rhaid bod y fideo ar Facebook wedi ei hoffi gannoedd, os nad miloedd o weithiau, heb sôn am gannoedd o roddion i'r dudalen JustGiving. Ar ben hynny, roedd gen i tua 300 o geisiadau i fod yn ffrind ar fy nhudalen Facebook bersonol.

'O mam bach!' ebychais.

Ffoniais Mam ar unwaith.

'O, helô! Roeddwn i ar fin dy ffonio di. Dwi wedi cael tua deugain o geisiadau i fod yn ffrind gan bobl dwi ddim yn eu 'nabod nhw...'

'Paid â derbyn dim un ohonyn nhw,' meddwn innau.

Doedd Mam ddim yn deall pa mor gyflym roedd y fideo yn ymledu ar-lein. Y gwir plaen oedd doeddwn i ddim 'chwaith, felly dyma fynd drwy'r holl broses ddadansoddi ar dudalen Facebook yn trio gweithio allan sut roedd wedi dod mor fawr mor gyflym a chael sioc fy mywyd. Roedd y fideo wedi cael ei ddangos ar wefan newyddion yn yr Unol Daleithiau, ac roedden nhw wedi creu dolen i'n tudalen Facebook ni yn ogystal â'r dudalen JustGiving. Roedd wedi cael ei wylio 20 miliwn o weithiau ers iddo gael ei bostio ddiwrnod ynghynt.

Gallwn i deimlo fy stumog yn corddi, roeddwn i'n gegrwth, yn methu coelio'r peth. Roedd y cyfan wedi tyfu y tu hwnt i bob dychymyg.

Roedd y fideos yn dal i gael eu rhannu ac am hanner dydd, wrth i fi gael cinio efo Felipe, ffoniodd swyddfa'r wasg, yr Alzheimer's Society: 'Ry'n ni wedi cael cais gan *Good Morning Britain* a *BBC News*, yn meddwl tybed fyddech chi'n siarad â nhw heddiw neu yfory. Ac ydi hi'n bosib iddyn nhw yrru camerâu i gael sgwrs â'ch tad?' ''Rarglwydd,' meddyliais, 'be dwi'n mynd i neud?'

Fy mhryder cyntaf oedd Mam a Dad yn Blackburn, heb neb yn eu helpu i reoli pethau. Roeddwn i'n teimlo fy mod i wedi eu siomi'n aruthrol drwy sôn amdanyn nhw a salwch Dad o flaen y byd a'r betws, ac efallai byddai hyn yn creu mwy o broblemau.

'Allwch chi aros am 'chydig? Mae angen i fi feddwl am Mam a Dad. Mae Dad yn sâl ac mae'n rhaid i fi ystyried a ydw i'n gneud y peth iawn.'

Rhoddais i'r ffôn i lawr a dal fy mhen yn fy nwylo. 'Ffyc!' dywedais, mewn panig. Eisteddai Felipe yna'n morio chwerthin. Roeddwn i'n teimlo allan o fy nyfnder yn llwyr – sut roeddwn i i fod i wneud cyfweliadau teledu byw? Beth pe bawn i'n rhewi? Beth byddai hyn yn ei wneud i Mam a Dad? Sut byddai hyn yn effeithio ar Dad? Be dwi 'di neud?!

'Si, cofia pam wnest ti ddechrau hyn yn y lle cynta',' meddai Felipe. 'Roeddet ti isio i bobl glywed dy dad yn canu a chodi arian i helpu pobl eraill yn dy sefyllfa di. Dychmyga be gallet ti neud a faint o bobl gallet ti eu helpu.'

Dyma pryd wnaeth hi wawrio arna i, a dyma ffonio'r Alzheimer's Society yn ôl ar unwaith.

'Iawn, mi wna i.'

Yn sydyn, baglodd dyn digartref wrth ein hymyl, tynnu tun aerosol allan a dechrau anadlu'r nwyon ohono. 'Ew, gallet ti wneud y tro efo 'chydig o hwnna,' chwarddodd Felipe.

Roeddwn i ar fin fy nhaflu fy hun i lygad y cyhoedd, yn union fel y gwnaeth Dad bob tro roedd o wedi camu ar y llwyfan. Roeddwn i'n cael cathod bach yn meddwl am y peth.

Pennod 19

Mae cerdded i mewn i stiwdio *Good Morning Britain* fel croesi i ddimensiwn gwahanol. Mae'r cyfan yn real iawn, ond yn afreal hefyd. Roedd fy nghalon yn curo fel gordd wrth i fi drio mygu pwl o orbryder pan oedd meicroffon yn cael ei osod arna i ac wrth i'r camerâu symud o 'nghwmpas i.

Does dim byd yn eich paratoi chi ar gyfer ymddangos ar deledu cenedlaethol byw. Roeddwn i'n ysu am godi'r gwydraid o ddŵr oedd ar y bwrdd, ond wnes i ddim meiddio symud achos roedd fy nwylo i'n ysgwyd cymaint. Roedd cwestiynau'n cael eu gofyn, a minnau'n gwybod bod fy ngheg i'n agor, ond mater arall oedd gwybod a oedd rhywbeth yn dod allan. O gornel fy llygad, roeddwn i'n gallu gweld clip o Dad a fi'n canu yn y car yn chwarae drosodd a throsodd yn y cefndir.

'Mae ganddo fo lais gwych,' meddai rhywun.

Y funud nesaf, roeddwn i'n sefyll y tu allan ar y stryd ar fy mhen fy hun. Beth ar y ddaear oedd newydd ddigwydd?

Ffoniodd Nick. 'Si, roeddet ti'n edrych yn wych. Yn hamddenol braf!'

'Ti'n tynnu 'nghoes i. Roeddwn i'n teimlo 'mod i ar fin chwydu.'

Cerddais yn ôl i'r fflat a ffonio fy mòs i ofyn a allwn i weithio gartref yn y prynhawn. Ond allwn i ddim canolbwyntio ar ddim byd. Roeddwn i'n dal i gael cannoedd o negeseuon ar fy nhudalen Facebook ac roedd rhoddion JustGiving yn llifo. Y bore hwnnw, roedden ni wedi cyrraedd £50,000 mewn rhoddion yn swyddogol. Erbyn y prynhawn, roedd yr Alzheimer's Society ar y ffôn eto. Roedden nhw wedi cael rhagor o geisiadau gan y BBC. A fyddai gen i ddiddordeb cymryd rhan mewn ambell sioe radio o Broadcasting House yn y bore? Ffoniais y bòs a gofyn oedd hi'n iawn i fi ddod i mewn yn hwyr.

'Yn bendant, Simon. Cer amdani! Fydd hyn byth yn digwydd eto.'

Erbyn pedwar o'r gloch, roeddwn i wedi cael ceisiadau gan raglenni newyddion ym mhedwar ban byd – cylchgrawn *Time*, *The People's Show* a *The Today Show* yn yr Unol Daleithiau, ITV, Channel 5, RTL yn yr Almaen, CTV yng Nghanada, a neges gan Thames TV yn dweud y bydden nhw'n hoffi cael sgwrs efo fi am gyfres deledu. Pan ffoniais i nhw'n ôl, dyma fi'n cael gwybod mai sôn am *Britain's Got Talent* oedden nhw, ac y bydden nhw wrth eu bodd petai Dad a fi yn perfformio.

Roedd hynny'n amhosib. Allwn i ddim rhoi Dad ar deledu byw – roedd ei ymddygiad mor oriog, roedd hi'n amhosib rhagweld sut byddai'n ymddwyn. Doeddwn i chwaith ddim eisiau iddo gael ei weld fel act syrcas: y dyn efo clefyd Alzheimer sy'n gallu canu. Roeddwn i'n gwybod yn iawn y gallai ganu'n wych ar ddiwrnod arferol, ond allwn i mo'i roi o mewn sefyllfa o'r fath. Ei urddas oedd y flaenoriaeth, doed a ddêl.

Am bump o'r gloch, daeth e-bost gan *The Ellen Show* yn yr Unol Daleithiau, oedd yn ymchwilio i eitemau ar gyfer eu cyfres nesaf.

Ffoniais Nick: '*The Ellen Show*.'

'Ti ddim o ddifri?'

'Dwi newydd fod ar y ffôn efo nhw.'

'Ffyc, Si! Mae hyn yn anhygoel!'

Ar ôl chwilio'n sydyn ar Google, gwelais fod y fideo bellach yn cael ei ddangos ar wefannau newyddion ledled y byd: Gwlad Pwyl, Ffrainc, yr Almaen, Sbaen, yr Ariannin, Japan, Korea, Awstralia, Brasil. Roedd y fideo'n boblogaidd ond hefyd, roedd negeseuon yn llifo i'r dudalen.

Roedd un o'r negeseuon a dynnodd fy sylw'n arbennig yn dod gan wraig yn Ynysoedd y Pilipinas. Roedd hi'n fam sengl yn gofalu am ei mam ei hun oedd yn byw efo dementia, a honno'n gaeth i'w gwely ar y cyfan. Doedd dim byd arbennig o ddwys na doeth yn ei neges, dim ond ei bod hi'n sôn ei bod hi'n teimlo mor ddigalon weithiau. A minnau'n meddwl am y wraig, filoedd o filltiroedd i ffwrdd, oedd yn mynd i'w gwaith bob dydd, yn gofalu am ei mam bob dydd ac yn teimlo'n ddigalon weithiau oherwydd y salwch. Ond un diwrnod, ar ôl mynd i'r gwaith, gofalu am ei mam a bwydo ei theulu, gwelodd fideo o Dad yn canu ar Facebook, ac am funud efallai, doedd hi ddim yn teimlo mor unig.

Y noson honno, prin roeddwn i'n gallu cysgu. Cyn i fi fynd i'r gwely, roedden ni wedi codi £17,000 mewn dim ond un diwrnod, gan ddod â'r cyfanswm i dros £70,000. Anhygoel!

Fore trannoeth, cyrhaeddodd y car am chwech o'r gloch i fynd â fi i stiwdio'r BBC. Roedd hi'n fore clir iawn heb fawr ddim traffig ar y ffyrdd. Roeddwn i'n cael fy ngyrru i lawr Regent Street, heibio Oxford Circus, ac roeddwn i'n gallu gweld yr eglwys sydd wrth ymyl canolfan y BBC. Efallai fod hyn yn swnio'n hurt, ond roedd gen i deimlad cryf bod Dad yn fy ngwthio i i mewn i'r holl sefyllfaoedd hyn. Roedd hi'n teimlo fel petai o yn fy mhen i, yn dweud, 'Iawn, Sime – dal dy ben yn uchel. Paid ag ofni. Paid â gadael iddyn nhw weld.'

Mae'n rhaid ein bod ni wedi gwneud dros bymtheg o gyfweliadau y bore hwnnw ar gyfer gorsafoedd radio lleol y BBC. Roedd y cyfan fel corwynt.

Ar ôl y cyfweliadau, daeth un o'r cynhyrchwyr i lawr efo gwraig yn ei phumdegau cynnar, oedd yn gweithio yn y swyddfa. Roedden ni newydd gael ein cyflwyno i'n gilydd pan afaelodd hi yn fy llaw yn sydyn: 'Dwi jyst isio diolch i chi am bopeth rydych chi'n ei wneud. Dydych chi ddim yn sylweddoli eich bod chi'n rhoi cymaint o obaith i deuluoedd eraill sy'n mynd drwy hyn. Dwi jyst isio diolch i chi ar eu rhan nhw.'

Wyddwn i ddim beth i'w ddweud. Pan dwi'n meddwl am y peth rŵan, mae'n teimlo'n swreal. Efo fi roedd hi'n siarad?

Ar fy niwrnod cyntaf yn y gwaith ar ôl i'r fideo fynd yn feirol, gwaeddodd Bernie ar y dderbynfa: 'Dwi wedi gweld dy fideo di efo dy dad. Gwych!' a chodi ei fodiau. Wrth i fi ruthro i fyny'r grisiau, gwnaeth rhywun arall fy stopio i. 'Ai chi yw Simon? Ry'n ni i gyd wedi gweld y fideo efo'ch tad chi...'

Wrth i fi gerdded at fy nesg, dechreuodd pawb guro dwylo.

Teimlais fy hun yn suddo i mewn i'r gadair.

Roedd pawb yn y tîm wedi cyffroi wrth weld beth oedd yn digwydd. Cyn gynted ar yr eisteddais, dechreuodd fy ffôn ganu eto. BBC Radio 4 oedd eisiau gwneud cyfweliad ar gyfer *You and Yours* amser cinio, ac yna Sky News eisiau darllediad byw.

Mi wnes i logi ystafell gyfarfod heb dynnu sylw a gwneud cyfweliad y BBC yno, yna aros i'r fan Sky News gyrraedd. Wrth i'r fan barcio y tu ôl i'r swyddfa, mi wnes i fy mharatoi fy hun ar gyfer cyfweliad cyflym am Dad a chodi arian. Yn hytrach, eu bwriad nhw oedd cynnal dadl ddeng munud o hyd am ofal dementia yn y Deyrnas Unedig. Roeddwn i yn ei chanol hi. Dyna pryd y sylweddolais i fod yr holl fusnes yn dechrau rheoli fy mywyd.

Ar ôl cyrraedd adref ar ôl gwaith, es i drwy rai o'r negeseuon diweddaraf. Roedd un yn tynnu fy sylw:

'Helô Mac, dwi'n ysgrifennu o gwmni recordiau Decca – mi wna i anfon e-bost i'r cyfeiriad gmail yma, ond roeddwn i isio bod yn siŵr o'r ffordd orau i gysylltu â chi. Mae stori eich teulu a'ch tad yn un bwerus, ac efallai y byddai'n bosib i ni drafod eich cynlluniau drwy'r ymgyrch hon. Mae yna bosibilrwydd clir am albwm/sengl elusennol lwyddiannus yma. Fyddai modd i ni drafod hynny tybed? A fyddech cystal â chysylltu pan fydd gennych chi eiliad tybed? Alex Van Ingen.'

FFYC! Dyma fo, cyfle mawr Dad. Dyma fi'n tynnu sgrinlun a'i anfon at Nick. Ffoniodd fi'n ôl ar unwaith.

'Si, mae hyn yn anhygoel. Meddylia am beth ddywedest ti wrth ddechrau hyn. Dy fod ti isio codi arian ar gyfer clefyd Alzheimer a chael cytundeb recordio i dy dad. Dyma'i gyfle fo...'

Ffoniais Alex Van Ingen ar unwaith ac esbonio sefyllfa Dad iddo.

'O, helô! Mae'n dda clywed gennych chi. Sut mae Ted?'

Eglurais bopeth roedden ni'n gorfod ymdopi ag o.

'Gwrandewch, dim ond syniad ydi hyn ar hyn o bryd. Roedden ni isio gweld oedd gennych chi ddiddordeb mewn rhyddhau record elusennol ar gyfer yr Alzheimer's Society. Ry'n ni wedi gweithio efo'r Military Wives yn y gorffennol, a gweithiodd hynny'n dda iawn. Bydden ni wrth ein bodd yn gneud yr un peth i chi a Ted,' meddai.

Trefnwyd cyfarfod y dydd Mawrth canlynol yng ngwesty'r Grosvenor yn Victoria.

Ffoniais i Nick yn ôl ar unwaith, yn fwy neu lai'n dawnsio o gwmpas yr ystafell. Petai hyn yn digwydd, dyna fyddai'r goron ar y cyfan: sengl gyntaf Dad, ar ôl yr holl flynyddoedd.

Drannoeth, cefais gyfweliadau efo People TV yn yr Unol Daleithiau a CTV News yng Nghanada. Roedd y ddau gyfweliad yn fyw. Erbyn hyn, roedd unrhyw nerfusrwydd am siarad ar deledu byw wedi hen ddiflannu. Roedd yn newid byd rhyfeddol i fi. Cyn hyn, byddai meddwl am siarad o flaen pobl mewn cyfarfod bach yn y gwaith wedi codi arswyd arna i, ond rŵan doeddwn i'n poeni dim am siarad efo pobl o bob cwr o'r byd. A bod yn onest, roedd yn teimlo fel petawn i wedi adfer yr holl hyder oedd wedi mynd ar goll pan oeddwn i tua 15 oed. Doeddwn i'n poeni dim bellach; dyma oedd cyfle olaf Dad.

Y noson honno, mi es i sesiwn myfyrio ac anadlu. Roedd fy ffrind David wedi ei hargymell am fy mod i wedi bod yn teimlo mor isel yn ystod y flwyddyn flaenorol. Doeddwn i erioed wedi gwneud dim byd o'r fath o'r blaen, ac roeddwn i fymryn yn amheus, ond roedd angen rhywbeth i 'nghadw i'n gall. Ar ôl fy sesiwn un-i-un gyntaf, newidiais fy meddwl yn llwyr a dechrau mynd i sesiynau grŵp hefyd. Byddai'n sbarduno atgofion o flynyddoedd yn ôl, rhyw deimlad tebyg i fod allan o fy nghorff fy hun. Efallai fod hyn yn swnio'n chwerthinllyd, ond y noson honno mi wnes i deimlo fy mod i'n cael fy nhywys i lefel uwch o ymwybyddiaeth. Daeth Mac y ci i eistedd wrth fy ymyl yn yr ystafell, yn union fel petai wedi dod i ddweud y byddai popeth yn iawn. Dechreuodd fy ngwefusau grynu a gallwn deimlo fy emosiynau'n simsanu.

Mi wnes i ddal ati i anadlu a llithrodd fy meddwl at angladd Taid. Roeddwn i'n 24 oed eto, yn eistedd yn ei gadair freichiau yn y tŷ roedd yn ei rannu efo Gladys, ac yn ail-fyw'r profiad o aros i'w arch gyrraedd. Roeddwn i'n cofio rhedeg i fyny'r grisiau i'r ystafell ymolchi, fel na fyddai'r lleill yn fy ngweld i'n crio. Yr eiliad nesaf, roedd atgofion oedd wedi eu claddu ers blynyddoedd yn fyw yn fy meddwl. Nadoligau yn Cedar Street pan oeddwn i'n blentyn efo Nain a Taid. Y diwrnod y daeth llifogydd drwy'r tŷ a gorfod cario pob un carped allan i'r stryd. Y ffraeo rhwng Mam a Dad. Mam yn ei dagrau, yn eistedd ar y llawr. Dad yn mynd allan i ganu a mynd â'i seinyddion gyda fo. Mynd i Blackpool efo Dad a Mam ddim yno. Eistedd yng nghefn y car efo Taid yn crio ar ôl iddo gael gwybod y byddai Nain yn marw cyn pen tri mis. Roedd popeth yn cael ei ailchwarae fel ffilm.

Ar ôl sôn wrth y grŵp am hyn, roeddwn i'n teimlo baich enfawr yn codi. Roedd fel petai'r holl deimladau oedd wedi bod yn cronni ers blynyddoedd, wedi cael eu rhyddhau'n sydyn – a da o beth oedd hynny, achos roedd pethau fel ffair.

Teithiais i Blackburn i weld Mam a Dad; y cyfan roedden nhw'n ei wneud oedd byw eu bywydau, wedi eu cysgodi rhag popeth oedd yn digwydd. Ond roedd y diddordeb wedi tyfu, ac roedd angen i fi egluro wrth Mam bod hon bellach yn stori fawr.

Doedd eu cysylltiad â'r rhyngrwyd ddim yn gweithio'n iawn, a hynny'n fendith, yn ôl pob tebyg. Bydden nhw'n dal y bws fel arfer i'r dref ar ddydd Iau i fynd i siopa a chael cinio yng nghaffi Muffins yng nghanol Blackburn. Roedd y weinyddes – Liz – wastad yn gwneud ffŷs o Mam a Dad, ac roedd hi'n gwybod yn iawn sut i ddelio â chyflwr Dad. Roedd hi'n rhyfedd meddwl am fy rhieni yn eu byd bach eu hunain, ond ar y llwyfan rhyngwladol, bod pobl yn gwirioni ar y fideos o Dad yn canu.

Ar y nos Sadwrn, es i efo Mam a Dad i glwb St Stephen's. Pan gododd Dad i ganu, rhoddodd y cyflwynydd araith fach am sut roedd Dad wedi codi bron i £100,000 i'r Alzheimer's Society. Cyn gynted ag y soniodd am y gair 'Alzheimer', roeddwn i'n gwingo ac yn amneidio arno i beidio â dweud mwy. Roeddwn i'n poeni gymaint am ymateb Dad. Roedd yn gwadu ei salwch yn llwyr, a byddai unrhyw sôn amdano fel arfer yn ei gynddeiriogi. Yn ffodus, roedd o'n canolbwyntio gymaint ar godi i ganu, roedd o heb sylwi. Wrth i bawb yn yr ystafell guro dwylo, cododd i ganu 'Quando, quando, quando', seren y noson unwaith eto.

Ar y dydd Sul, edrychais ar y dudalen JustGiving: £100,000.

Anhygoel!

Dechreuodd Mam grio yng nghefn y car. Doedd gan Dad ddim clem am yr hyn roedden ni wedi ei wneud na faint o arian oedd wedi cael ei godi. 'Pam mae hi'n crio? Linda, be sy'n bod?'

'Dwi'n iawn. Mae hyn mor anhygoel, dyna i gyd,' meddai Mam, gan sychu ei dagrau â hances bapur.

Ar ôl cyrraedd Llundain y noson honno, digwyddodd rhywbeth arall swreal. Roedd trên newydd gyrraedd a phobl yn cerdded drwy'r danffordd tuag ata i. Yn sydyn, dyma ryw foi yn ei ugeiniau yn fy stopio i. 'Oi, mêt,' meddai, 'Ti 'di'r dyn sy'n canu efo'i dad?'

Doeddwn i erioed wedi cael fy adnabod o'r blaen.

'Ia.'

'Mêt, gad i fi ysgwyd dy law. Alla i ddim peidio gwylio'r fideos 'na,' meddai.

Cefais fy synnu'n llwyr. Erbyn hyn roedd pobl yn edrych yn ôl ac yn gwenu wrth weld beth oedd yn digwydd.

Ond roedd y gorau eto i ddod.

Pan es i i gyfarfod ag Alex o Decca yn y gwesty yn Victoria, roeddwn i'n ofnadwy o nerfus. Roedd yn dal, yn denau, yn gwrtais iawn ac yn siarad yn goeth, gan beri i fi deimlo'n ymwybodol iawn mai pwt o hogyn o Blackburn oeddwn i. Buon ni'n sgwrsio am yr holl ganeuon y gallai Dad eu canu, a chytuno: os oedd bòs Alex yn hapus, byddai Dad yn rhyddhau sengl, efo'r breindaliadau yn cael eu rhannu rhwng yr Alzheimer's Society a Mam a Dad.

Roeddwn i'n teimlo'n dawel fy meddwl pan ddywedodd Alex: 'Peidiwch â phoeni, dwi wedi gweithio efo digon o artistiaid ac yn deall sut maen nhw'n gallu bod – a dydyn nhw ddim hyd yn oed yn byw efo clefyd Alzheimer!'

Soniodd am gael band byw i chwarae efo Dad.

'Anhygoel,' meddyliais – dyna'n union roeddwn i eisiau yr holl fisoedd hynny'n ôl pan wnaethon ni greu CD Dad yn Blackburn.

Es yn ôl i'r fflat yn Borough yn gyffro i gyd, gan weddïo y byddai Alex yn gallu cael ei reolwr i gytuno i'r prosiect.

Ar ôl cyrraedd adref, ffoniais i Mam a Dad ar unwaith. Roeddwn i'n llawn cyffro.

'Mam, fi sy' 'ma. Wnes i gyfarfod efo'r dyn o Decca ac mae o'n awyddus iawn i arwyddo cytundeb efo Dad.'

'Gwych. Ga i dy ffonio di'n ôl yn nes ymlaen? Ry'n ni'n byta'n pwdin.'

'O... O, iawn.'

Doeddwn i ddim yn gallu credu'r peth. Roeddwn i newydd ffonio efo'r newyddion mwyaf cyffrous oedd wedi digwydd ers blynyddoedd a doedden nhw ddim yn gallu siarad oherwydd eu bod nhw'n bwyta'u pwdin?!

Ar y dydd Gwener, ffoniais i Alex i weld lle roedden ni arni, ond roedd ei fòs heb gael cyfle i ddarllen ei gynnig.

'Dydy o ddim yn mynd i ddigwydd. Mae gen i deimlad yn fy nŵr. Dwi'n meddwl eu bod nhw wedi meddwl am Dad a'i salwch a dydyn nhw ddim isio trafferthu,' cwynais wrth Nick.

'Si, rho gyfle iddyn nhw. Dydyn nhw ddim yn gallu penderfynu dros nos.'

**

Yn y gwaith roeddwn i pan welais enw Alex yn fflachio ar fy ffôn.

'Fyddai eich mam a'ch tad yn gallu dod lawr i Lundain ddydd Gwener yma? Dwi wedi llwyddo i gael lle i recordio'ch tad yn y stiwdio.'

Roeddwn i eisiau sefyll yn y swyddfa a sgrechian: 'GWYCH!' Yn lle hynny, dyma fi'n dweud 'Gwych' yn dawel. 'Mi wna i'ch ffonio chi'n ôl mewn ychydig i gadarnhau ond byddai'n well i fi ofyn iddyn nhw yn gynta'.'

Mi wnes i roi'r ffôn i lawr a cheisio dal ati i weithio, heb ddweud wrth neb. Yn dawel bach, dyma fi'n mynd at y grisiau yng nghefn yr adeilad a ffonio Mam.

'Mam, maen nhw isio recordio. Mae hanner y breindaliadau'n mynd i'r Alzheimer's Society a'r hanner arall yn mynd i ti a Dad.'

Roedd fy llygaid yn dyfrio. Roeddwn i wedi cyffroi gymaint, ond roedd 'na dristwch yng nghefn fy meddwl, rhyw dristwch na allwn i ei anwybyddu, bod hyn i gyd yn digwydd a doedd gan Dad ddim syniad.

Daeth Dad ar y ffôn.

'Dad, rwyt ti wedi cael cytundeb recordio.'

'O. Ydw i?'

'Wyt – maen nhw isio i ti ddod i Lundain yr wythnos yma i ganu efo band.'

'Gwych, Sime. Mae hynny'n wych. Be ti'n feddwl, cytundeb recordio?'

Mi wnes i drio egluro, ond doedd dim pwynt. Ar ôl dychwelyd at fy nesg, dyma fi'n anfon neges at fy nghyd-weithwyr, Robyn ac Ellie.

'Mae Dad am arwyddo i Decca.'

Edrychodd y ddwy i fyny, yna daeth Robyn draw ar ras. 'Si, mae hyn yn anhygoel.'

'Paid â dweud wrth neb – dydi o ddim 'di canu eto!'

'Wna i ddim. O Dduw mawr, Si. Mae hyn yn wallgo'!'

Roedd Ellie'n methu stopio chwerthin oherwydd hurtrwydd y sefyllfa. 'Be sy'n digwydd?' gofynnodd rhywun arall.

Erbyn y prynhawn, roedd y llawr cyfan yn gwybod bod Decca wedi arwyddo Dad.

Daliodd Mam a Dad y bws i lawr o Blackburn i Lundain. Roedd hi'n noson gynnes o haf a dyna lle roedden nhw'n sefyll tu allan i'r orsaf – Dad yn ei gôt fawr, er bod y tywydd yn ofnadwy o boeth.

Es i â nhw am bryd o fwyd mewn bwyty lleol. Roedd Dad yn ei hwyliau, ac roeddwn i'n hyderus y byddai pethau'n mynd yn ddidrafferth drannoeth.

Ond y funud y cerddodd Dad i mewn i'r lolfa drannoeth, roeddwn i'n gwybod nad felly byddai hi. Roedd wedi deffro mewn hwyliau ofnadwy. Mae'r dyddiau gwael bob tro'n dechrau pan mae golwg bell arno, a'i lygaid yn dywyll, a chanhwyllau'r llygaid yn aml yn fawr. Roedd holl hwyl y noson flaenorol wedi mynd, ac yntau bellach yn edrych fel petai ar fin ffrwydro'n fuan.

'Ddim heddiw. O bob diwrnod, ddim heddiw,' dywedais wrthyf fy hun.

'Wyt ti'n iawn, Dad?'

'Dwi'n iawn. Wastad wedi bod, wastad yn mynd i fod', meddai.

Roeddwn i'n iawn: roedd hi'n mynd i fod yn ddiwrnod anodd.

'Wnest ti gysgu'n iawn?'

'Be? Do. Ble mae'r ystafell ymolchi? Dwi'm yn gwbod ble mae nunlle yn y twll lle 'ma.

'Ffordd hyn, Dad,' meddwn innau, a'i hebrwng yno.

Caeodd y drws yn glep. Trychineb.

Dechreuais chwarae peth o'i gerddoriaeth gefndir i drio gwella'i hwyliau, a dechreuodd Dad ganu 'Quando, quando, quando'. Roedd yn swnio'n hollol wych, ond gallwn i synhwyro'r tensiwn yn cynyddu.

Roeddwn i wedi bwcio tacsi i fynd â ni i Angel Studios. Roedd Dad yn parablu yn y cefn, a minnau'n dechrau meddwl ei fod wedi tawelu o'r diwedd.

'Dwi'n ofnadwy o nerfus,' meddwn i wrth Mam.

'A fi.'

'Be wyt ti'n feddwl? Oes 'na rywun wedi dy ypsetio di?' gofynnodd Dad.

'O, naddo, naddo...'

Mae Angel Studios mewn hen eglwys.

'Helô. 'Dan ni efo Decca ac ry'n ni i fod yn recordio heddiw,' dywedais wrth ddyn yn eistedd y tu ôl i'r ddesg fach.

'Ia – y brif stiwdio, lawr y grisiau acw.'

I lawr y grisiau â ni, ac agor drws mawr trwm y stiwdio a – WAW!

Roedd yr ystafell yn enfawr ac mae'n rhaid bod rhwng 20 a 30 o gerddorion yn paratoi. Offerynnau llinynnol, trympedi, chwaraewyr gitâr, yr holl gybôl. Roeddwn i'n methu coelio.

'O Dduw mawr!' meddai Mam.

'Doeddwn i ddim yn disgwyl hyn,' meddwn i.

Roedd Dad, yn y cyfamser, yn arthio bod angen i ni frysio. 'Dewch o'na, dewch o'na, dewch o'na, mae 'na bobl yn aros amdana i!'

Roedd yr ego yn chwyddo. Iesu Grist! Gobeithio ein bod ni'n mynd i allu dod drwy hyn.

Cerddodd Alex aton ni.

'Helô!'

Dyma fi'n ei gofleidio'n gyffrous, ond roedd hynny'n teimlo'n amhriodol mwya' sydyn.

'Roeddwn i'n meddwl mai rhyw bump o bobl fyddai 'na. Doeddwn i ddim yn disgwyl hyn. Dwi wedi cael cythraul o sioc,' meddwn i.

'Wir? Roeddwn i'n meddwl 'mod i wedi anfon e-bost atoch chi. Dyma'r Guy Barker Big Band – rhai o gerddorion gorau'r wlad.'

Mi wnes i gyflwyno Alex i fy rhieni, ac aeth â ni i'r bwth oedd yn edrych allan dros y gerddorfa.

Roeddwn i'n gallu synhwyro tymer Dad yn troi. Roedd golwg ffyrnig ar ei wyneb.

'Wyt ti isio paned, Dad?'

'Byddai'n well gen i gael diod gall.'

O mam bach!

Pan oeddwn i yn y bwth cymysgu yn gwneud paned i ni i gyd, ces i sgwrs efo'r criw a thrio'u rhybuddio bod hwyliau Dad yn newid.

Wrth i fi fynd yn ôl i'r bwth recordio, roedd Guy Barker yn cyrraedd yr un pryd. Roedd o'n wych. Cyflwynodd ei hun i Mam a Dad, ond roedd hi'n gwbl amlwg nad oedd gan Dad ddim math o ddiddordeb.

Roedd yn ddigon i wylltio sant. Dyma lle roedden ni, ystafell yn llawn o bobl yn ysu i wneud y diwrnod yn un llwyddiannus, a'r unig berson oedd yn tynnu'n groes oedd Dad. Hen dro na fyddai'n gallu deall beth oedd yn digwydd.

'Dad, mae'r bobl yma i gyd yma i dy helpu di i wneud y record. Maen nhw'n mynd i chwarae tu allan ac os gwnei di ganu i'r meicroffon yma, mi wnân nhw dy recordio di.'

'Paid â deud wrtha i be i'w neud. Dwi wedi bod yn gneud hyn ers blynyddoedd. Dwi'n gweithio efo rhai o'r cerddorion gorau ar y blaned.'

'Iawn, Dad – ond os wyt ti'n gwisgo'r clustffonau, byddi di'n gallu clywed y band pan fyddan nhw'n dechrau chwarae.'

'Na. Dwi ddim yn rhoi nhw ar fy mhen.'

Roedd helynt y clustffonau yn codi ei ben eto.

'Plis, gad i bob dim fynd yn ddidrafferth am un diwrnod,' gweddïais wrth fy hun.

Roedd golwg sarrug iawn ar ei wyneb.

Daeth un o'r peirianwyr sain i mewn i'r bwth i drio addasu ei feicroffon, oedd ar stand.

'Na, na, na! Alla i ddim canu i mewn i hwnna. 'Dach chi o ddifri isio i fi ganu mewn i hwnna?', yna clywais i'r chwerthiniad, y chwerthiniad oedd yn arwydd y byddai'n ffrwydro unrhyw eiliad.

'Gwrandwch, dwi wedi gweithio efo CERDDORION GORAU LLOEGR...'

'Dad, y cyfan mae angen i ti neud ydi canu i mewn i'r meicroffon er mwyn i ni allu dy recordio di.'

Yn y cyfamser, roedd ffotograffydd a dyn gwneud fideo yn tynnu lluniau ohonon ni. Hunllef! Mi wnes i droi at y dyn fideo: 'Plis peidiwch â recordio dim o hyn. Dwi'n gallu teimlo'i fod o ar fin ffrwydro.'

Agorais y drws llithro oedd yn gwahanu'r band a'r bwth recordio, a gweiddi draw ar Guy: 'Allwch chi chwarae rhywbeth? Yn y gobaith bydd hynny'n gwella'i hwyl o?'

'Be hoffech chi i ni chwarae?'

'Be sy ganddoch chi?'

'"Beyond the sea"?'
'I'r dim!'
Dyma'r band yn dechrau chwarae. Ces i dipyn o sioc. Doeddwn i erioed wedi bod mor agos at fand mor fawr o'r blaen, ac roedd yn swnio'n anhygoel.

'O ble mae'r miwsig 'na'n dod? Mae o'n wych,' meddai Dad.

Erbyn hyn, roedden ni wedi rhoi'r gorau i drio'i berswadio i wisgo'r clustffonau. Y farn gyffredinol oedd, os oedd o'n gallu clywed hanfodion y gân, dylai allu ei chanu. Doedd hynny ddim yn ddelfrydol, ond roedd o'n well na dim.

'Dad, os gwnei di ganu i mewn i'r meic, gallwn ni dy recordio di.'

'Dwi'n ganwr proffesiynol. Dwi wedi gweithio mewn MILOEDD... MILOEDD o glybiau...'

'Dwi'n gwbod, Dad, ond ry'n ni isio dy recordio di'n canu.'

Roedd y cyfan yn achosi cymaint o rwystredigaeth. Roeddwn i'n torri 'mol eisiau iddo allu gwneud hyn – dyma'i gyfle mawr.

Canodd Dad un pennill o'r gân, cyn i'r offerynnau pres a'r ffliwtiau ymuno. Roedd o wedi arfer efo cyfeiliant piano a drymiau yn y clybiau, felly mi wnaeth yr offerynnau newydd ei daflu oddi ar ei echel yn llwyr.

'Na, na, na! Alla i ddim gweithio efo'r twats yma,' meddai, a cherdded oddi wrth y meicroffon.

Gallai'r gerddorfa gyfan glywed Dad yn rhefru drwy eu clustffonau. Roeddwn i'n gallu eu gweld nhw i gyd yn edrych draw, yn dal i chwarae, tra oedd o'n strancio. Roedd hi'n sefyllfa erchyll.

'Dwi wedi gweithio efo cerddorion proffesiynol ar hyd fy oes ond dydw i erioed wedi gweithio efo TWATS fel hyn o'r blaen.'

Stopiodd y band ac mi wnes i ruthro allan o'r ystafell recordio.

'Dwi mor sori – allwch chi roi munud neu ddau i ni?' gofynnais.

Roedd Dad fel dyn gwyllt yn y bwth recordio.

Ar ôl seibiant, penderfynwyd rhoi cynnig arni yn y stiwdio fawr efo'r band. Unwaith eto, bob tro roedd y trympedi'n chwarae, byddai'n stopio canu, ac yn cwyno am gyflwr y band.

Roedd y rhwystredigaeth mor fawr – dyma oedd ei freuddwyd a byddai wedi codi'r to ar unrhyw adeg arall yn ei fywyd. Ond ddim heddiw.

Roedd Mam a fi dan straen aruthrol. Gwnaethon ni drio rhoi Dad i ganu mewn gwahanol lefydd. Roedd o mor gyfarwydd â pherfformio i gynulleidfa, ond roedd canu i wagle yn beth hollol annaturiol. Gwnaethon ni ei roi o i sefyll yng nghefn yr ystafell, wrth ymyl y gitarydd bas. Roeddwn i'n sefyll wrth ei ymyl, a dwi'n cofio wyneb y gitarydd fel petai'n ewyllysio iddo fynd drwy'r gân heb wylltio. Ond wnaeth hynny ddim gweithio chwaith.

Yn y pen draw, roedd Dad yn sefyll wrth ymyl Guy Barker o flaen y band. O'r diwedd, roedd o wrth ei fodd – yn meddwl mai'r gerddorfa oedd ei gynulleidfa a'i fod o'n perfformio iddyn nhw. Yn ara' bach, newidiodd ei hwyliau.

Dyma ni'n mynd drwy nifer o ganeuon – 'Quando, quando, quando', 'You make me feel so young', 'Beyond the sea', 'Let there be love' – ac wedyn penderfynu cymryd hoe cyn dychwelyd yn y prynhawn.

Roedd Mam a fi yn teimlo'n siomedig. I ffwrdd â ni i dafarn leol ac archebu cinio. Doedd gan Dad ddim syniad beth oedd yn digwydd, er ein bod ni wedi dweud wrtho gant a mil o weithiau. A minnau'n dechrau meddwl a oeddwn i wedi gwneud y peth iawn, yn gwbl annisgwyl, dyma Dad yn dweud: 'Roedd y band 'na'n wych. Cerddorion proffesiynol go iawn.' Roedd popeth mor ddryslyd. Funud yn ôl, doedd ganddo ddim syniad lle roedd o, a rŵan roedd o'n sôn am y band.

Wrth i ni orffen ein bwyd, daeth Guy Barker a dau aelod o'r band i mewn. Cerddais draw at Guy a gweddill y criw wrth y bar. 'Mae'n ddrwg gen i am hynna. Fyddai o ddim mor anghwrtais fel arfer.'

'Mae'n iawn, aeth hi'n well o lawer na'r disgwyl', meddai.

'Wir?'

Cefais fy synnu'n llwyr. Yna aeth â fi i'r naill ochr. 'Mae'r hogia wedi ymroi'n llwyr i hyn. Maen nhw i gyd wedi hepgor eu ffi am y diwrnod. Mae beth rydych chi'n wneud yn anhygoel – ry'n ni i gyd wedi gweld y fideos ac mae o'n beth mor wych,' meddai.

Mi ddes i â Mam a Dad draw a thynnu ychydig o luniau. 'Ma'r hogia yma'n gerddorion ar dop eu gêm. Gwych,' ddywedodd Dad dro ar ôl tro.

Yn y prynhawn, 'nôl â ni i'r stiwdio i gwblhau ychydig o'r traciau. Unwaith eto, gwrthododd Dad wisgo'r clustffonau. Ond o'r diwedd, dechreuodd fwynhau ei hun – y gweddill ohonon ni oedd wedi blino.

'Dwi'n credu mai dyna'r cwbl, bawb. Os nad oes 'na ddim byd arall, gallwn ni orffen,' meddai Alex.

Roedd un gân roedden ni heb ei recordio ac i fi a Mam, roedd hi'n bwysig iawn bod hynny'n digwydd.

'Arhoswch funud, mae 'na un gân mae Dad yn ei chanu o hyd: "Here in my heart".'

'Iawn, ffwrdd â chi 'ta.'

Dechreuodd Dad ei morio hi.

Gallech chi fod wedi clywed pìn yn disgyn. Roeddwn i'n gallu gweld Alex a'r peiriannydd sain drwy'r gwydr yn edrych yn syn ar ei gilydd, wedi rhyfeddu.

'Ted, roedd hynna'n anhygoel,' meddai Alex.

O'r diwedd, roedd Dad wedi cyrraedd.

Pennod 20

Roedd hi wedi bod yn ddiwrnod anhygoel, ond roedden ni i gyd wedi blino. Roedd Dad yn ei fyd bach ei hun, a ninnau'n gallu synhwyro bod yr ymddygiad ymosodol ar fin dechrau eto. Dyma ni'n penderfynu rhoi'r gorau iddi a mynd i'r gwely.

Drannoeth aeth Mam, Dad a minnau ar y trên i Wednesbury. Roedd Mary, gwraig fy nghefnder, yn dathlu ei phen-blwydd yn 40 oed.

Cyn gynted ag y cyrhaeddon ni, daeth dau o ffans Dad ato a doedden nhw ddim yn fodlon gadael llonydd iddo fo. Roedd o'n cael amser gwych, ond roedd y llanw ar fin troi. Roeddwn i'n sgwrsio efo fy nghefnder pan ddaeth Mam ata i'n sydyn.

'Simon, alli di fy helpu i?'

Roeddwn i'n meddwl bod angen help arni i gario rhywbeth o'r bar, ond pan wnes i ei dilyn hi, gwelais i Dad yn bygwth Yncl Colin.

'Be sy'n digwydd, Dad?'

'Dwi'n dallt be maen nhw'n neud. Os ydyn nhw isio ffeit, mi ga'n nhw fynd â hi tu allan,' meddai, gan godi ei ddyrnau ar Colin.

Roedd Yncl Colin yn trio'i dawelu ond roedd Dad yn mynd yn fwy a mwy gwyllt. Llwyddon ni i'w gael o allan ac i mewn i'r car.

'Ty'd o'na, Dad. Mae'n bryd i ni fynd adref ac mi gawn ni baned o de,' meddwn i, yn eistedd yn y car.

'Mae'n ddrwg gen i'ch bod chi wedi gorfod ei weld o fel'na,' meddwn i, a chofleidio fy Yncl Colin.

Am eiliad, roedd o'n edrych fel petai ar fin crio.

'Paid â bod yn wirion. Mae o'n frawd i fi, dwi'n gallu delio efo'r peth,' meddai.

Roedd Dad yn gwenu ac yn codi'i law wrth i ni yrru i ffwrdd, fel petai dim byd wedi digwydd.

Roedd Yncl Colin ac Anti Brenda wedi bod yn gefn mawr i ni ers i Dad gael diagnosis o ddementia. Roedden nhw wastad yn gwneud yr amser i ddod fyny i Blackburn ac ymweld â Mam a Dad. I Mam, roedd byw efo 'nhad yn gallu bod yn anhygoel o unig, ac roedd ymweliadau Anti Brenda ac Yncl Colin yn seibiant o'r gwallgofrwydd.

Roedden nhw mor amyneddgar efo Dad a'i gyflwr, ac roedd hi'n anodd deall pam oedd o'n sydyn eisiau ymladd efo Yncl Colin, oedd mor ofalus ohono bob amser.

Ddydd Llun, ces i alwad ffôn gan Alex Van Ingen.

'Ydy'ch mam a'ch tad yn rhydd dydd Gwener i ddod i Abbey Road? Mi wnawn ni'r gwaith mastro yn y stiwdios a thynnu lluniau i'r wasg.'

A bod yn onest, roeddwn i'n hanner disgwyl i Alex ffonio a dweud nad oedd wir yn teimlo bod y recordiad wedi mynd cystal â hynny ac y byddai'n rhaid cael Dad yn ôl i recordio eto. Roedd clywed bod ganddyn nhw bopeth roedd ei angen arnyn nhw yn dipyn o sioc.

Erbyn dydd Mercher, roedd Decca wedi trefnu cyfarfod efo fi, y Gymdeithas Alzheimer, ac adran y wasg a'r cyfryngau nhw eu hunain, yn eu pencadlys yn ardal West Kensington i fynd drwy'r holl draciau roedden ni wedi eu recordio ac i drafod stori Dad.

Buon ni'n trafod pa ganeuon i'w rhyddhau fel sengl – gan lunio rhestr fer iawn, 'You make me feel so young' neu 'Quando, quando, quando'.

I fi, doedd rhyddhau 'Quando' fel sengl Dad ddim yn teimlo'n iawn. Byddai'n gwneud iddo ymddangos fel rhyw berfformiwr nad oedd o'n hollol o ddifri. Yn ffodus, roedd pawb arall yn cytuno. Penderfynwyd mai 'You make me feel so young' fyddai ar ochr A efo 'Quando, quando, quando' ar y llall.

Roedd y tîm eisiau cyhoeddi bod Dad wedi arwyddo efo Decca cyn gynted â phosib, a rhannu manylion archebu'r sengl ymlaen llaw cyn ei rhyddhau. Roedden ni'n barod amdani.

Ar ôl dod allan o'r cyfarfod, cerddais i ben draw'r stryd a ffonio Mam ar unwaith, wedi cyffroi'n lân. Roedd Dad yn mynd i ryddhau ei CD cyntaf efo label recordio flaenllaw. Roedd y peth yn wirion bost!

Cyrhaeddodd Mam a Dad o Blackburn nos Iau ac aethon ni i'r bwyty Libanaidd lleol, yn ôl ein harfer erbyn hynny.

Ar y dydd Gwener, roeddwn i'n meddwl y byddai'n wych gyrru Dad o gwmpas Llundain, ac yntau'n canu ei ganeuon ei hun. Felly gwnes i logi car a dechrau tua deg o'r gloch, ar ôl i'r traffig trymaf glirio. Doedd 'na ddim cynllun ble i fynd, ond roedd y gerddoriaeth yn chwarae a Mam a Dad yn mwynhau edrych allan drwy'r ffenest. Ond unwaith roedden ni'n agos at Balas Buckingham, dechreuodd Dad ganu 'Quando, quando, quando'. Ar un adeg, fel roedden ni'n pasio'r Palas, sylwodd gyrrwr tacsi yn y lôn nesaf arnon ni, pwyntio a gwneud siâp ceg, 'Fo 'di o?!' Y cyfan wnes i oedd nodio fy mhen, gwenu a dal ati i ganu.

Wrth i ni yrru i lawr ochr Parc St James, dyma ni'n cael ein dal mewn traffig araf, yn union fel roedd 'Quando' yn dechrau chwarae eto.

'O na,' meddyliais.

Er ein bod ni wedi gyrru o gwmpas drwy'r bore efo'r ffenestri ar agor, doeddwn i wir ddim eisiau'r sylw a ninnau'n llonydd mewn traffig a thwristiaid ym mhobman.

Ond roedd hi'n rhy hwyr. Roedd Dad yn ei morio hi eisoes, ac erbyn hyn roedd o'n llythrennol hanner ffordd allan drwy'r ffenest yn canu, yn mwynhau ei hun yn arw. Eisteddais innau'n edrych yn syth ymlaen, yn synhwyro bod pobl yn edrych.

'O 'rarglwydd! Maen nhw'n tynnu'n lluniau ni,' meddai Mam.

Roeddwn i'n teimlo cywilydd mawr, ond mae'n rhaid i fi gyfaddef, roedd o'n teimlo'n eitha cyffrous ar yr un pryd. Erbyn hynny, mae'n rhaid bod 'na griw o ryw ugain o bobl mewn grŵp, yn gwrando ar Dad yn canu.

Wrth i ni symud yn ara' deg ar hyd y ffordd, y gân nesaf a ddaeth ymlaen oedd 'You make me feel so young'. Fel arfer, roedd Dad yn mynd amdani. Mae'n rhaid eu bod nhw'n meddwl ein bod ni wedi dianc o'r syrcas.

Ymhen hir a hwyr, dechreuodd y traffig symud. Erbyn hyn, roedd yna grŵp o dwristiaid yn sefyll wrth y goleuadau traffig ar fy ochr i o'r car. Wrth i ni basio, dyma un o'r dynion yn gweiddi, 'Y *Songaminute Man*!' wrth i ni yrru i ffwrdd.

'Alla i ddim credu hynna,' meddai Mam. 'Roedden nhw'n gwbod pwy oedd o.'

Ar ôl cinio, aethon ni i stiwdios Abbey Road mewn tacsi. Doedd gan Dad ddim syniad ble roedden ni'n mynd na pham, ond roedd o yn ei hwyliau ac yn edrych ymlaen.

Roedd Alex yn aros amdanon ni yn y dderbynfa efo llond dwrn o ffotograffwyr a chriw ffilmio. Dyma ni'n tynnu ychydig o luniau ar y grisiau blaen, efo copi bras o glawr sengl Dad.

Yna i lawr â ni i'r groesfan sebra, gan drio ail-greu clawr record enwog y Beatles. Roedd hi fel corlannu cathod. Nid yn unig roedd traffig Llundain yn ein herbyn ni, y cyrn yn canu a gyrwyr yn gweiddi arnon ni i fynd o'r ffordd, ond doedd gan Dad ddim syniad pam oedd rhaid i ni stopio ar ganol y groesfan. Yn lle aros, roedd o'n helpu twristiaid eraill i groesi'r ffordd, gan ymddwyn fel dyn lolipop. Dwi'n credu ar un adeg ei fod hyd yn oed yn cerdded fraich ym mraich efo rhyw hen wreigan. Anhrefn llwyr.

Maes o law, cawson ni dacsi i dafarn i gael tamaid i'w fwyta. Gwnaethon ni eistedd yn y cefn ac archebu ychydig o fwyd, ond roedd Dad yn ddig ar unwaith am ei fod yn eistedd yn y gornel a 'ddim yn wynebu'r gynulleidfa', criw o bobl oedd yn bwyta'u cinio. Maes o law, dyma'r dyn oedd yn eistedd gyferbyn â fi yn dal fy llygad.

'Fo 'di o?' gofynnodd.

'Ia,' atebais innau efo gwên.

'O'n i'n meddwl!' meddai. Trodd at weddill ei fwrdd, a dweud,

'Y *Songaminute Man* 'di o!' cyn tynnu ei ffôn allan a dangos y fideo i bawb ar ei fwrdd.

Dechreuodd Dad siarad â phawb ar y bwrdd fel petaen nhw'n blant. 'Helô! A be ydy'ch enwau chi?'

Roedden nhw i gyd yn oedolion. Doedd gen i ddim syniad beth oedd yn digwydd ym meddwl Dad ar hyn o bryd. Ar un adeg, roedd o'n dweud ei fod o'n gallu gweld band – roedd y drychiolaethau wedi dechrau. Wedi i ni orffen ein bwyd, aethon ni'n ôl i'r fflat yn Borough. Roedd hi wedi bod yn ddiwrnod da.

Ond drannoeth, a minnau wedi bod yn y gampfa ers rhyw ugain munud, ces i neges ar fy ffôn: 'Ty'd adre gynta' fedri di. Mae o isio mynd.'

O mowredd! Doeddwn i ddim angen hyn. Rhuthrais yn ôl adref a dyna lle roedd Dad, yn agor a chau drysau, yn trio mynd allan o'r fflat. Roedd Mam yn fy llofft i, a'r dagrau'n powlio. 'Be ddiawl sy 'di digwydd?'

'Dwi'm yn gwbod, mi wylltiodd o'n sydyn,' meddai.

'Gad i fi fynd allan! Cadwa fi oddi wrth Y DDYNES 'NA. Alla i mo'i diodde hi.'

'Wel, ble ti'n mynd, Dad?'

'Wednesbury.'

'Ond pam? Ry'n ni yn Llundain ac roedden ni isio treulio amser efo ti.'

Daeth yn syth tuag ata i, ei wyneb yn fflamgoch mewn tymer.

'Mae gen i FILOEDD o ferched yn aros amdana i yn Wednesbury. Maen nhw i gyd yn ciwio i fyny i 'ngweld i yn y Cora. Rhaid i fi fynd 'nôl.'

'Dad, aros! Ry'n ni yn Llundain a'n fflat i 'di hon.'

'Dwi'm yn poeni lle ry'n ni. Gad i fi fynd allan, dwi angen dal y bws.'

'Iawn – dau funud ac af i â ti.'

'Cadwa draw oddi wrtha i, neu mi waldia i di.'

Dyna'r peth olaf roeddwn i ei angen.

Mi wnes i adael i Dad fynd allan o'r fflat ac aros ychydig eiliadau cyn ei ddilyn.

'Cadwa draw oddi wrtha i, dwi'n 'i feddwl o. Mi wna i dy waldio di.'

'Ty'd o'na, Dad – gad i ni fynd am dro a chael paned o goffi.'

'Pam wyt ti'n 'y nilyn i? Cer 'nôl ati hi a gneud be bynnag 'dach chi'n ei neud. Dwi'n mynd yn ôl i Wednesbury.'

'Dad, ry'n ni yn Llundain.'

'Ydyn ni? Iawn! Wel, dwi'n mynd 'nôl 'ta. Mae gen i FILOEDD o ferched yn aros amdana i. Mae'r lle yma fel tre-din.' Ac i ffwrdd â fo.

'Dad, ty'd o'na. Fi sy' 'ma, Simon, dy fab di.'

'Dio'm ots gen i pwy wyt ti na be rwyt ti'n neud. Cadwa draw oddi wrtha i, neu mi dorra i dy ddwy goes di.'

Beth bynnag byddwn i'n ei ddweud, doedd dim byd yn tycio. Gadewais iddo fo ruthro i ffwrdd i lawr y stryd a chadw llygad arno o bell, gan edrych arno'n penderfynu pa ffordd i fynd. Yna daeth yn ôl ar hyd y stryd, yn siarad yn gynddeiriog efo fo'i hun.

Roedd Mam a Dad yn mynd adref i Blackburn y prynhawn hwnnw ac roeddwn i'n ofni'n fawr na fyddai wedi tawelu erbyn hynny.

Roedd gwylio Dad yn gynddeiriog ac ar goll yn brofiad erchyll. Pwy bynnag roedd o'n meddwl roeddwn i ar y pryd, roedd o'n fy nghasáu i â chas perffaith. A Mam. Roedd yn ferw o gynddaredd pur.

Felly dyna lle roedden ni. Dad yn taranu ar hyd strydoedd Borough, heibio twristiaid yn mynd i Farchnad Borough, a Llundeinwyr oeraidd, yn dweud wrth bobl am 'fynd o'r blydi ffordd', a minnau'n rasio ar ei ôl o, yn ymddiheuro.

Mi wnes i ddal i fyny ag o yn y diwedd a thrio rhesymu efo fo eto fyth.

'Dad, wyt ti'n chwilio am y bws?'

'Ydw.'

'Wel, beth am i ni fynd 'nôl i'r fflat a chael paned o de ac mi af i â ti at y bws wedyn?'

'Iawn 'ta. Ond gwna'n siŵr ei bod hi'n cadw draw oddi wrtha i.'

Mi wnes i lwyddo i'w gael o'n ôl i'r fflat, a gwneud paned o de.

'Mae rhwbath yn bod arni hi. Mae hi'n ei cholli hi. Dwi'm yn dallt be sy. Dwi'n gneud popeth i'w phlesio hi...'

'Efallai fod hi ddim yn teimlo'n dda.'

'Wyt ti'n meddwl?'

'Pam na wnei di fynd yn ôl i mewn i weld os ydi hi'n iawn?'

Roedd Mam yn dal i fod yn fy llofft i. Roedd ei hwyneb yn goch ar ôl crio cymaint. Roedd hi'n gwisgo ei dillad gorau am ei bod hi yn Llundain, ond roedd golwg wedi torri'n llwyr arni hi. Roedd yn olygfa erchyll.

'Ty'd o'na. Pam na wnei di ofyn ydi hi isio paned o de?'

'Iawn 'ta.'

Cododd Dad o'r soffa a mynd i'r llofft.

Mi wnes i ei glywed yn gofyn, 'Be sy'n bod arnat ti?'

Mi wnes i adael llonydd iddyn nhw. Roeddwn i'n gwybod ei fod yn llawer tawelach erbyn hyn. Roedd ei gynddaredd wedi mynd, a'r cyfan oedd yn bwysig oedd gwneud yn siŵr bod Mam yn iawn.

'Ydych chi'ch dau'n iawn?' Roedden nhw wedi bod yn siarad yn dawel am sbel, ond roeddwn i angen gweld eu bod nhw'n iawn.

Roedd braich Dad o gwmpas Mam, a'r ddau'n cofleidio ar y gwely.

'Ydych chi isio paned o de?'

'Syniad da, Sime. Sgen ti gacen o gwbl?'

Roedden nhw'n iawn.

Ond doeddwn i ddim. Roeddwn i wedi cael llond bol, ac yn gwbl ddiegni. Yr unig beth roeddwn i ei eisiau oedd i'r ymddygiad ymosodol a'r gweiddi ddod i ben. Pwy yn ei iawn bwyll fyddai'n dioddef yr holl ddrama rownd y ril? Y cyfan roedd gen i'w roi i unrhyw un oedd straen. Byddwn i'n mynd drwy Facebook a gweld cannoedd o luniau o bobl ar wyliau yn Mykonos neu Ibiza, gan gynnwys fy nghyn-gariad, a golwg arno fel petai'n cael amser i'r brenin. Dim ond gwaethygu'r teimladau o rwystredigaeth oedd hynny. Roeddwn i'n teimlo'n hollol ar fy mhen fy hun.

Eisteddais ar y soffa a syllu ar y wal.

Y prynhawn hwnnw, wrth i Mam a Dad bacio'u cesys i fynd yn ôl i Blackburn, daeth Mam i mewn i'r lolfa.

'Be sy'n bod arnat ti?' gofynnodd Mam.

'Dim byd,' meddwn i, gan syllu ar fy ffôn a darllen ffrwd newyddion Facebook.

'Be sy'n bod? Rwyt ti'n edrych yn agos at ddagra'.'

'Wir rŵan, dim byd. Wedi blino, dyna i gyd. Roedd ddoe mor brysur.'

'Ty'd o'na – be sy'n bod?'

'Dwi wedi cael llond bol.' Dyma fi'n claddu fy mhen yn fy nwylo. Daeth Mam i eistedd wrth fy ymyl.

'Be sy 'di digwydd? Pam wyt ti wedi ypsetio gymaint?'

'Pob dim.'

'Be ti'n feddwl?'

'Pob dim. Edrycha arnon ni. Edrycha arna i. Dwi'n 40. Dwi'n sengl. A hyn. Hyn i gyd. Pwy yn ei iawn bwyll fyddai isio dim byd i'w neud efo hyn?'

'Ty'd o'na, mae gen ti gymaint o dy blaid di. Rwyt ti'n dal i fod yn ifanc. Mae gen ti synnwyr digrifwch da. Rwyt ti'n olygus. Mae gen ti dy fflat dy hun,' meddai Mam, gan raffu unrhyw beth positif i drio gwneud i fi deimlo'n well.

'Ond pwy fyddai isio dim i'w neud efo hyn? Fyddai neb yn ei iawn bwyll isio bod mewn perthynas efo fi ar ben hyn i gyd...' Roedd hi'n teimlo fel petai popeth yn disgyn yn ddarnau. Fyddwn i byth yn gallu cyflwyno partner i Mam a Dad heb i'r gwallgofrwydd amharu ar hynny. A bod yn onest, y cyfan roeddwn i eisiau'r eiliad honno oedd gwybod y byddai 'na rywun yno i fi; rhywun a oedd yn gwybod sut beth oedd bod yng nghanol y sefyllfa hurt yma; rhywun fyddai'n dweud, 'Dwi'n gwbod bod hyn yn gachlyd, ond dwi yma i ti beth bynnag sy'n digwydd.' Ond doedd 'na ddim.

Mi wnes i ordro tacsi a chafodd Mam a Dad eu cludo i orsaf bysiau Victoria.

Roeddwn i wedi rhoi rhybudd fy mod i'n gadael fy ngwaith gan fod pethau mor anodd gartref. Y bwriad oedd symud yn ôl i Blackburn am gyfnod a chael swydd dros dro er mwyn gallu helpu Mam gartref efo Dad.

Ychydig a wyddwn i fod bywyd ar fin newid mewn ffordd fwy trawiadol fyth.

Yn ystod fy wythnos olaf yn y gwaith, roeddwn i dan straen, yn trio gorffen fy nodiadau trosglwyddo ac ymateb i negeseuon ar dudalen Facebook Songaminute. Roedd cannoedd o sylwadau a negeseuon yn dal i ddod i mewn bob dydd, ac roeddwn i'n trio creu gwefan Dad cyn i'r datganiadau i'r wasg fynd allan ddydd Gwener. Roeddwn i wrthi bob nos bron, yn trio cael trefn ar y wefan efo cysylltiad rhyngrwyd poenus o araf. Roeddwn i wedi blino'n lân, ond roeddwn i'n gwybod bod rhaid i fi ddal ati gan mai dyma unig gyfle Dad.

Un noson, roeddwn i'n sgwrsio ar-lein gyda'r gwe-letywr, yn trio datrys y broblem efo'r wefan. Dyma pwy bynnag oedd yn sgwrsio efo fi o'r gwasanaeth cymorth i gwsmeriaid yn stopio'n sydyn, a dweud ei fod wedi gwylio pob un o'r fideos a'i fod yn meddwl eu bod nhw'n wych.

Dydd Iau oedd fy niwrnod olaf yn gweithio yn y pencadlys yn Barkingside. Roedd hi'n adeg ffarwelio â'r tîm. Erbyn hyn, roedd y rhan fwyaf o bobl yn yr adeilad yn gwybod bod Dad yn rhyddhau sengl. Daeth pobl ata i drwy gydol yr wythnos honno, a dweud eu bod nhw'n mynd drwy'r un peth yn union â ni. Roeddwn i'n teimlo'n hynod o wylaidd wrth feddwl nad oedd yr holl bobl yma a fu'n gyd-weithwyr i fi wedi sôn gair am yr hyn oedd yn digwydd yn eu cartrefi nhw eu hunain, ond eu bod nhw bellach wedi penderfynu rhannu eu stori efo fi.

Dyma fi'n ffarwelio a chamu allan drwy'r drws. Yna clywais sŵn bangio ar y ffenestri. Roedd y tîm cyfan yn tynnu lluniau ac yn codi llaw arna i.

'Wyt ti'n enwog neu rywbeth?' meddai rhyw wraig wrth iddi ddod allan o'i char.

'Ddim o gwbl. Ond mae fy nhad i,' meddwn i, a cherdded i ffwrdd.

Wrth i fi gerdded tuag at orsaf danddaearol Barkingside am y tro olaf un, ces i alwad ffôn gan swyddfa'r wasg, cwmni Decca.

'Simon, allwch chi wneud cyfweliad sydyn efo'r *Times* cyn gynted ag y gallwch chi? Eitem newyddion bach fydd o, ond mae angen dyfyniadau arnyn nhw.'

'Wrth gwrs.'

'Iawn. Mae popeth yn barod. Mae'r datganiadau i'r wasg i gyd wedi cael eu hanfon allan. Sut olwg sy ar y wefan?'

'O, iawn. Bydd hi'n fyw yn ddiweddarach heddiw.'

Roeddwn i'n rhaffu celwyddau. Roedd problemau lu efo'r cwmni gwe-letya, yn ogystal â thrafferthion cysylltu'r enw â'r wefan.

'Os bydd angen unrhyw beth arnoch chi, ffoniwch fi, ond dylai popeth fod yn iawn.'

'Iawn.'

Tua hanner awr wedi saith, gwnes i gyfweliad dros y ffôn efo'r boi o'r *Times* – cymerodd hynny lawer mwy o amser nag roeddwn i wedi ei ddisgwyl, ac roedd cael y wefan i weithio yn gwasgu arna i.

Bues i'n gweithio tan berfeddion yn trio cael trefn ar y wefan, yn lanlwytho copi, tagio fideos YouTube a gwneud yn siŵr bod yr holl ddolenni yn gweithio.

Roeddwn i'n dal i fod heb gael manylion gan Decca am ble gallai pobl brynu'r sengl. Fel roeddwn i'n mynd i'r gwely, gwelais y negeseuon yn dechrau cyrraedd ar y dudalen.

'Llongyfarchiadau ar y cytundeb recordio! Ble gallwn ni brynu'r sengl?' medden nhw.

Roedd pobl wedi gweld y newyddion yn barod. Gwnes i chwiliad cyflym ar Google a gweld bod y *Daily Mail* eisoes wedi cyhoeddi'r newyddion. Doedd dim byd allwn i ei wneud, y tu hwnt i weddïo y byddwn i'n cael y dolenni gan Decca ben bore.

Y noson honno, chysgais i fawr ddim. Roeddwn i'n deffro o hyd er mwyn edrych ar fy ffôn. Roedd y newyddion bod Dad wedi cael ei arwyddo gan gwmni recordiau yn gyhoeddus, ac roedd negeseuon wedi dechrau llifo i'r dudalen.

Roeddwn i wedi codi a chael cawod erbyn saith o'r gloch fore trannoeth. Anfonodd fy ffrind Rob neges WhatsApp ata i.

'Simes, rwyt ti ym mhobman ar y BBC!'

Roeddwn i dan ormod o straen i drafferthu ateb hyd yn oed.

Am hanner awr wedi wyth, ces i alwad ffôn gan Decca.

'Ry'n ni wedi cael ymateb gwych i'r datganiad i'r wasg hyd yma. Sut mae hi arnoch chi o ran trefnu cyfweliadau heddiw? Mae 'na un neu ddau ar y gweill, os hoffech chi eu gneud nhw.'

'Iawn – dim problem.'

'Gwych. Fyddan nhw ddim yn cymryd llawer o amser, rhyw bum munud ar y mwyaf.'

Wrth i fi adael y fflat, ces i neges gan Nick: 'Si, wyt ti wedi gweld y papurau?'

'Naddo.'

'Edrycha arnyn nhw! Gwna'n siŵr dy fod ti'n prynu'r *Times*.'

Rhedais i Sainsbury's ar stryd fawr Borough a phrynu copi, gan ddisgwyl eitem newyddion bach am sengl Dad. Wrth agor y dudalen flaen, gwelais fod tudalen tri wedi ei neilltuo'n llwyr i stori Dad.

'O mam bach!' ebychais.

Doeddwn i ddim yn gallu credu'r peth. Tudalen tri! Y *Times*!

Erbyn i fi gyrraedd yn ôl i'r fflat, roedd criw newyddion o Channel 5 yn aros wrth y gatiau. Fel roedden nhw'n gadael, roedd criw BBC News yn cyrraedd. Wrth iddyn nhw baratoi, roeddwn i'n gwneud cyfweliadau radio ar gyfer LBC yna Radio 5. Es i o'r naill gyfweliad i'r llall drwy'r dydd. Roeddwn i'n llawn cyffro ond wedi blino, ac roedd gen i ddolur annwyd anferth ar fy ngwefus uchaf.

Roedd rhywun o Decca wedi dod draw i helpu i gael trefn ar bopeth. 'Dwi erioed wedi profi dim byd fel hyn,' meddai. 'Does dim byd tebyg i hyn wedi digwydd o'r blaen, mêt.'

Erbyn y prynhawn, roeddwn i'n darlledu'n fyw o'r lolfa i sioe newyddion amser brecwast CTV yng Nghanada. Wedi hynny, roedd 'na gyfweliad efo Nina Nannar ar ITV ac yna Sky News.

Tua phump o'r gloch, roeddwn i'n cael fy ngyrru i stiwdio newyddion Channel 5. Roedd gen i ddau gyfweliad radio i ddod. Erbyn hyn, doedd gen i ddim syniad efo pwy oedden nhw. Roedd fel bod yng nghanol corwynt, ond doedd gen i ddim dewis ond dal ati. Dyma oedd cyfle olaf Dad i wneud enw iddo'i hun, a doeddwn i ddim eisiau colli'r un cyfle.

Pan gyrhaeddais i'r stiwdios newyddion, dechreuais i deimlo'n sâl. Doeddwn i ddim wedi bwyta'n iawn drwy'r wythnos, ac roeddwn i wedi bod ar fy nhraed y rhan fwyaf o'r nosweithiau olaf yn trio cael trefn ar y wefan cyn i'r datganiad i'r wasg fynd yn fyw. Eisteddais i lawr yn yr ystafell werdd efo'r cyflwynydd newyddion a gweddill y criw cynhyrchu. Er gwaetha'r coffi, roeddwn i'n teimlo'n doman o chwys – y math o chwysu sy'n digwydd ychydig cyn i chi chwydu. Doeddwn i ddim yn gallu dal rhagor, felly i ffwrdd â fi i'r toiledau i chwydu, a dim byd ond coffi yn dod i fyny. Sut roeddwn i'n mynd i allu gwneud hyn?

Yn ôl â fi i'r ystafell werdd a gwneud paned arall o goffi efo pedair llwyaid o siwgr. Roedd pawb yn gofyn cwestiynau am Songaminute a Dad. Roeddwn i mewn perlewyg llwyr. Y munud nesaf, roeddwn i'n cael fy hebrwng i'r stiwdio. Sgwrs sydyn oedd hi, wedyn roeddwn i oddi ar yr awyr.

Mi wnes i ddal trên yn ôl i Blackburn y noson honno, a hynny'n golygu 'mod i heb weld y newyddion am ddeg o'r gloch. Roedd Mam a Dad yn y lolfa yn cael paned o de.

'Wnaethoch chi ei wylio fo?'

'Naddo, dydyn ni ddim wedi gweld dim byd,' meddai Mam.

Mewn ffordd, roeddwn i'n falch. Doeddwn i ddim eisiau i Dad weld ei wyneb ar y teledu yn ddirybudd. Roedd yn ddigon dryslyd fel roedd hi, a doeddwn i wir ddim eisiau gwneud dim byd a allai ei ddrysu ymhellach.

Mi wnes i drio egluro beth oedd wedi digwydd y diwrnod hwnnw, ond doedd Mam ddim wir yn deall pa mor wyllt buodd hi efo'r holl gyfweliadau. Roedden nhw wedi bod allan yn siopa yn Blackburn y prynhawn hwnnw, a chael cinio yng nghaffi Muffins fel arfer.

Cyn mynd i'r gwely, es i i'r llofft a chwilio am adroddiad ITV News ar y gliniadur.

Dyna lle roedden ni: hanes sut roedd hyn i gyd wedi digwydd. Fi a Dad yn canu yn y car. Y daith i Abbey Road. Pam wnes i benderfynu codi pres ar gyfer yr Alzheimer's Society. Y cyfan mewn pecyn dwy funud ar gyfer y newyddion cenedlaethol. Eisteddais yno'n dawel, yn llygadrwth.

'Dydy fy nhad i ddim wedi diflannu'n llwyr. Mae o'n dal i fod yno. Mae o'n dal i fod yn dad i fi. Mae o'n dal i fod yna tu mewn. Mae'r cyfan fymryn yn ddryslyd, dyna i gyd...'

I feddwl bod hyn i gyd yn digwydd a doedd gan Dad ddim syniad. Roeddwn i'n teimlo cymysgedd o falchder ac euogrwydd. Stori Dad oedd hon, ond doedd o ddim yma i'w hadrodd hi. Nid fi ddylai fod yn cael ei gyf-weld – roeddwn i'n teimlo fel twyllwr.

Mi wnes i glicio ar adroddiad newyddion Channel 5 ar YouTube.

'Pan gafodd y fideos o Ted McDermott, 80 oed, yn canu yn y car eu postio ar-lein, daethon nhw'n enwog ar y rhyngrwyd. Prin mae Ted, sy'n byw gyda chlefyd Alzheimer, yn adnabod ei fab Simon bellach, ond mae'n dal i gofio geiriau pob un o'i hoff ganeuon,' meddai'r gohebydd.

Unwaith eto, roedden nhw'n dangos clipiau o Dad yn Abbey Road yn canu ei sengl, a fi a Dad yn canu wrth yrru o gwmpas dyffryn afon Ribble.

Erbyn hyn, roeddwn i'n eistedd yn yr ystafell sbâr, gyda bocsys o 'nghwmpas i ym mhobman, a'r dagrau'n powlio. Roedd yn teimlo fel gwylio ffilm.

'Mae hyn yn ei wneud o'n hapusach. Pan fyddwn ni'n gyrru a dwi'n edrych arno fo, dwi'n gallu ei weld o'n gwenu. Felly dwi'n teimlo – mae o'n hapus – a dyna'r peth pwysicaf,' dywedais wrth y gohebydd.

Daeth yr adroddiad i'w ddiweddglo: 'Roedd bob amser yn breuddwydio am fod yn enwog. Er bod ei gof yn pylu, mae Ted McDermott wedi llwyddo i wireddu'r freuddwyd honno.'

Eisteddais i lawr a chrio wrth i drychineb y sefyllfa fy nharo. Roedd dagrau chwerw-felys yn llifo i lawr fy wyneb wrth i fi eistedd mewn distawrwydd yn meddwl am y misoedd diwethaf. Doeddwn i ddim yn poeni faint o bobl fyddai'n prynu'r sengl. O'm rhan i, roedd o wedi ei gwneud hi, wedi llwyddo, hyd yn oed os mai dim ond un copi fyddai'n cael ei werthu. Roedd o wedi cael rhyddhau record o'r diwedd. Caeais y gliniadur a mynd i'r gwely.

Epilog

'Sut mae'ch tad?' gofynnodd Carol Vorderman pan gerddais ar y llwyfan.
'Mae o'n iawn, diolch,' atebais innau.

Y gwir oedd, roedden ni newydd fod drwy wythnosau ofnadwy. Ar ôl i fi symud yn ôl i Blackburn ddechrau mis Hydref, roedd ymddygiad ymosodol Dad wedi mynd o ddrwg i waeth. Ers i'r clociau fynd yn ôl ac iddi ddechrau tywyllu'n gynharach, byddai'n aml ar ei draed drwy'r nos, yn tynnu pethau allan o gypyrddau dillad, o ddroriau, yn cau drysau'n glep, yn troi'r goleuadau ymlaen ac yn eu diffodd rownd y ril. Roedd y cyfan yn lladdfa, a Mam oedd yn cario pen trymaf y gwaith fel arfer.

Yn gynnar ym mis Medi, roeddwn i wedi cael gwybod bod Dad a fi wedi cael ein henwebu am Wobr *Pride of Britain*, ond roedd cymaint wedi bod yn digwydd (gadael fy fflat, symud i fyny'r gogledd) fel nad oeddwn yn sylweddoli'n iawn beth oedd wedi digwydd nes i Lynn – gwraig fy nghefnder – a minnau gerdded ar hyd y carped coch i westy Grosvenor House yn Llundain. Roedden ni wedi'n hamgylchynu gan y wasg, camerâu teledu, enwogion a ffans; dyna beth oedd gwallgofrwydd llwyr.

Y penwythnos wnes i adael Blackburn i fynd i'r seremoni wobrwyo, roedd Dad mewn hwyliau ofnadwy. Dwi ddim yn meddwl bod Mam na fi wedi cysgu'n iawn ers dyddiau. Y bore roeddwn i'n gadael, ar ôl dweud wrth Dad 'mod i'n mynd i Lundain, taflodd o fy nghês i drwy'r drws ffrynt, yn llythrennol, a dweud 'Cer i'r diawl 'ta. Allai i ddim dy ddiodda di. A cher â hon efo ti!'

Roedd hyn yn amlwg wedi ypsetio Mam, felly dyma fi'n dweud y byddwn i'n aros y tu allan ac yn galw tacsi i atal unrhyw ofid pellach. Gan afael yn fy nghês, doedd dim amdani ond eistedd ar garreg y drws yn aros i'r tacsi gyrraedd. Roedd hi'n fis Tachwedd a minnau'n rhynnu, ffordd anaddas iawn o ddathlu cael eich gwahodd i ddigwyddiad mawr y flwyddyn ar y teledu.

Ar y trên, roeddwn i'n syllu drwy'r ffenest yn trio deall pam oedd o fel petai yn fy nghasáu i gymaint y bore hwnnw. Roedd meddwl fy mod i ar fin mynd i nôl gwobr ar ei ran dan y fath amgylchiadau wedi fy ypsetio i'n lân.

Yn sydyn, ces i alwad ffôn gan Mam.

'Simon, mae dy dad yma ac mae o isio siarad efo ti...' meddai.

Codais ar fy nhraed a cherdded allan o gerbyd y trên er mwyn i fi allu siarad yn iawn.

'Sime?'

'Dad? Wyt ti'n iawn?'

'Simon? Ble ti'n mynd?'

'Llundain. Be ti'n neud?'

'O, da iawn. Roedd dy fam yn deud dy fod ti'n mynd i ffwrdd neu rywbeth?'

'Ydw, dwi ar y trên...'

Dechreuodd Dad chwerthin yn nerfus.

'Roeddwn i'n meddwl mai rhywun arall oeddet ti. Wyddwn i ddim mai ti oedd 'na...' dywedodd gan chwerthin.

Roedd fy mys i yn un glust wrth i fi drio gwrando arno fo. Roeddwn i'n gallu dweud ei fod wedi ypsetio.

'Mae rhywbeth yn bod ar fy mhen i a dwi'n drysu weithiau. Dydw i ddim yn flin efo ti. Ond... roeddwn i'n meddwl mai rhywun arall oeddet ti.'

Allwn i ddim credu fy nghlustiau – dyma'r tro cyntaf iddo fo gydnabod erioed bod rhywbeth yn bod arno fo.

'Dad, mae'n iawn. Paid â phoeni am y peth...'

'Ti'n gwbod 'mod i a dy fam yn ofnadwy o falch ohonat ti. Ti sy' fwya' pwysig i ni ac ry'n ni'n dy garu di...'

Unwaith y dywedodd o hynny, dechreuodd y dagrau. Prin y gallwn i siarad. Dyma'r dyn a oedd, awr ynghynt, yn fy ngalw i'n dwat ac yn trio fy ngwthio i allan o'r tŷ. Rŵan roedd o'n dweud ei fod o'n falch ohona i. Storm o emosiynau go iawn.

'Dad, dwi'n falch iawn ohonat ti hefyd. Ti'n gwbod 'mod i'n dy garu di...'

'Dwi'n gwbod bod ti. Dal y lein, siarada efo dy fam...'

Daeth Mam ar y ffôn.

'Mae o wedi ypsetio'n arw ers i ti fynd. Ac yn crio...'

'O, Mam, dwi'n poeni cymaint amdanoch chi'ch dau.'

'Paid â phoeni, mwynha dy benwythnos. A deuda helô wrth Lynn a Nick a phawb...'

Erbyn hyn, roedd Dad a fi wedi codi tua £130,000 i'r Alzheimer's Society. Cafodd yr arian ei ddiogelu fel y byddai'r cyfan yn mynd i helpu i ariannu'r llinell gymorth dementia genedlaethol i helpu pobl eraill fel ni. Pryd bynnag y byddwn i'n mynd â Dad allan i Tesco, byddai rhywun yn ei adnabod. Roedd wrth ei fodd yn siarad â phobl, felly byddai'n sgwrsio'n braf am hydoedd. Ar ôl un ymweliad, mae'n rhaid bod tua chwech neu saith o bobl wedi dod i siarad â ni. Wrth i fi ei yrru allan o faes parcio Tesco wedyn, trodd o ata i a dweud: 'Wel, roeddwn i'n gwbod 'mod i'n boblogaidd, Sime, ond feddyliais i ddim 'mod i mor boblogaidd *â hynny...*'

Roeddwn i'n teimlo fel miliwnydd. Petai ond wedi gallu deall yn iawn beth oedd wedi digwydd yn ystod yr wythnosau diwethaf.

Cyrhaeddodd y sengl rif 3 yn siartiau iTunes, ond ar ôl cynnwys chwarae drwy ffrydio, cafodd y sengl ei gwthio i lawr i rif 43 yn y siartiau swyddogol. Dyma ni'n penderfynu lansio ymgyrch ariannu torfol i wneud albwm Dad, efo pobl yn talu £12.99 ymlaen llaw i helpu i ariannu'r broses o'i gynhyrchu, ac yn derbyn copi o'r CD maes o law yn gyfnewid am hynny. Gwnaethon ni lwyddo i greu albwm. Gwnaeth cerddorfa lawn ailrecordio rhai o draciau cefndir Dad, ac roedden nhw'n swnio'n anhygoel. Mae'n dal i deimlo fel breuddwyd, yn enwedig pan fyddwn ni'n meddwl am y dyddiau tywyll hynny ychydig fisoedd ynghynt.

Roeddwn i'n dal i boeni faint dylai Dad gael gweld rhai o'r adroddiadau ar y teledu. Ond gwyliodd sioe *Pride of Britain*, gan ddweud wrth Mam yn llawn cyffro: 'Mae hwnna'n edrych yn debyg i Simon ni.' Ond ddeng munud yn ddiweddarach, roedd y cyfan wedi mynd yn angof. Nawr ac yn y man, mae'n fy nghyflwyno i Mam fel y dyn a fu'n gyfrifol am ei wneud yn Ganwr Gorau Prydain. (Teitl a roddwyd iddo gan y Frenhines, mae'n debyg.)

Un noson, gwnaethon ni adael i Dad wrando arno'i hun ar raglen *Clare Teal* ar BBC Radio 2. Sgwrsio am hanes ei fywyd oedden nhw, yn ogystal â chwarae rhai o'i hoff ganeuon. Wna i byth anghofio'r noson honno. Roedd Mam wedi paratoi te, a ninnau'n eistedd yn y lolfa. Roedd Dad wrth fy ochr i. Wrth iddo wrando, roeddech chi'n gallu ei weld yn sylweddoli beth oedd yn digwydd. 'Sôn amdana i maen nhw! Fi 'di hwnna!'

Roeddwn i'n gwenu y tu mewn.

'Mae'n rhaid i ni fynd i Lundain!' cyhoeddodd.

Mae Dad hefyd yn dweud wrth bobl yn rheolaidd am ei daith i Lundain a chanu efo cherddorfa. Ond mae'r cyfan yn gymysglyd iawn. Mae'n aml yn dweud stori am ddod oddi ar fws yn Llundain, troi i'r dde, mynd i lawr ychydig o risiau, canu i mewn i beiriant yn y wal, teipio rhif i mewn a dyrneidiau o bres papur yn dod allan. 'Am neud dim byd ond canu!' meddai. Hen dro na fyddai hynny'n wir. Ond beth oedd wedi digwydd oedd bod ei feddwl wedi cyfuno mynd i beiriant twll yn y wal efo'i amser yn recordio ei sengl efo'r gerddorfa. Mae'n dweud byth a hefyd, 'Y tro nesa' byddi di'n mynd i Lundain, Sime, gwna'n siŵr dy fod ti'n cadw llygad ar agor am y peiriant 'na!'

Rydyn ni wedi cael miloedd o negeseuon o bob cwr o'r byd – yn rhoi cyngor, rhannu straeon neu ddim ond yn holi sut hwyl sy arnon ni i gyd. Mae meddwl bod pobl wedi neilltuo amser yn eu bywydau prysur i gysylltu yn gwneud i fi deimlo mor wylaidd. A phan dwi'n dweud miloedd, dwi'n golygu miloedd – mae wedi bod yn amhosib ateb pawb. Ond gwnaeth y straeon hynny, yn croesi ei gilydd blith draphlith o wahanol gorneli o'r blaned, chwalu waliau ein carchar ni – mae'n rhyfedd meddwl pa mor unig roedden ni'n teimlo, ddim ond ychydig flynyddoedd yn ôl. Wrth gwrs, rydyn ni wedi cael llond llaw o feirniaid – pobl sy'n dweud ein bod ni'n ecsploetio Dad, 'bod y mab yn gneud hyn er ei fwyn ei hun.' Mae'n dangos cyn lleied maen nhw'n ei ddeall. Os na fyddai ei gerddoriaeth gan Dad, os na fyddai ei ganu gan Dad, byddai mewn lle tywyll iawn. Cerddoriaeth yw ei angerdd – a dyna sy'n ei gadw i fynd o'r naill ddiwrnod i'r llall. Efallai nad yw'n deall yn iawn ei fod wedi gwneud albwm na pham mae pobl eisiau tynnu lluniau ohono, ond mae'n mwynhau pob munud ohono. Ac i ni, dyna ydi'r peth pwysicaf. Y dewis yw naill ai Dad yn eistedd mewn cadair drwy'r dydd ac yn gwylio'r teledu, neu'n treulio'r diwrnod efo'i recordiau, yn canu ei ganeuon ac yn cynllunio beth fydd o'n ei ganu ar lwyfan. Dwi'n gwybod p'un faswn i'n ei ddewis.

Mae salwch Dad yn newid bob dydd. Ar hyn o bryd, rydyn ni yng nghanol cyfnod da, efo llawer o chwerthin a dim ond llond llaw o gyfnodau ymosodol. Mae wedi bod yn hynod ofalgar, yn enwedig tuag at Mam. Mae'n ddryslyd iawn, ond yn dawelach. Dydi o ddim yn gwybod pwy ydw i, na phwy yw Mam ambell ddiwrnod, ond mae'n gwybod bod ganddo gysylltiad â ni ac mae'n meddwl y byd o'r ddau ohonon ni, fel rydyn ni'n meddwl y byd ohono yntau. Iddo fo, mae'r 'Simon' go iawn yn dal i fyw yn Llundain. Yn aml, bydd yn eistedd wrth fy ochr i ac yn gofyn: 'Ble mae dy fam a dy dad yn byw?' a bydda i'n dweud: 'Ti 'di 'nhad i.' Bydd yntau'n ateb: 'Dwi'n gwbod hynny. Ond pwy 'di dy dad di?' Mae'n sgwrs ddibwrpas, ac yn un sy'n troi mewn cylchoedd am oriau. Ond mae'n aml yn dweud wrtha i: 'Mae'n rhaid bod dy dad yn falch iawn ohonat ti a sut rwyt ti'n fy helpu i a Linda...' I fi, mae hynny'n werth mwy na'r holl bres yn y byd.

Mae ysgrifennu'r llyfr hwn wedi bod yn brofiad mor werthfawr. Dwi wedi dysgu cymaint am Dad. Gallai fod wedi llithro'n dawel i ffwrdd, a minnau ddim callach am bwy oedd o, o ble roedd o'n dod na'i deimladau tuag ata i. Fel Dad, chefais i erioed fy magu i werthfawrogi pethau materol. 'Y cyfan sy'n bwysig, Sime, ydi dy fod ti'n hapus,' meddai. Efallai nad oes gen i fflat chwaethus yn nociau Llundain, efallai nad ydw i'n gyrru car drud nac yn teithio ar gychod moethus, ond dwi'n teimlo fel y dyn cyfoethocaf ar y blaned. Pwy fyddai wedi meddwl bod canu efo Dad wrth deithio i'r siop yn mynd i newid ein bywydau mewn cymaint o ffyrdd?

Drwy bopeth, mae fy ffrindiau wedi bod yn gefn cyson i fi. Alla i ddim cyfrif faint o oriau dwi wedi eu treulio yn mynd drwy'r gwallgofrwydd efo nhw, weithiau yn fy nagrau. Maen nhw'n gwybod pwy ydyn nhw.

Nerth fy mam, Linda, sydd wedi cadw popeth efo'i gilydd. Hi ydi prif ofalwr Dad, a hebddi hi, dydw i ddim yn siŵr beth bydden ni wedi ei wneud. Weithiau dwi'n meddwl sut mae hi'n gwneud hynny. Ond mae hi'n llwyddo.

Hefyd, alla i ddim gorffen y llyfr hwn heb gydnabod cefnogaeth yr Alzheimer's Society – yn benodol y wraig ddienw ar ben arall y ffôn. Pan oedd fy mywyd i'n teimlo fel petai'n chwalu'n deilchion a bod dim byd ar ôl, rhoddodd ei geiriau hi hwb i fi a 'ngwneud i'n ddigon dewr i ddyfalbarhau. Am hynny, dwi'n dragwyddol ddiolchgar.

Yn olaf, i unrhyw un sy'n mynd drwy'r profiad hwn: efallai eich bod chi'n teimlo'n unig, efallai eich bod chi'n teimlo eich bod chi'n suddo, ond dydych chi ddim. Mi ddewch chi drwyddi, er eich bod chi, ar hyn o bryd, yn teimlo wnewch chi ddim. Dywedodd rhywun unwaith: 'Mae'r bydysawd ddim ond yn rhoi heriau i'r bobl hynny y mae'n gwybod y bydd y gallu ganddyn nhw i'w goresgyn'. Rydych chi'n un ohonyn nhw. Yn y dyfodol, byddwch chi'n edrych yn ôl ar y cyfnod hwn a sylweddoli, waeth pa mor anodd neu pa mor drafferthus roedden nhw, eu bod nhw'n ddyddiau euraidd. Gwnaethoch chi ymdopi. Gwnaethoch chi ymbalfalu eich ffordd drwy'r cyfan. Gwnaethoch chi greu eich rheolau eich hun. Ond daethoch chi drwyddi.

Dydy bywyd ddim yn berffaith. Nid ffrydiau Instagram wedi eu hidlo na machlud haul wedi bod drwy Photoshop ydi bywyd. Anwybyddwch hynny. Nid dyna ydi bywyd.

Mae bywyd yn gallu bod yn her – peidiwch ag ofni. Byddwch yn ddigon mentrus i dderbyn hynny.

Efallai nad ydi o'n fêl i gyd, ond dyna fywyd go iawn.

Ac efallai yr eith o â chi ar y daith orau y gallech chi ei dychmygu.

Diolchiadau

Ni fyddai'r llyfr hwn wedi bod yn bosib heb gymorth y bobl ganlynol, sydd wedi anadlu bywyd i'r digwyddiadau a'r straeon yn y llyfr hwn.

Fy modrybedd ac ewythrod: Chris, Joyce, Mary, Colin a Brenda, Fred ac Edna, Gerry a Gill, Jane a Tony, John a Margaret, Joyce a Paul, Karen a Richard, Marilyn a Derek, Maurice a May.

Diolch enfawr i Ben Beards am ei straeon am The Starliners; i Iris a Janet am rannu yn onest a didwyll; i Barry Bennet (Baz) am ei straeon gwych am daith Butlin's; i Brian (Wardie) a Gail am atgofion Dad o Butlin's; i dîm perfformwyr Blackburn: Andy McKenzie, Colin Hilton, Ernie Riding a Rose Boothman am rannu atgofion y tu ôl i'r llenni; i Geoff, Gill a Harry am y straeon oddi ar y llwyfan; i Tom Lewis, Alex Van Ingen a Guy Barker, am dywys dyn oedd yn byw efo dementia ar daith ryfeddol.

Diolch i'r Alzheimer's Society am ei chefnogaeth yn ystod taith gyhoeddusrwydd wyllt a gwallgof, ac i'r cannoedd o bobl sydd wedi cyfrannu neu brynu albwm Dad drwy www.songaminute-man.com. Mae'r dudalen JustGiving yn dal ar waith: www.justgiving.com/songaminute.

Yr anhygoel Mary ('Sgrifenna bopeth lawr!') – diolch! Yr un mor anhygoel Carly, a Rachel wrth gwrs ('Un newid bach arall' – sori!) a Lisa yn HQ am wneud i hyn ddigwydd.

Fy ffrindiau (rydych chi'n gwybod pwy ydych chi) am y soffas, y paneidiau, y cwyno a'r chwerthin. I Mam, am ddioddef popeth mae bywyd wedi ei daflu ati yn ystod y blynyddoedd diwethaf a dal i lwyddo i wenu.

Yn olaf, diolch i Dad, Teddy Mac. Y straeon roedd yn eu hadrodd drwy gydol fy ieuenctid yw sail y llyfr hwn. Dwi'n cofio un tro iddo sgriblo yn fy hoff lyfr, 'Ti'n rhy ddel i fod yn baffiwr – awdur byddi di, mae'n debyg'. Tic yn blwch yna, felly, Dad.

Hefyd ar gael:

www.rily.co.uk